O negro no mundo dos brancos

O negro no mundo dos brancos

Florestan Fernandes

Apresentação de
Lilia Moritz Schwarcz

© **Herdeiros de Florestan Fernandes, 2006**
1ª Edição, Difel, 1972
2ª Edição, Global Editora, São Paulo 2007
4ª Reimpressão, 2021

Jefferson L. Alves – diretor editorial
Gustavo Henrique Tuna – editor assistente
Flávio Samuel – gerente de produção
Dida Bessana – coordenadora editorial
Ana Cristina Teixeira – revisão
Victor Burton – capa
Arquivo Florestan Fernandes – foto de quarta capa
Antonio Silvio Lopes – editoração eletrônica

Obra atualizada conforme o
NOVO ACORDO ORTOGRÁFICO DA LÍNGUA PORTUGUESA

Dados Internacionais de Catalogação na Publicação (CIP)
(Câmara Brasileira do Livro, SP, Brasil)

Fernandes, Florestan 1920-1995.
   O negro no mundo dos brancos / Florestan Fernandes ; apresentação de Lilia Moritz Schwarcz. – 2. ed. revista – São Paulo : Global, 2007.

   Bibliografia.
   ISBN 978-85-260-1230-1

   1. Brasil – Relações raciais. 2. Negros – Brasil. I. Schwarcz, Lilia Moritz. II. Título.

07-6303   CDD-305.896081

Índices para catálogo sistemático:
1. Brasil : Negros : Relações raciais : Sociologia   305.896081

Direitos Reservados

global editora e distribuidora ltda.
Rua Pirapitingui, 111 — Liberdade
CEP 01508-020 — São Paulo — SP
Tel.: (11) 3277-7999
e-mail: global@globaleditora.com.br

 globaleditora.com.br   /globaleditora
 blog.globaleditora.com.br   /globaleditora
 /globaleditora   /globaleditora
 /globaleditora

 Colabore com a produção científica e cultural.
Proibida a reprodução total ou parcial desta obra sem a autorização do editor.

Nº de Catálogo: **2868**

*A José Correia Leite e Abdias do Nascimento,
pelo muito que fizeram
(ou tentaram fazer) em prol da
democratização racial da
sociedade brasileira.*

Florestan Fernandes em sua residência, em São Paulo, 1995.

Sumário

Raça Sempre Deu o que Falar (Lilia Moritz Schwarcz) 11

Introdução 25

PRIMEIRA PARTE

As Barreiras da Cor

Capítulo I – Aspectos da Questão Racial 38

Capítulo II – Mobilidade Social e Relações Raciais:
O Drama do Negro e do Mulato numa
Sociedade em Mudança 64

Capítulo III – Além da Pobreza: O Negro e o
Mulato no Brasil 81

SEGUNDA PARTE

O Impasse Racial no Brasil Moderno

Capítulo IV – A Persistência do Passado 104

Capítulo V – Imigração e Relações Raciais 131

Capítulo VI – O Negro em São Paulo 153

TERCEIRA PARTE

Em Busca da Democracia Racial

Capítulo VII – Ciência e Consciência 184

Capítulo VIII – Poesia e Sublimação das Frustrações Raciais 207

Capítulo IX – O Teatro Negro 218

QUARTA PARTE

Religião e Folclore

Capítulo X – Representações Coletivas sobre o Negro:
O Negro na Tradição Oral 226

Capítulo XI – Contribuição para o Estudo de
um Líder Carismático 243

Capítulo XII – Congadas e Batuques em Sorocaba 266

À Guisa de Conclusão

Capítulo XIII – Aspectos Políticos do
Dilema Racial Brasileiro 288

Raça Sempre Deu o que Falar

Pode-se dizer que o tema da raça é quase "tradicional" nessa nossa história das ciências sociais brasileiras; que nada tem de tradicional. Ou melhor, desde os primeiros relatos de viajantes, ainda no século XVI, o Brasil já era definido por suas gentes de cores e costumes tão distintos. A humanidade é "vária", teria afirmado Montaigne, quando descreveu a forma como os Tupinambás faziam a guerra e concluiu que: "por certo há tão grande diferença que ou o são bárbaros ou somos nós".[1]

Não há como resumir essa história feita de termos, nomes e cores. O que se pode, sim, afirmar é que raça sempre deu muito que falar sobre o e no Brasil. Já fomos "bons selvagens", na expressão cunhada por Rousseau; mas baseada na representação dos nativos presente nos relatos de Jean de Léry e Thevet;[2] um espelho para os modelos de naturalistas como Buffon;[3] um laboratório para pensar na degeneração que adviria do cruzamento de raças, como apostou a geração realista de

---

1 Montaigne, "Os canibais" (1580), *Os Pensadores*. São Paulo, Abril Cultural: p. 101-105.
2 Jean de Léry, *Histoire d'un Voyage Fait en la Terre du Brésil*; Thevet, *Cosmologia Universal*; Jean-Jacques Rousseau, *Discurso sobre a origem e o fundamento da desigualdade entre os homens* (1775)
3 Buffon, *Histoire naturelle* (1749).

1870.[4] O fato é que raça, cor, ou mistura foram sempre assuntos essenciais entre nós e sobre nós, surgindo ora como motivo para exaltação, ora como sinal de descrédito. A questão também se vinculou à ideia da identidade nacional, uma vez que, sobretudo a partir do século XIX, era por meio da raça que definíamos a nossa particularidade: um Brasil branco e indígena na imagem idealizada do Segundo Reinado; um país branqueado na concepção corrente na virada do XIX para o XX[5] ou, já nos anos 1930, uma nação "divinamente mestiça", nesse contexto em que o cruzamento de raças e culturas virava símbolo do Estado. Essa era, porém, uma representação basicamente retórica, sem que qualquer contrapartida que levasse à valorização dessas populações fosse implementada: os negros continuavam à margem das maiores benesses do Estado, tendo acesso diferenciado ao trabalho, ao lazer, à educação e à infraestrutura mais básica.

No entanto, sob o jargão da "democracia racial" – expressão que parecia resumir uma "autenticidade" nacional – uma série de símbolos mestiços tornavam-se nacionais, tanto dentro como fora do Brasil. A feijoada, de prato de escravos virava quitute brasileiro (com o arroz a representar o branco da população e o feijão o preto); o samba antes proibido era agora exaltado e até mesmo a capoeira de prática coibida transformava-se em esporte local. Isso sem esquecer de símbolos como Carmen Miranda (a portuguesa mais mestiça e brasileira), o futebol (que de inglês tornava-se tropical) e Zé Carioca, que criado por Walt Disney em 1942 resumia a malandragem e a mestiçagem exaltadas no Brasil.[6]

Obra fundamental para a compreensão desta guinada – emblemática na conformação desses ícones de identidade – é *Casa-grande & senzala*, cuja primeira edição data de 1933. Retomando a temática da convivência entre as "três raças", Gilberto Freyre trazia para seu livro a experiência privada das elites nordestinas e fazia desse caso, um exemplo de identidade. O livro oferecia um novo modelo para a sociedade

---

4 Cf., por exemplo, Nina Rodrigues, *As raças humanas e a responsabilidade penal.* 1894.

5 Tese defendida por intelectuais como João Batista Lacerda e Oliveira Viana.

6 Para um maior desenvolvimento do tema, cf. Lilia Katri Moritz Schwarcz, "Nem preto, nem branco, muito pelo contrário", *História da vida privada número IV*, São Paulo, Companhia das Letras, 1998.

multirracial brasileira, ao inverter o antigo pessimismo, dos anos 1870, e introduzir os estudos culturalistas de análise: "Foi o estudo de antropologia sob a orientação do professor Boas que primeiro me revelou o negro e o mulato no seu justo valor, separados dos traços da raça os efeitos do ambiente ou da experiência cultural".[7]

O "cadinho das raças" aparecia como uma versão otimista do mito das três raças, que seria por aqui mais evidente do que em qualquer outro lugar. "Todo brasileiro, mesmo o alvo, de cabelo louro, traz na alma, quando não na alma e no corpo, a sombra, ou pelo menos a pinta, do indígena e ou do negro",[8] afirmava Freyre fazendo da mestiçagem uma questão de ordem geral. Era o cruzamento de raças que passava a singularizar a nação, nesse processo que fazia que miscigenação surgisse como sinônimo de tolerância e hábitos sexuais da intimidade se transformassem em modelos de sociabilidade.

O impacto desse tipo de interpretação, que destacava a situação racial idílica vivenciada no país, levou entre outros, à aprovação, em 1951, de uma grande pesquisa financiada pela Unesco e intermediada por Alfred Métraux. O projeto era resultado do trabalho de Arthur Ramos que, em finais de 1949, dois meses após assumir um posto oficial junto à Unesco, concebeu um plano de trabalho no qual estava previsto "o desenvolvimento de estudos sociais e etnológicos no Brasil". O estudioso acreditava que seu país poderia oferecer "a solução mais científica e mais humana para o problema, tão agudo entre os povos, da mistura de raças e de culturas".[9] Esse tipo de conclusão não impedia que o antropólogo reconhecesse a existência de "preconceito de cor"; não obstante, o importante é que o projeto de Ramos correspondia às expectativas da organização e de cientistas sociais europeus e norte-americanos, preocupados com as concepções ideológicas e políticas sobre raça e cultura que haviam de certa forma resultado do nazismo.[10]

---

7   Gilberto Freyre, *Casa-grande & senzala*, Rio de Janeiro, Maia & Schmidt, 1933, p. 18.

8   Idem, ibidem, p. 307.

9   Arthur Ramos, *Guerra e relações de raça*, Rio de Janeiro, Departamento Editorial da União Nacional dos Estudantes, 1943, p. 179.

10   Cf. "Unesco Launches Major World Campaign Against Racial Discrimination", Paris, Unesco, 19/7/1950, p. 1, Paris, 1950, p. 40, e Marcos Chor Maio, *A história do projeto Unesco: estudos raciais e ciências sociais no Brasil*, Rio de Janeiro, Iuperj, tese de doutorado, 1997.

O consenso momentâneo só pode ser entendido, portanto, levando-se em conta o contexto do pós-guerra, sendo que a crítica alcançava ainda a persistência do racismo nos Estados Unidos e na África do Sul, bem como os novos problemas criados pela descolonização na África e na Ásia. É fato que a Instituição não desconhecia as desigualdades sociais existentes no país, mas é evidente, também, que, confiante nas análises de Freyre e Pierson, a Unesco alimentava o propósito de usar o caso brasileiro como material de propaganda e com esse objeto inaugurou o *Programa de pesquisas sobre relações raciais no Brasil*. Nos termos de Arthur Ramos "éramos um laboratório de civilização"; nas palavras de Freyre, uma "democracia étnica"; "uma sociedade multirracial de classes", conforme afirmava Donald Pierson. A hipótese sustentada era que o Brasil significava um caso neutro na manifestação de preconceito racial e que seu modelo poderia servir de inspiração para outras nações, cujas relações eram menos "democráticas".[11]

Para o desenvolvimento da investigação foram contatados especialistas como C. Wagley, Thales de Azevedo, René Ribeiro, Costa Pinto, Roger Bastide, Oracy Nogueira e, entre outros, Florestan Fernandes, que deveriam pesquisar "a realidade racial brasileira".[12] Da parte da Unesco havia a expectativa de que os estudos apresentassem um elogio da mestiçagem, assim como enfatizassem a possibilidade do convívio harmonioso entre diferentes grupos humanos nas sociedades modernas. No entanto, se algumas obras – como *As elites de cor* (1955), de Thales de Azevedo – engajaram-se no projeto de ideologia antirracista desenvolvido pela instituição, outras realizaram uma revisão nesses modelos quase oficiais. Esse é o caso das análises de Costa Pinto para o Rio de Janeiro e de Roger Bastide e Florestan Fernandes para São Paulo, que

---

11 Florestan Fernandes, *O negro no mundo dos brancos*, p. 21.

12 A Unesco publicou apenas as pesquisas referentes à Bahia, mas vários trabalhos resultaram desse projeto: Wagley et al. (1952), Azevedo (1953, 1955), Costa Pinto (1953), Roger Bastide e Florestan Fernandes (1955), Nogueira (1955), Ribeiro (1956). As investigações ocorreram no período compreendido entre 1951 e 1952 e seus resultados foram divulgados em artigos e livros no intervalo entre 1952 e 1957. O mesmo projeto foi em seguida ampliado por meio de novas pesquisas conduzidas pela cadeira de Sociologia I da Faculdade de Filosofia, Ciências e Letras da Universidade de São Paulo (a partir de então mais conhecida como Escola Paulista de Sociologia).

nomearam as "falácias do mito": em vez de democracia surgiam indícios de discriminação; em lugar da harmonia, o preconceito.

Florestan Fernandes e o elogio da ciência

Conforme explica Florestan Fernandes em O *negro no mundo dos brancos*, o livro fora publicado em 1972, mas seria o resultado de uma longa jornada: os ensaios teriam sido redigidos entre 1965 e 1969, elaborados, porém, na época da pesquisa da Unesco: entre 1942 e 1943 e 1951 e 1958. E a posição do sociólogo seria diretamente contrária à explicação culturalista e, ainda mais, à noção de democracia racial; dominante à época. Se para Freyre não havia conflito racial, uma vez que "não existia problema racial no Brasil"; já para Fernandes se não existia um conflito explícito havia, sim, um "problema". Os estudos do sociólogo abordariam, dessa maneira, a mesma temática racial, mas pela outra fresta da janela: a partir do ângulo da desigualdade e da discriminação. Enquanto Freyre e Pierson viam no branqueamento um modelo de harmonização e destacavam uma certa mestiçagem cultural, a novidade da pesquisa paulistana estaria na retomada dos dados numéricos do censo, que permitiam entender o processo de exclusão existente no país; mais evidente a partir da vigência de uma nova ordem social capitalista e competitiva.

Mas vale a pena recuar um pouco, com o intuito de entender como Florestan Fernandes acaba "entrando nessa história". Até então, e nas palavras do colega Ruy Coelho, Fernandes era "entendido como uma ilha de sociologia cercada de letrados por todos os lados". Descrito sempre com seu avental branco,[13] ou a partir do rigor de sua postura e metodologia – dizia ele que "tese é aquela que fica em pé" –, o sociólogo parecia pouco afeito a temas desse tipo. Autor de estilo reconhecidamente difícil, Florestan Fernandes não poucas vezes afirmou que sua "complexidade" era proposital, uma vez que um de seus propósitos era fundar uma sociologia científica no Brasil; uma teoria e uma produção engajadas e que lidassem com os impasses existentes no próprio país. Pode-se dizer que Florestan tinha para o Brasil pretensões semelhantes

---

13 Cf. Heloisa Pontes, *Destinos mistos*, São Paulo, Companhia das Letras, 2000.

às de Durkheim para a França. Ou seja, a partir da sociologia clássica, das teorias de Weber, Manheim e de Marx, e de um programa de erudição teórica invejável, o autor tinha como objeto abordar com o rigor necessário questões que diziam respeito à nossa própria realidade.

Destaca-se também a filiação institucional, de alguma forma inédita, deste pensador, ao menos no panorama intelectual brasileiro. Basta lembrar não só de sua inserção na Escola Livre de Sociologia e Política, como de sua atuação na Universidade de São Paulo e a preocupação com o ensino universitário. Para Fernandes ensino e produção científica não se separavam de sua vasta obra, e, desdobrada em muitos temas, parece convergir quando se trata de compreender os impasses que a modernização teria gerado no país.

A questão do negro no Brasil não é, dessa forma, tema exógeno no conjunto da produção de Fernandes. Ela estará presente, inclusive, nas primeiras reflexões do autor: particularmente em seus estudos sobre folclore. Já em seu trabalho de 1961 – *Folclore e mudança social na cidade de São Paulo* – Fernandes colige, coleta e recupera dados, a exemplo dos estudos realizados por Sílvio Romero e Mário de Andrade; apenas sua interpretação é distinta. Nos ensaios de 1941, "Contribuição para o estudo sociológico das cantigas de ninar"; e de 1944 – "As trocinhas do Bom Retiro" e "Aspectos mágicos do folclore paulistano" –, o sociólogo estabelece um diálogo com o pensamento social brasileiro, mas procura ao mesmo tempo distanciar-se dele. Está interessado não em resquícios (a serem preservados), mas antes em processos de mudança. Segundo Fernandes, o sentido do *folk* perdia-se com o processo de modernização e levava a um novo problema: como entender a passagem de uma sociedade estamental para uma sociedade de classes? De que maneira pensar na oposição entre o homem rústico e de laços cooperativos *versus* o homem urbano moderno e marcado pela competição?

É importante notar que, já nesses estudos de folclore, São Paulo surgia como lócus da pesquisa; o local por excelência para captar a mudança social: era lá que se concentrava não só a urbanização acelerada, como um processo imigratório sem paralelo no Brasil. Por outro lado, é possível notar que também nesses primeiros textos a questão do negro estará anunciada, mesmo que não diretamente: tratava-se de entender o papel desse ator social no processo de modernização vivenciado no país.

Mas Fernandes ficaria, de fato, conhecido a partir de seu trabalho de mestrado, defendido em 1949, na Escola Livre de Sociologia e Política, sob orientação de Baldus – *A organização social dos Tupinambá* – e de seu doutorado de 1952, defendido na Universidade de São Paulo, sob orientação de Fernando de Azevedo: *A função social da guerra na sociedade Tupinambá*. Além do mais, a análise funcional e o manejo teórico das pesquisas davam novos elementos para a Livre Docência de 1953: *Ensaio sobre o método de interpretação funcionalista na Sociologia*. Nessa época, Florestan Fernandes já era professor reconhecido e fazia escola. Não sabia, porém, que um convite desavisado mudaria o rumo de suas pesquisas e mesmo de sua atuação política.

Questão racial e conflito

Fernandes iniciou suas investigações sobre relações raciais quando já havia completado sua formação acadêmica. E a entrada nesse campo deu-se a partir do convite de Bastide, que, por sua vez, teve a pesquisa encomendada pela Unesco. Como vimos, o Brasil aparecia como um modelo de boa convivência racial e os grandes embaixadores do tema eram Freyre e Pierson, que defendiam um certo "mulatismo" da cultura brasileira e a ausência de conflito. E, se o objetivo da instituição era confirmar a existência de um verdadeiro paraíso racial, as conclusões de Fernandes e Bastide viriam a desautorizar o consenso. Na visada teórica desses dois estudiosos, as relações raciais passam a ser entendidas como estruturas sociais e modelos de exclusão; impasses efetivos para que o país construísse uma ordem democrática e promovesse uma integração efetiva.

Em 1953, Florestan Fernandes publica, com Roger Bastide, *Brancos e negros em São Paulo*. Mas é nos livros *A integração do negro na sociedade de classes* (de 1965) e em *O negro no mundo dos brancos* que o autor aborda, de forma contundente, os impasses que a situação racial estaria gerando no Brasil.[14] Nessas obras, estarão em questão não só a

---

14 Cf. também Maria Arminda Arruda, "Dilemas do Brasil moderno: a questão racial na obra de Florestan Fernandes", Marcos Chor Maio (org.), *Raça, ciência e sociedade*, Rio de Janeiro, FioCruz/CCBB, 1996.

tese da democracia racial, como as bases de sua construção. "A ausência de tensões abertas e de conflitos permanentes é, em si mesma, índice de 'boa' organização das relações raciais?",[15] perguntava o sociólogo questionando a frágil decorrência entre uma e outra afirmação e introduzindo a ideia de mito: o mito da democracia racial.

Ao enfrentar as ambiguidades criadas por essa sociedade recém-egressa da escravidão, o sociólogo problematizava a noção de "tolerância racial", contrapondo-a a um certo código de decoro que, na prática, funcionava como um fosso a separar diferentes grupos sociais. O autor notava, ainda, a existência de uma forma particular de racismo: "um preconceito de não ter preconceito". Ou seja, a tendência do brasileiro seria continuar discriminando, apesar de considerar tal atitude ultrajante (para quem sofre) e degradante (para quem a pratica).[16] Resultado da desagregação da ordem tradicional, vinculada à escravidão e à dominação senhorial, essa polarização de atitudes era, segundo Fernandes, uma consequência da permanência de um *ethos* católico. Seriam os *mores cristãos* os responsáveis por tal visão de mundo cindida, que fazia com que se seguisse uma orientação prática adversa às obrigações ideais. É por isso mesmo que o preconceito de cor no Brasil seria condenado sem reservas, como se representasse um mal em si mesmo; não obstante, a discriminação presente na sociedade continuava intocada. O resultado levava a que se confundisse miscigenação com ausência de estratificação e a construção de uma idealização voltada para o branqueamento. Aí estaria o paradoxo da situação racial brasileira: uma alentada mobilidade social teria eliminado algumas barreiras existentes no período escravocrata, mas criado outras; de ordem econômica e moral. Um racismo dissimulado e pouco sistemático era, então, diagnosticado por Fernandes, que introduzia de forma inovadora dados estatísticos do censo de 1950 para calçar suas interpretações.

O conjunto das pesquisas do autor apontava, dessa forma, para novas facetas da "miscigenação brasileira". Sobrevivia, enquanto legado histórico, um sistema enraizado de hierarquização social que introduzia gradações de prestígio a partir de critérios como classe social, educação formal, origem familiar e de todo um *carrefour* de cores. Quase como

---

15 Florestan Fernandes, O *negro no mundo dos brancos*, São Paulo, Difel, 1972, p. 21.
16 Idem, ibidem, p. 23.

uma referência nativa o "preconceito de cor" fazia as vezes da raça, tornando ainda mais escorregadios os mecanismos de compreensão da discriminação. Chamado por Fernandes de "metamorfose do escravo",[17] o processo brasileiro de exclusão social desenvolveu-se de modo a empregar termos como "preto" ou "negro" – que formalmente remetem à cor de pele – em lugar da noção de classe subalterna; nesse movimento que constantemente apaga o conflito. Invertia-se, pois, a questão: a estrutura social brasileira é que era um problema para o negro, uma vez que bloqueava sua cidadania plena.

São Paulo é, portanto, não um pretexto, mas a unidade do estudo empírico. Nessa cidade é que o processo de urbanização teria se instalado de forma irreversível e que a escravidão permanecia como herança intocada. Por outro lado, a questão racial surgia como tema estratégico para entender os problemas vividos pela sociedade brasileira, em sua passagem da ordem patriarcal, para a ordem competitiva e supostamente democrática. A pergunta que orienta o livro de Fernandes é direta: como se coaduna a modernidade com a integração do negro? Como combinar ordem capitalista e racional com ordem estamental e escravocrata? Por isso mesmo, pode-se dizer que o autor não estudou propriamente a questão negra no Brasil, mas antes as descontinuidades da modernidade, tendo como suporte a problemática racial. Para responder a estas perguntas o sociólogo recupera uma pesquisa histórica abrangente, uma investigação etnográfica original; tudo isso combinado com uma investida intelectual ambiciosa, que se coaduna, cada vez mais, com a militância e o projeto político do autor, anunciados, de forma pioneira, neste livro.

Além do mais, a análise é calcada no ponto de vista das classes populares e retoma a tradição dos estudos sobre folclore e etnologia realizados anteriormente. No entanto, desta vez o problema central desloca-se para a dualidade – ordem social moderna *versus* estamental – no sentido de entender a situação do negro a partir de perspectivas não só sincrônicas como diacrônicas. Sincrônicas, pois tais relações estariam condicionadas pelo modelo social praticado antes de 1888 e seriam, assim, "não modernas". Diacrônicas, uma vez que São Paulo, palco da

---

17 Florestan Fernandes, *A integração do negro na sociedade de classes*, 1965.

revolução burguesa, representaria o modelo mais acabado de uma ordem social competitiva. São assim dois tempos distintos que se articulam neste livro: "a discussão do mito da democracia racial liga-se ao atraso da ordem racial (à ideologia da ordem estamental), de ajustamento mais lento às mudanças em relação à ordem social mais sincronizada com as alterações econômicas".

Dessa maneira, os desajustes experimentados pelos negros na dinâmica de modernização ilustram impasses próprios à nossa sociedade. A rápida transformação ocorrida em São Paulo teria impossibilitado a inserção do negro/mulato no estilo de vida urbano e o inferiorizado na competição com a mão de obra imigrante. O resultado é a pauperização e desorganização social dessa população; condicionada pelos *mores* da ordem estamental. Os ensaios permitem, dessa forma, pensar e contrastar permanências e mudanças: de um lado a herança, de outro a modernidade. O mito da democracia racial surge como um legado da escravidão, um falseamento da realidade, que implicou o desenraizamento dessa população, que carregaria consigo pesadas marcas históricas.

O negro no mundo dos brancos sintetiza, pois, as conclusões de tantos anos de estudo de Florestan Fernandes. Nos diferentes ensaios que compõem esse livro o autor denuncia a supremacia da "raça branca", acusa a "acomodação racial vigente" e seu papel no sentido de obstar ao negro seu lugar como protagonista da própria história. Por isso, Fernandes não se restringe aos dados das obras anteriores, mas introduz o teatro, a poesia e a religião para chegar ao que chama de "alma do homem negro", com suas ambições e frustrações. A obra de 1972 significou e ainda significa uma delação contundente às "convicções etnocêntricas" de nossa sociedade: "a ideia de que o negro não tem problemas; a ideia de que por conta da índole do povo brasileiro não existem distinções raciais; a ideia de que houve igualdade no acesso à riqueza, ao poder e ao prestígio; a ideia de que 'o preto está satisfeito'; a ideia de que não existiu nem existe problema de justiça social com referência ao negro".[18] Apontando as clivagens sociais como centrais na análise e con-

---

18 Florestan Fernandes, *A integração do negro na sociedade de classes*, São Paulo, Cia. Editora Nacional, 1965/1978, p. 256.

dução desses problemas, o autor desmonta um mito nacional e clama para que a população negra tome papel ativo na construção de seus destinos ou que não se identifique com o "branqueamento psicossocial e moral" desse "mundo dos brancos". Não foi à toa que O *negro no mundo dos brancos* se converteria numa espécie de bíblia do Movimento Negro, assim como Florestan se transformaria num arauto da causa. Não por coincidência, também, data dessa época o surgimento do Movimento Negro Unificado,[19] que apoiado nas conclusões da Escola Paulista de Sociologia tornou mais forte o coro daqueles que demonstravam o lado mítico da democracia racial. Em um momento em que, com a ditadura, as esferas tradicionais de manifestação política estavam controladas ou reprimidas, o discurso de Florestan Fernandes ganhava nova força acadêmica e política.

É por essas e por outras que, passados tantos anos, O *negro no mundo dos brancos* continua vivo: virou pauta dos movimentos sociais, palavra de ordem quando se trata de denunciar as desigualdades e o regime de diferenças praticado no Brasil. Resta pensar, porém, por que o mito, apesar de desconstruído, continua operante. É certo que as ideias de Fernandes tiveram tal impacto que, hoje em dia, parece mais fácil denunciar o mito da democracia racial do que defendê-lo. No entanto, é também evidente como no Brasil criou-se um modelo de sociabilidade, sem dúvida, particular. Não é o caso de culturalizar a questão ou encontrar soluções imunes ao tempo; mas vale a pena insistir, como Fernandes bem mostrou, numa interpretação mais atenta a essa experiência particular. Ao mesmo tempo que convivemos, não com a realidade, mas com um ideal de democracia racial, um racismo brutal vigora entre nós. Assim, demonstrar as falácias do mito talvez seja tão importante quanto refletir sobre sua eficácia, enquanto representação, e acerca da dificuldade que temos em lidar com o tema. Não se "manipula" ou "dissimula" apenas o mito. Mesmo se tomarmos as respostas obtidas pelo sociólogo em sua primorosa pesquisa de campo, pode-se dizer que é a ambivalência e a ambiguidade que impregnam tais reações (presentes também na literatura e no teatro negro), revelando como mitos só

---

19 O momento de fundação do MNU é geralmente associado ao ato público de 7 de julho de 1978 em São Paulo.

são eficazes porque fazem sentido numa comunidade imaginada e partilhada.[20]

Por isso mesmo, o preconceito não é apenas um "legado"; ele se refaz no presente e mostra como a ideia de democracia racial vem ganhando novos contornos. Ou seja, a "desconstrução" de Fernandes, de certa maneira, circunscreveu o mito e o tema da raça a uma questão de classes e abandonou a cultura. Em meio a um contexto marcado pela radicalização política, o tema racial aparecia como uma questão menor; condicionada à estrutura econômica. Era via a modernização e a democratização que a questão racial, entre outras, se solucionaria no Brasil e não a partir do enfrentamento de suas especificidades.

Interessante notar que, nos anos 1980 e 1990, uma série de estudos recuperou o tema, assim como as análises de base demográfica, e demonstrou como o preconceito de cor não está apenas atrelado a questões econômicas e sociais. Retomando as teses de Fernandes, novas pesquisas quantitativas investiram na análise das diferenças que separam brancos de não brancos, "racializando", de outra maneira, o argumento. A tese geral é que tais desigualdades apresentam um componente racial inequívoco e relevante, que não pode ser resumido a partir de uma perspectiva socioeconômica.[21] Em questão está pensar não só a "herança", mas a reposição do preconceito.

Por outro lado, uma nova historiografia expandiu a ideia de "coisificação do escravo" e mostrou como os cativos não eram só passivos, mas agiam, reagiam e encontravam respostas criativas à sua situação; eram "sujeitos" e não só "objetos" de sua condição. Por isso o modelo construído por Fernandes (e Elkins,[22] para os Estados Unidos), que localizava uma certa personalidade patológica do escravo, também passou por uma revisão; nomeadamente o suposto de que os escravos careciam de vida cultural e familiar.

No que se refere à historiografia norte-americana basta lembrar do trabalho de Gutman, *The black family in slavery and freedom* (de

---

20 Cf. Benedict Anderson, *Comunidades imaginadas*, São Paulo, Ática, 1976.
21 Cf. Pesquisas como as de Carlos Hasenbalg, Nelson do Valle e Silva, Telles, Lovel, Castro e Guimarães.
22 Stanley Elkins, *Slavery, a problem in American institutional and intellectual life*, Nova York, The Universal Library, 1959.

1976), que mostrou a influência das famílias na vida dos escravos locais; ou mesmo da redefinição do conceito de paternalismo empreendida por Genovese em *Roll Jordan Roll* (1969).[23] Já no Brasil, um conjunto de pesquisas alertou para a importância da "resistência escrava", opondo-se à tese da alienação. Trabalhos sobre a história social dos escravos, acerca da família, da vida cultural e mesmo comunitária, tomaram vulto nos anos 1980, mostrando como era possível ir além da ideia da "sobrevivência". Estamos distanciados do tempo em que uma certa bibliografia de viés culturalista pretendeu ver na escravidão brasileira um ambiente mais benigno, quase dócil e contraposto ao modelo norte-americano. Se é preciso destacar o lado mercantil e violento do sistema, como bem demonstrou Fernandes, não é por isso que se apaga a atuação cotidiana dos escravos, que se utilizavam das frestas do sistema e negociavam sua condição.[24]

Não é o caso de, nessa introdução, retomar toda a produção atual sobre a escravidão ou acerca da questão racial no Brasil. Melhor é mostrar como o livro que o leitor tem em mãos é seminal para entender todo esse movimento de revisão e como foi fundamental para responder e levantar uma série de questões que continuam atuais. A verdadeira obra não é a que termina, mas é aquela que continua e não deixa colocar um confortável ponto final.

LILIA MORITZ SCHWARCZ

É professora titular no Departamento de Antropologia da Universidade de São Paulo (USP). Foi professora visitante nas universidades de Oxford, Leiden e na Brown University. Foi *fellow* da Guggenheim Memorial Foundation e fez parte do comitê científico do escritório brasileiro

---

23 Cf. Herbert G. Gutman, *The black family in slavery and freedom, 1750-1925*. Nova York, Pantheon Books, 1976. Eugene D. Genovese, *A terra prometida*, Rio de Janeiro, Paz e Terra, 1988.

24 Cf. Flávio Gomes, João Reis, Mary Karash, Sidney Chalhoub, Manolo Florentino, Hebe Mattos e Eduardo Silva. Para uma boa revisão cf. Stuart B. Schwartz, "A historiografia recente da escravidão brasileira", in *Escravos, roceiros e rebeldes*, São Paulo, Edusp, 2001.

de Harvard. É autora, entre outros, de *Retrato em branco e negro* – jornais, escravos e cidadãos em São Paulo de finais do século XIX (São Paulo, Companhia das Letras, 1987), O *espetáculo das raças* – cientistas, instituições e questão racial no Brasil do século XIX (São Paulo, Companhia das Letras, 1993, e New York, Farrar Strauss & Giroux, 1999), *Raça e diversidade* (com Renato Queiroz, São Paulo, Edusp, 1997), *Negras imagens* (com Letícia Vidor Reis, São Paulo, Edusp, 1997), *As barbas do imperador* – D. Pedro II, um monarca nos trópicos (São Paulo, Companhia das Letras, Prêmio Jabuti/Livro do Ano, e New York, Farrar Strauss & Giroux, 2004), *No tempo das certezas* (coautoria Angela Marques da Costa, São Paulo, Companhia das Letras, 2000), *Símbolos e rituais da monarquia brasileira* (Rio de Janeiro, Jorge Zahar, 2000), *Racismo no Brasil* (São Paulo, Publifolha, 2001), *A longa viagem da biblioteca dos reis* (com Paulo Azevedo, São Paulo, Companhia das Letras, 2002), O *livro dos livros da Real Biblioteca* (Rio de Janeiro, Biblioteca Nacional/Odebrecht, 2003) e *Registros escravos* (Rio de Janeiro, Biblioteca Nacional, 2006). Coordenou o volume 4 da *História da vida privada no Brasil:* contrastes da intimidade contemporânea (São Paulo, Companhia das Letras, 1998).

Introdução

Este livro reúne vários escritos, publicados em períodos diferentes. A maioria foi redigida entre 1965 e 1969. No entanto, alguns foram elaborados em época mais distante (em 1942 e 1943 ou em 1951 e 1958). O tema central e dominante consiste sempre na situação do negro e do mulato na sociedade brasileira, vista a partir de São Paulo. Esta cidade é mais tipicamente brasileira do que parece, no sentido do que foi *tradicional* ou, no oposto, do que é *moderno*, oferecendo um bom campo para o estudo do padrão brasileiro de relações raciais. Como se pode ver, através dos livros de A. Taunay, H. de Freitas, A. Ellis Jr., R. Morse, E. Silva Bruno, G. Leite de Barros e tantos outros, a cidade teve um longo passado de vida tradicional, da qual despertou para urbanizar-se e industrializar-se rapidamente e para se converter em uma "metrópole tentacular". Por isso, nela deparamos com as duas dimensões, que articulam as experiências e contatos raciais seja ao tronco comum do regime escravocrata e senhorial, seja às transformações mais avançadas da "sociedade competitiva" e da "civilização industrial" no Brasil.

Por essa razão, quando planejamos nossa investigação, o professor Roger Bastide e eu demos grande atenção aos dois focos (vistos e ligados como tendências que chegam a tornar-se concomitantes, em um processo contínuo – e não como polos extremos e estanques de um suposto *gradient* sociocultural, situado fora e acima do tempo e do espaço, como é de gosto de uma sociologia descritiva, que teve a sua voga no Brasil). Também não tentamos explicar o presente pelo passado, o que seria irreal numa sociedade de classes em formação e em rápida expansão. Porém, combinamos a análise sincrônica à análise diacrônica, num modelo quase dialético de fusão da perspectiva histórica com a perspectiva estrutural-funcional. Em consequência, o passado e o presente foram reconstruídos conjuntamente e interligados nos pontos de junção, em que a sociedade de classes emergente lançava suas raízes no anterior sistema de castas e estamentos ou nos quais a modernização não possuía bastante força para expurgar-se de hábitos, padrões de comportamento e funções sociais institucionalizadas, mais ou menos arcaicos. Assim, tornou-se possível compreender como o preconceito e a discriminação raciais, no modo segundo o qual se manifestam no Brasil, se explicam diferentemente, segundo se considere a organização da sociedade senhorial e escravocrata; os efeitos da lentidão com que negros e mulatos foram incorporados ao sistema de classes; ou os complexos de valores, atitudes e orientações de comportamento vinculados aos estilos de vida dos diversos segmentos sociais ou dos vários grupos étnicos e raciais, mais ou menos determinados por situações de classes, consolidadas ou não. A intenção foi ligar a desintegração do sistema de castas e estamentos à formação e à expansão do sistema de classes, para descobrir como variáveis independentes, constituídas por fatores psicossociais ou socioculturais baseados na elaboração histórica da "raça" ou da "cor", poderiam ser e foram realmente recalibrados estrutural e dinamicamente. Há, por trás dessa posição interpretativa, uma arrojada atitude científica, que impunha aos autores que o complexo "cadinho de relações raciais" (que se constituiu e se transformou, complicando-se incessantemente, em torno da cidade), fosse considerado como um *fato total*, ou seja, sob todos os aspectos que pudessem ser relevantes para uma descrição sociológica e uma interpretação causal focalizadas sobre certos problemas fundamentais. Algumas análises, que não puderam ser cabalmente completadas nos trabalhos em cooperação com Roger Bastide, foram retomadas em obra posterior, escrita com sua generosa anuência. Apenas os materiais relativos aos aspectos psicológicos, explorados tangencialmente nas abordagens desenvolvidas ou nelas discutidos de forma limitada, sofreram uma exploração que não faz jus aos materiais recolhidos.[1]

Os ensaios aqui reunidos não foram redigidos conforme um propósito preestabelecido. Preparados ao sabor das circunstâncias, eles giram, predominantemente, em torno dos resultados empíricos e teóricos da pesquisa feita em São Paulo, com Roger Bastide. Embora eu tenha suplementado a pesquisa posteriormente, colhendo mais material de campo e dando maior atenção às coleções de jornais do "meio negro" ou às fontes estatísticas, o fulcro das questões debatidas acha-se no projeto inicial da investigação.

Os seis primeiros trabalhos e o último capítulo prendem-se diretamente à temática daquele projeto, embora a natureza do "problema racial brasileiro" seja considerada de uma forma mais livre, direta e abstrata, em virtude dos tipos de público a que se destinavam. Eles contêm uma contribuição nova em dois pontos. Primeiro, porque focalizam a nossa peculiar resistência ao reconhecimento das "barreiras de cor" e a nossa negligência típica do "impasse racial" de forma específica. Partindo dos resultados da investigação, era possível movimentar a discussão com maior liberdade e ir mais ao fundo das coisas, através de reflexões que são por assim dizer pedagógicas. O conhecimento produzido tem a sua lógica e ela poder ser explorada racionalmente: no primeiro livro, com Bastide, e no segundo livro, a verdade consistia numa *verdade empiricamente aproximada*. A verdade assim estabelecida abre novos caminhos ao entendimento da situação e, quiçá, sua transformação. O sociólogo, considerado individualmente, pode fazer muito pouco em ambas as

---

1   Cf. Roger Bastide e Florestan Fernandes, *O preconceito racial em São Paulo*, São Paulo, Instituto de Administração da USP, 1951; os capítulos redigidos em colaboração com Roger Bastide foram publicados, parceladamente, pela revista *Anhembi* (vols. X-XI, números 30-34, 1953), editados em uma obra cooperativista (Editora Anhembi, *Relações raciais entre negros e brancos em São Paulo*, 1955) e finalmente publicados em uma edição autônoma, que contém o projeto inicial da pesquisa e um estudo adicional, elaborado por Roger Bastide e Pierre Van den Bergue (Roger Bastide e Florestan Fernandes, *Brancos e negros em São Paulo*, 2ª ed., São Paulo, Cia. Editora Nacional, 1959 e Florestan Fernandes, *A integração do negro na sociedade de classes*, São Paulo, Tipografia da Faculdade de Filosofia, Ciências e Letras da USP, 1964; 2ª ed. revista, São Paulo, Dominus Editora/Editora da Universidade de São Paulo, 2 vols., 1965).

direções. Consciente disso, aumentei o meu esforço numa direção educativa, em si mesma visceralmente contrária à perpetuação do nosso farisaísmo racial. Segundo, porque tentei empreender uma sondagem horizontal, com os precários dados estatísticos disponíveis, com o intuito de verificar os limites dentro dos quais a extrema desigualdade racial existente em São Paulo vem a ser mais geral do que se supõe, repetindo-se em outras unidades da federação. O que se conhecia sobre a universalização do trabalho escravo e do padrão básico de relação racial assimétrica fazia presumir que a concentração "racial" da renda, do prestígio social e do poder constituía um fenômeno generalizado. Os resultados da sondagem comprovaram a hipótese, demonstrando que a maior miscigenação e a maior visibilidade do "negro" e do "mulato", em condições de suposta tolerância humana "ideal", não se associam a transformações estruturais significativas na participação racial (e, portanto, na estratificação racial).

Em consequência, temos de admitir que o mito da democracia racial fomenta outros mitos paralelos, que concorrem para esconder ou "para enfeitar a realidade", e que esses mitos são perfilhados sem base objetiva, mesmo pelos "negros" e pelos "mulatos". Se as evidências pertinentes à Bahia, Pernambuco e Minas Gerais, por exemplo, suscitam reflexões amargas, o que dizer dos dados relativos ao Rio de Janeiro? Costa Pinto havia considerado as tendências descritas com grande penetração e honestidade científica. Todavia, os dados sobre a participação educacional (ou, seria melhor dizer, a falta de participação educacional) sugerem um quadro sombrio (frequentemente suscitado em vão pelos esporádicos movimentos sociais que eclodiram no "meio negro" carioca). O que é surpreendente, para mim, é que na pesquisa efetuada em São Paulo ouvimos uma frequente romanticização do Rio de Janeiro e das presumíveis "melhores condições humanas" abertas ao negro e ao mulato, seja em termos de tratamento pessoal, seja em termos de oportunidades concretas de ascensão social e da acomodação inter-racial "democrática". Essa comparação entre estados presumivelmente tão diferentes levanta um problema fundamental para futuras investigações: até que ponto o "negro" e o "mulato" estão socializados não só para *tolerar*, mas também para aceitar como normal e até endossar as formas existentes de desigualdade racial, com os seus componentes dinâmicos – o preconceito racial dissimulado e a discriminação racial indireta? A perpetuação indefinida do *status quo* racial brasileiro possui dois polos. Os efeitos estáticos das orientações de comportamento dos "brancos"; e uma modalidade de acomodação racial, por parte dos "negros" e dos "mulatos", que já descrevi como capitulação passiva. A substância do equilíbrio racial da sociedade brasileira procede do modo pelo qual os dois polos se articulam com um mínimo de fricção (uma fricção que pode, inclusive, ser identificada, condenada e absorvida, sem nenhuma alteração da ordem racial existente). Ora, enquanto persistir esse padrão de equilíbrio, persistirá a desigualdade racial, pois a ascensão do "negro" e do "mulato" se dará dentro de um processo de acumulação de vantagens que privilegia o "branco". Doutro lado, ele manterá os dois ingredientes da anulação do "negro" e do "mulato": a) o solapamento e a neutralização dos movimentos sociais voltados para a democratização das relações raciais e, em consequência, para uma efetiva igualdade entre as "raças"; b) o fortalecimento das técnicas de acefalia dos estratos raciais heteronômicos ou dependentes (os tão conhecidos mecanismos de mobilidade social seletiva, numa linha ultraindividualista, e de aceitação e compensação dos "negros" e "mulatos" que funcionam como *a exceção que confirma a regra*). Ambos os ingredientes trazem consigo formas invisíveis de corrupção, já que quebram as lealdades de cunho social, étnico ou racial que se identificam com os interesses da "coletividade negra" e convertem a "democracia racial" existente em um bom negócio para os indivíduos que usufruem a condição de exceção que confirma a regra. Nessas condições, o aparecimento e a influência de movimentos sociais de "protesto negro" é quase um milagre e a sua sobrevivência se torna impossível. Não há espaço econômico, sociocultural e político para "defender a causa". Os movimentos surgem e se afirmam no vazio político das grandes transformações da sociedade inclusiva, decaindo e desaparecendo posteriormente, por falta de suporte no "meio negro". Eles não podem expandir-se e crescer por si próprios, não logrando vencer, ao mesmo tempo, a hostilidade ou a incompreensão do pólo "branco" e a inatividade do polo "negro". Nesse sentido, não são apenas os "brancos" que bloqueiam a desintegração da ordem racial superposta à ordem social da sociedade nacional brasileira. Embora desejem *igualdade racial, justiça* e *reconhecimento*, o "negro" e o "mulato" estão na raiz da neutralização do impacto racial de processos acelerados de mudança social progressiva.

Os outros seis ensaios estão presos a motivos mais heterogêneos e fortuitos. Eles focalizam a significação das pesquisas sociais recentes sobre relações raciais; ventilam alguns dilemas do poeta negro ou do teatro que se pretende voltar para o negro; e situam temas relacionados com a presença do negro em nosso folclore e nos quadros da religião popular. Esses trabalhos têm vinculações explícitas ou implícitas com os outros sete ensaios. Quando menos, porque possuem o denominador comum, nascido das preocupações morais e políticas de quem os escreveu. Mas eles são úteis aos leitores que se interessam pela "conta redonda". Mais que nos outros ensaios, neles se evidenciam certos "porquês". Por exemplo, se a pesquisa sociológica pode penetrar mais profundamente as orientações do comportamento coletivo se ela se excluir da problemática material e moral dos agentes humanos estudados e dos processos de que eles participam, de transformação de suas condições de existência (tenham êxito ou não). Doutro lado, teríamos um *mau* conhecimento dos fatos se nos ativéssemos às manifestações restritas do preconceito e da discriminação raciais. Não veríamos a situação global nem poderíamos ver o homem total. Em nossa pesquisa, o que havia de fundamentalmente idêntico, nas motivações de Roger Bastide e nas minhas: sempre pretendemos atingir primeiro o homem e suas condições gerais de existência; e, em seguida, penetrar, pelos meandros da psicologia individual e dos grandes processos da sociedade global, o confronto das raças e os seus limites. Por isso, demos tanta importância ao estudo de caso, às histórias de vida, à reconstrução histórica e às informações quantitativas disponíveis, como o ponto de partida da análise de substrato, que imprimiria sentido ao estudo intensivo de situações concretas de convivência de "brancos" e "negros". A poesia, o teatro e a religião permitem chegar ao *homem* negro, às suas ambições e frustrações mais profundas, e ao que há de irremediável e de irredutível no empobrecimento humano e cultural de uma sociedade que converte a democracia racial em um falso idealismo. Além disso, todos esses temas – com a orientação imprimida à coleta de dados: pesquisamos brancos e negros, porém criamos situações individuais e coletivas para ouvir intensamente negros e mulatos, aprender com eles e ganhar uma compreensão profunda de sua visão da sociedade brasileira – indicam que a *condição humana* do "negro" e do "mulato" não foi subestimada. Não fizemos, como alguns supuseram depois, *tábula rasa* da herança cultural, das orientações de valor e das identificações psicossociais predominantes no "meio negro". Se certos materiais não foram utilizados ou explorados, de forma visível, isso não se deve a que eles tenham sido ignorados. É que, postos em xeque, eles não se revelaram explicativos, tendo-se em vista as manifestações descritas do preconceito e da discriminação raciais. Os que pensam que há algum fundo de veracidade nas expectativas e estereótipos que justificam as atitudes, as orientações de comportamento e as avaliações raciais dos "brancos", provavelmente procuram nos *elementos ancestrais* da cultura e do comportamento do negro uma explicação para "o seu fracasso" ou para o malogro do "protesto negro". Contudo, nem mesmo a capitulação passiva poderia ser imputada ao que se poderia considerar original e profundamente negro no comportamento do negro e do mulato. Na área de contato com o branco, onde o negro não aparece despojado dos valores de seu mundo social próprio, suas identificações morais ou culturais não possuem nenhuma eficácia e não contam para nada na determinação do ciclo de ajustamento inter-racial. Nessa área, o negro vive nos limites de sua segunda natureza humana e tem de aceitar e submeter-se às regras do jogo, elaboradas para os brancos, pelos brancos e com vistas à felicidade dos brancos.

Três questões marginais exigem o pronunciamento do autor, nesta introdução. Primeiro, os resultados que servem de base às análises dizem respeito a situações transcorridas há quinze ou vinte anos. Eles são válidos para o Brasil dos nossos dias? Eles não seriam a parte transcorrida do passado recente ou do presente que está desaparecendo? Sobre isso não há a menor dúvida. Os dados reportam-se a situações transcorridas e vividas: muito do que se disse (ou do que se poderia dizer, com fundamento em suas evidências) já é histórico. Todavia, os ritmos históricos da sociedade brasileira não são nem tão intensos nem tão rápidos a ponto de exigirem uma completa revisão de dados, hipóteses e conclusões. Ao contrário, como já escrevemos algures, esses ritmos mostraram-se muito lentos quanto às estruturas raciais do sistema social. Desaparecidas a escravidão e a imperiosa necessidade de organizar o sistema de trabalho com base na mão de obra negra, o negro deixou de ser um problema histórico para o branco e deixou, por conseguinte, de contar em sua aritmética política. Ao revés do que se pensa vulgarmente, a tenacidade das estruturas raciais continua a mostrar-se maior do que seria desejável (não apenas em função dos interesses dos estratos sociais em que "negros" e "mulatos" alcançam alta participação, mas em função dos próprios dinamismos da sociedade nacional como um todo). Por essa razão, os dados e conclusões possuem pleno valor atual e as reflexões críticas, que eles suscitam, não se opõem aos ritmos históricos. Quando menos, para que possamos transferir para a alteração das relações raciais ritmos históricos que se firmaram em outras esferas, seria necessário retomar tais reflexões críticas e inseri-las em políticas concretas de transformação da ordem racial, que se superpõe à ordem social da sociedade de classes em expansão.

Uma segunda questão envolve a própria natureza dos trabalhos aqui reunidos. Tomem-se o segundo e o terceiro capítulos como exemplo: escritos para servir de base à comunicação oral, nesses estudos o pensamento é pouco elaborado e desenvolvido. Os demais ensaios compartilham dessa condição. *O leitor precisa trabalhar com o autor*. O que se oferece, explicitamente, é um mero ponto de partida. Quer o leitor aceite ou se oponha às ideias aqui defendidas, é indispensável essa colaboração, pela qual as implicações poderão se evidenciar e ser entendidas. Isso não quer dizer que o leitor precise ir aos outros estudos, mais completos, do autor ou de outros sociólogos. Esse passo depende, naturalmente, dos interesses do próprio leitor. Informando-se mais, terá maior base para compreender a complexa situação racial brasileira e para compará-la com outras situações, análogas ou diferentes. Porém, ficando-se no plano imediato deste livro e nas fronteiras do que ele se propõe divulgar, especialmente os dois primeiros grupos de ensaios requerem que o leitor se disponha a fazer o que o autor não podia, extraindo dos dados, das conclusões (e mesmo das hipóteses) consequências que não foram expostas.

A terceira questão refere-se ao título do livro: *O negro no mundo dos brancos*. Esse título choca-se com a ideia corrente, de que a sociedade brasileira é o produto da atividade convergente de "três" raças, suplementadas pelos "mestiços". Comecei minha carreira intelectual criticando essa visão convencional (em conferência feita em Assunção, em 1941). O que ela pode ter de verdade? Qual seria a "chance" dos povos indígenas ou africanos de compartilhar as experiências históricas dos *colonizadores* e seus descendentes? O Brasil que resultou da longa elaboração da sociedade colonial não é um produto nem da atividade isolada nem da vontade exclusiva do branco privilegiado e dominante. O fato, porém, é que a sociedade colonial foi montada para esse branco. A nossa história também é uma história do branco privilegiado para o branco privilegiado, não importa se haja ou não alguma contradição entre a raça genotípica e a raça fenotípica, ou entre as aparências e as realidades. O argumento segundo o qual muitos brancos ficaram à margem do mundo social que se criou pelo branco e para o branco – com a exploração sistemática das outras raças e dos mestiços, que se classificavam (ou se desclassificavam) através delas – possui pouco valor nesta discussão. Socialmente falando, ele não era *branco* e, a julgar por conhecimentos que obtive ao longo de minha carreira profissional, continua a não ser considerado socialmente como *branco*. Cheguei, mesmo, a ouvir uma caracterização pública (de brasileiro racial e socialmente muito *branco*), em uma cidade famosa do Nordeste, em que esse tipo de "homem branco" foi caracterizado como "verdadeiro animal" (o equivalente da *besta* no regime da escravidão). Contudo, isso carece de importância nessa discussão preliminar. O negro foi exposto a um mundo social que se organizou para os segmentos privilegiados da raça dominante. Ele não foi inerte a esse mundo. Doutro lado, esse mundo também não ficou imune ao negro. Todos os que leram Gilberto Freyre sabem qual foi a dupla interação, que se estabeleceu nas duas direções. Todavia, em nenhum momento essas influências recíprocas mudaram o sentido do processo social. O negro permaneceu sempre condenado a um mundo que não se organizou para tratá-lo como ser humano e como "igual". Quando se dá a primeira grande revolução social brasileira, na qual esse mundo se desintegra em suas raízes – abrindo-se ou rachando-se por meio de várias fendas, como assinalou Nabuco –, nem por isso ele contemplou com equidade as "três raças" e os "mestiços" que nasceram do seu intercruzamento. Ao contrário, para participar desse mundo, o negro e o mulato se viram compelidos a se identificar com o *branqueamento* psicossocial e moral. Tiveram de sair de sua pele, simulando a condição humana-padrão do "mundo dos brancos".

Essa situação constitui, em si mesma, uma terrível provação. Que equilíbrio podem ter o "negro" e o "mulato" se são expostos, por princípio e como condição de rotina, a formas de autoafirmação que são, ao mesmo tempo, formas de autonegação? No cume da ascensão social ou no fim de um longo processo de aperfeiçoamento constante, o indivíduo descobre que extrai o seu próprio valor, e o reconhecimento desse valor pelos outros, daquilo em que ele não é, decididamente, nem *negro* nem *mulato* – mas BRANCO! Para os analistas superficiais, esse imperialismo da branquitude é normal e necessário. Isso porque fomos levados a crer que a integração nacional do Brasil depende dessa forma unilateral de realizar a nossa unidade nacional. Nunca tentamos pensar numa direção diversa e imaginar como poderia ser essa mesma unidade se, em vez de integrar por exclusão, ela integrasse por multiplicação. De fato, tanto pode haver a união fundada na imposição de cima para baixo quanto a união que se cria com base no consenso e no respeito por diferentes culturas em contato. Quando se compara o Brasil aos Estados Unidos, descobre-se que a unidade nacional de sociedades com passado colonial recente tende para o primeiro padrão (o que sucedeu em ambos os países). É uma unidade nacional em que se perdem heranças culturais, que não podem ser harmonizadas às condições em que os estratos dominantes tentam realizar a integração nacional através da sua própria dominação estamental. Mesmo que, mais tarde, surjam novas possibilidades de acomodação em bases democráticas, o mal já estará feito. Não se pode recuperar o que se perde nem refazer os caminhos históricos da integração econômica, sociocultural e política de uma sociedade nacional cultural e racialmente heterogênea. Nós só admitimos maior interação construtiva entre raças e heranças culturais distintas no nível das comunidades de subsistência. Aí, crenças e religiões muito diferentes puderam ser conciliadas e por vezes fundidas. Os trabalhos de Herskovits, René Ribeiro, O. Costa Eduardo e Roger Bastide explicam por que isso aconteceu: a herança cultural e as formas sociais correspondentes de associação respondiam à necessidade de autoafirmação e de autorrealização de um modo autônomo. O isolamento quebrou a inevitabilidade de uma autoafirmação negadora e destrutiva. No entanto, isso ocorreu no nível dos estratos da sociedade nacional que eram menos influentes na definição dos rumos históricos da integração nacional. Pois, na verdade, todo o mundo rústico brasileiro, no momento da decisão desses rumos, está sujeito ao mesmo processo de derrocamento e de destruição, que paira sobre as culturas que divergem dos padrões "eruditos" ou "modernos" da civilização.

O título, portanto, transcende ao livro, e levanta uma problemática que só foi aflorada unilateralmente, nos ensaios coligidos. Na verdade, isso não me preocupou. O intuito direto consistia em pôr em evidência o sentido global e as consequências fatais do ajustamento do "negro" e do "mulato" à sociedade brasileira. Antes de atingir a democracia – em termos parciais ou completos: um processo para o futuro –, o negro e o mulato têm de aceitar a padronização e a uniformização. Eles se perdem como *raça* e como *raça portadora de cultura*. As portas do mundo dos brancos não são intransponíveis. Para atravessá-las, porém, os negros e os mulatos passam por um abrasileiramento que é, inapelavelmente, um processo sistemático de branqueamento. "Unidade nacional", "civilização moderna" e dominação dos setores privilegiados da "raça branca" estão tão intricadamente misturadas, que a socialização predominante institucionaliza uma visão pobre e monolítica da dinâmica da economia, da sociedade e da cultura. Por todas essas implicações, o título pareceu-me sugestivo e verdadeiro, embora ele já tivesse sido aproveitado em outra obra (aliás, publicada nesta mesma coleção: Roberto Cardoso de Oliveira, *O índio e o mundo dos brancos*).*

Haveria muito a discutir-se a propósito desse tema geral. Não é necessário fazê-lo, pelo menos por enquanto. Todavia, por que retomar um título como esse, especialmente depois que os debates sobre a negritude praticamente mostraram a condenação "oficial" de semelhante compreensão do assunto? Ainda aqui, por amor à verdade e por lealdade a um conceito universalista, aberto e humanístico de brasilidade. Pode-se fundar o nacionalismo patrioteiro e estreito em uma noção fechada de integração nacional. Entretanto, a utilidade desse nacionalismo é tão limitada quanto o patriotismo dos círculos sociais que o defendem. Uma nação nova, que não conseguiu sequer completar o ciclo democrático da revolução inerente à desintegração do regime de trabalho servil, não pode moldar o seu conceito de brasilidade em modelos tão exclusivistas e tacanhos. Além disso, hoje deve importar-nos menos o que perdemos, de forma irremediável, do que o que não deveremos perder no futuro, imediato ou remoto. A democracia racial não impõe a participação como um desafio passivo: para participar, o negro e o mulato precisarão dar de si mesmos o que eles possuem de mais criador

---

* A primeira edição de O *negro no mundo dos brancos* veio à lume em 1972 pela Difusão Européia do Livro dentro da Coleção Corpo e Alma do Brasil, dirigida por Fernando Henrique Cardoso. (N. E.).

e produtivo. A brasilidade, que herdamos do passado escravocrata e das primeiras experiências de universalização do trabalho livre, é demasiado estreita e pobre para fazer face aos dilemas humanos e políticos de uma sociedade racial e culturalmente heterogênea. Temos de aprender a não expurgar os diferentes grupos raciais e culturais do que eles podem levar criadoramente ao processo de fusão e unificação, para que se atinja um padrão de brasilidade autenticamente pluralista, plástico e revolucionário. Portanto, há, por detrás do título, uma intenção que também transcende o livro. O que pretendemos, para o nosso futuro imediato e remoto, não é a fixação imobilista dos dois polos, separando o negro, de um lado, e o mundo dos brancos, de que ele participa marginalmente, de outro; mas que o mundo dos brancos dilua-se e desapareça, para incorporar, em sua plenitude, todas as fronteiras do humano, que hoje apenas coexistem "mecanicamente" dentro da sociedade brasileira.

Antes de encerrar esta introdução, gostaríamos de agradecer aos que autorizaram a reprodução dos trabalhos coligidos neste volume. As fontes originais (as editoras ou publicações, os organizadores de volumes etc.) são enumeradas devidamente, em notas de rodapé, para que tal agradecimento se torne efetivo. Outrossim, agradeço o interesse de meu colega e amigo, professor Fernando Henrique Cardoso, pela inclusão deste livro em *Corpo e alma do Brasil*. O mesmo agradecimento endereço a Paul-Jean Monteil, mais um amigo dedicado e compreensivo que o editor.

São Paulo, 8 de setembro de 1971
Florestan Fernandes

Primeira Parte

AS BARREIRAS
DA COR

Capítulo I

Aspectos da Questão Racial*

Nos últimos vinte anos tem surgido uma volumosa bibliografia sobre a situação racial brasileira. O principal motivo desse interesse foi um projeto de pesquisa, de que foi intermediário pela Unesco o inesquecível Alfred Métraux, e que conseguiu no Brasil a colaboração de especialistas como Wagley, Thales de Azevedo, René Ribeiro, Costa Pinto, Roger Bastide, Oracy Nogueira, Aniela Ginsberg, Virginia Bicudo e outros... Esse projeto, de 1951, permitiu que se conhecesse melhor aquilo que se poderia chamar de "realidade racial brasileira". Em seguida, ele foi ampliado, através de pesquisas encetadas pela Cadeira de Sociologia I da Faculdade de Filosofia, Ciências e Letras da Universidade de São Paulo, ao sul do Brasil. Fernando Henrique Cardoso, Octávio Ianni e Renato Jardim Moreira estenderam as indagações a uma

---

* Artigo escrito para O *tempo e o modo*, Lisboa, para ser publicado no número de novembro-dezembro de 1966.

área na qual a proporção de negros na população é a menor em todo o Brasil e em que a escravidão se manifestou de modo peculiar.

O que se descobriu? Na verdade, a hipótese sustentada pelo dr. Donald Pierson, de que o Brasil constitui um caso neutro na manifestação do "preconceito racial", teve de ser revista, mau grado o empenho da Unesco pela confirmação da hipótese. Ao que parece, essa instituição alimentava o propósito de usar o "caso brasileiro" como material de propaganda. Se os brancos, negros e mestiços podem conviver de "forma democrática" no Brasil, por que o mesmo processo seria impossível em outras regiões? Não obstante, o que é uma democracia racial? A ausência de tensões abertas e de conflitos permanentes é, em si mesma, índice de *boa* organização das relações raciais? Doutro lado, o que é mais importante para o "negro" e o "mestiço": uma consideração ambígua e disfarçada ou uma condição real de ser humano econômica, social e culturalmente *igual* aos *brancos*? Além disso, se os brasileiros conhecem um clima de tolerância racial, praticando um código de decoro nas relações em que entram em contato como "brancos", "mestiços" e "negros", não seria melhor que esse fato tivesse importância em si mesmo, independentemente de qualquer fantasia a respeito de uma "igualdade racial" que não poderia existir numa sociedade recém-egressa da escravidão e na qual a concentração da riqueza, do poder e do prestígio social abre um fosso intransponível mesmo nas relações de diferentes segmentos da "população branca"?

Neste pequeno artigo, não possuo espaço suficiente para tratar de todos os aspectos suscitados pelas perguntas, que me foram formuladas por O *tempo e o modo*. Por isso, já que a bibliografia sobre o assunto pode esclarecer os leitores mais interessados no aprofundamento do debate,[1] vou limitar-me a emitir certas opiniões sobre três temas levantados por aquelas perguntas: 1) a natureza do comportamento do brasileiro diante do "problema racial"; 2) o que há de mito e de realidade atrás da ideia de uma "democracia racial brasileira"; 3) o que o futuro parece reservar ao Brasil em matéria de "integração racial". Essas opiniões se fundam em

---

1 A parte essencial dessa bibliografia vai reproduzida a seguir, como contribuição do autor aos leitores interessados em aprofundar a presente análise.

fatos ou em conclusões extraídas de fatos. Contudo, são ainda assim meras opiniões. Não quero apresentar-me como o paladino da verdade. Nesse assunto, as controvérsias vêm de longe. Já Perdigão Malheiro se refere "ao preconceito mais geral contra a raça africana",[2] como "preconceito de nossa sociedade"; e, depois dele, muitos foram os que assinalaram os aspectos sombrios do chamado *"mundo que o português criou"*. A tais autores, que eu chamaria de realistas, se opõem fortemente os que acreditam mais nas "boas intenções" que na qualidade de ações. Não lhes quero fazer a injustiça que eles nos fazem, de supor que seja mentira ou inverdade (para não dizer falsidade) tudo que não puder ser sancionado por convicções que deitam raízes nas racionalizações exploradas pelos senhores de escravos para legitimar moralmente a escravidão. O ângulo em que se colocam garante certa veracidade a algumas de suas opiniões e expõe de modo extremamente favorável o melhor lado do clima de convivência inter-racial imperante no Brasil. Lamento, apenas, que não tenham compreendido que também defendem apenas opiniões e que no campo da investigação científica o que permite selecionar as opiniões não são as convicções de origem etnocêntrica, mas a convergência dos resultados positivos de pesquisas autônomas, igualmente rigorosas. Quanto ao mais, não é só a democracia racial que está por constituir-se no Brasil. É toda a democracia na esfera econômica, na esfera social, na esfera jurídica e na esfera política. Para que ela também se concretize no domínio das relações raciais, é mister que saibamos clara, honesta e convictamente o que tem banido e continuará a banir a equidade nas relações de "brancos", "negros" e "mestiços" entre si. A chamada "tradição cultural brasileira" possui muitos elementos favoráveis à constituição de uma verdadeira democracia racial. Esta ainda não existe, porém, e nunca existirá se os dados das investigações científicas não forem aceitos objetivamente e aproveitados de forma concreta na construção de uma sociedade multirracial cujos modelos ideais não estão (nem poderiam estar) no passado ou no presente, que dele flui e o reproduz sob muitos aspectos.

---

2 Cf. Agostinho Marques Perdigão Malheiro, *A escravidão no Brasil: ensaio histórico--jurídico-social*, Rio de Janeiro, Tipografia Nacional, 1866, vol. I, p. 206-208.

O preconceito de não ter preconceito

O que há de mais evidente nas atitudes dos brasileiros diante do "preconceito de cor" é a tendência a considerá-lo algo ultrajante (para quem o sofre) e degradante (para quem o pratique). Essa polarização de atitudes parece ser uma consequência do *ethos* católico, e o fato dela se manifestar com maior intensidade no presente se prende à desagregação da ordem tradicionalista, vinculada à escravidão e à dominação senhorial. No passado, escravidão e dominação senhorial eram os dois fatores que minavam a plena vigência dos *mores cristãos*, compelindo os católicos a proclamar uma visão do mundo e da posição do homem dentro dele, e a seguir uma orientação prática totalmente adversa às obrigações ideais do católico. Embora as transformações recentes não tenham sido suficientemente profundas, o próprio desaparecimento da escravidão e da dominação senhorial como forma de relação racial criaram condições favoráveis ao desmantelo da ordem tradicionalista e à emergência de atitudes, comportamentos e avaliações sociais mais conforme ao cosmos moral do catolicismo.

Contudo, na situação imperante nos últimos quarenta anos (de 1927 até hoje, particularmente focalizada pela pesquisa que realizei em colaboração com o professor Roger Bastide), tem prevalecido uma considerável ambiguidade axiológica. Os valores vinculados à ordem social tradicionalista são antes condenados no plano ideal que repelidos no plano da ação concreta e direta. Daí uma confusa combinação de atitudes e verbalizações ideais que nada têm a ver com as disposições efetivas de atuação social. Tudo se passa como se o "branco" assumisse maior consciência parcial de sua responsabilidade na degradação do "negro" e do "mulato" como pessoa, mas, ao mesmo tempo, encontrasse sérias dificuldades em vencer-se a si próprio e não recebesse nenhum incentivo bastante forte para obrigar-se a converter em realidade o ideal de fraternidade cristão-católico. O lado curioso dessa ambígua situação de transição aparece na saída espontânea que se deu a esse drama de consciência. Sem nenhuma espécie de farisaísmo consciente, tende-se a uma acomodação contraditória. O "preconceito de cor" é condenado sem reservas, como se constituísse um mal em si mesmo, mais degradante para quem o pratique do que para quem seja sua vítima. A liberdade de preservar os antigos ajustamentos discriminatórios e preconceituosos, porém, é tida como intocável, desde que se mantenha o decoro e suas manifestações possam ser encobertas ou dissimuladas (mantendo-se como algo "íntimo"; que subsiste no "recesso do lar"; ou se associa a "imposições" decorrentes do modo de ser dos agentes ou do seu estilo de vida, pelos quais eles "têm o dever de zelar"). Embora o "negro" e o "mulato" façam contraponto nesses arranjos pelos quais o sistema de valores está sendo reorganizado, eles não são considerados de maneira explícita. Ao contrário, ficam no *background*, numa confortável amnésia para os "brancos". Assim, a pressão verdadeiramente compulsiva, que poderia dar outro conteúdo às vacilações e às ambiguidades axiológicas relacionadas com as avaliações raciais, acaba sendo neutralizada *ab initio*. Os aspectos verdadeiramente dramáticos e injustos da situação são eliminados, atenuados ou esquecidos, como se não competisse ao *branco* operar com uma balança de dois pratos.

Não é meu objetivo analisar essa complexa polarização. Gostaria de indicá-la para situar aquilo que merece atenção especial neste debate. Do ponto de vista, e em termos da posição sociocultural do "branco", o que ganha o centro do palco não é o "preconceito de cor". Mas uma realidade moral reativa que bem poderia ser designada como o "preconceito de não ter preconceito". Minado em sua capacidade de agir acima das normas e dos valores ideais da cultura, em vez de condenar a ideologia racial dominante, construída para uma sociedade de castas e de dominação escravista, e além do mais incompatível com os requisitos econômicos, psicossociais e jurídico-políticos da sociedade de classes em consolidação, o "branco" entrega-se a um comportamento vacilante, dúbio e substancialmente tortuoso. Ao contrário do branco "racista", não possui fé em suas razões ou omissões; a ideologia racial dominante mantém-se menos pelas identificações positivas, que pelos subterfúgios através dos quais ela se insere em tudo o que o "branco" acredita, pensa ou faz. Surge, assim, o espantalho da "questão racial" como um risco da *imitação*, das *influências externas* ou do *complexo do negro*. Ignorando a natureza do drama real das populações negras e mestiças, o papel que a escravidão teve para criar esse drama, os deveres da fraternidade cristã, os imperativos da integração nacional numa sociedade de classes etc., o "branco" propende a um típico ajustamento de "falsa consciência". Em lugar de procurar entender como se manifesta o "preconceito de cor" e quais são seus efeitos reais, ele suscita o perigo da absorção do *racismo*, ataca as "queixas" dos negros ou dos mulatos como objetivação desse perigo e culpa os "estrangeiros" por semelhante "inovação estranha ao caráter brasileiro".

Portanto, o que fica no centro das preocupações, das apreensões e, mesmo, das obsessões é o "preconceito de não ter preconceito". Através de processos de mudança psicossocial e sociocultural reais e sob certos aspectos profundos e irreversíveis, subsiste uma larga parte da herança cultural, como se o brasileiro se condenasse, na esfera das relações raciais, a repetir o passado no presente. Esse mecanismo adaptativo só se tornou possível porque as transformações da estrutura da sociedade, apesar da extinção da escravidão e da universalização do trabalho livre, não afetaram de modo intenso, contínuo e extenso o padrão tradicionalista de acomodação racial e a ordem racial que ele presumia. Todavia, o simples fato de que tal mecanismo tenha vigência indica uma realidade histórica tormentosa. Se não existe um esforço sistemático e consciente para ignorar ou deturpar a verdadeira situação racial imperante, há pelo menos uma disposição para "esquecer o passado" e para "deixar que as coisas se resolvam por si mesmas". Isso equivale, do ponto de vista e em termos da condição social do "negro" e do "mulato", a uma condenação à desigualdade racial com tudo que ela representa num mundo histórico construído pelo branco e para o branco.

A "democracia racial" como mito e realidade

A ideia de que existiria uma democracia racial no Brasil vem sendo fomentada há muito tempo. No fundo, ela constitui uma distorção criada no mundo colonial, como contraparte da inclusão de mestiços no núcleo legal das "grandes famílias" – ou seja, como reação a mecanismos efetivos de ascensão social do "mulato". O fundamento pecuniário da escravidão e certos efeitos severamente proscritos, mas incontornáveis da miscigenação, contribuíram para que se operasse uma espécie de mobilidade social vertical por infiltração, graças à qual a composição dos estratos raciais dominantes teve de adquirir certa elasticidade.

No entanto, mau grado a extensa variabilidade do fenômeno ao longo do tempo e do espaço, tomou-se a miscigenação como índice de integração social e como sintoma, ao mesmo tempo, de fusão e de igualdade raciais. Ora, as investigações antropológicas, sociológicas e históricas mostraram, em toda parte, que a miscigenação só produz tais efeitos quando ela não se combina a nenhuma estratificação racial. No Brasil, a própria escravidão e as limitações que pesavam sobre o *status* do liberto convertiam a ordem escravista e a dominação senhorial em fatores de estratificação racial. Em consequência, a miscigenação, durante séculos, antes contribuiu para aumentar a massa da população escrava e para diferenciar os estratos dependentes intermediários, que para fomentar a igualdade racial. É preciso que se tenha em conta que na antiga sociedade escravista o "escravo" não era uma entidade social mais necessária que o "liberto". Existiam amplas zonas de diferenciação social, concernentes a ocupações ou a atividades que só o homem semilivre poderia realizar e que não interessariam ao homem livre dependente. O mestiço, com frequência, ofereceu o contingente demográfico que permitia saturar tais posições sociais e que eram essenciais para o equilíbrio do sistema de dominação escravista. Fora e acima desse nível, a miscigenação teria de envolver a transmissão da posição social das parentelas senhoriais, com suas propriedades, possibilidades de mando e probabilidades de poder. Esse fenômeno se deu, mas em escala muito reduzida e quase sempre sob a influência de fatores fortuitos, já que a resistência contra tal efeito era consciente, obrigatória e organizada. O contrário seria abolir a própria estrutura em que repousava a diferenciação, a integração e a continuidade da ordem racial pressuposta pelo regime escravista vigente.

Por isso, à miscigenação corresponderam mecanismos mais ou menos eficazes de absorção do mestiço. O essencial, no funcionamento desses mecanismos, não era nem a ascensão social de certa porção de negros e de mulatos nem a igualdade racial. Mas, ao contrário, a hegemonia da "raça dominante" – ou seja, a eficácia das técnicas de dominação racial que mantinham o equilíbrio das relações raciais e asseguravam a continuidade da ordem escravista. Os casos que afetavam a composição das "grandes famílias" não constituíam problema. Não só eram pouco numerosos: as famílias possuíam recursos suficientes para educar os mestiços à imagem da figura do senhor. Por conseguinte, eles eram socializados para serem e agirem como "brancos", o que eles eram, de fato, social, jurídica e politicamente falando. O problema aparecia no outro nível: com os libertos, negros ou mestiços e com seus descendentes. No contexto da sociedade escravista, esses tipos humanos já apareciam associados a oportunidades sociais que equivaliam, formalmente, a uma mudança de *status*. Além disso, entregues a si mesmos, eles trabalhavam com frequência (a menos que fossem absorvidos pela economia de subsistência) pela conquista de posições sociais mais altas, intensificando os estreitos mecanismos de mobilidade social vertical de que dispunha a sociedade escravista. A questão consistia, literalmente, em obter a identificação desses indivíduos aos interesses e valores sociais da "raça dominante". Como o controle do início e do fim de tais mecanismos se concentravam nas mãos de representantes dessa "raça", tal problema foi resolvido de forma pacífica e eficiente. Criou-se e difundiu-se a imagem do "negro de alma branca" – o protótipo do *negro leal*, devotado ao seu senhor, à sua família e à própria ordem social existente. Embora essa condição pudesse ser, ocasionalmente, rompida no início do processo, nenhum "negro" ou "mulato" poderia ter condições de circulação e de mobilidade se não correspondesse a semelhante figurino. Daí o paradoxo curioso. A mobilidade eliminou algumas barreiras e restringiu outras apenas para aquela parte da "população de cor" que aceitava o código moral e os interesses inerentes à dominação senhorial. Os êxitos desses círculos humanos não beneficiaram o negro como tal, pois eram tidos como obra da capacidade de imitação e da "boa cepa" ou do "bom exemplo" do próprio branco. Os insucessos, por sua vez, eram atribuídos diretamente à incapacidade residual do "negro" de igualar-se ao "branco". Essas figuras desempenharam, dessa maneira, o papel completo da *exceção que confirma a regra*. Forneciam as evidências que demonstrariam que o domínio do negro pelo branco é em si mesmo necessário e, em última instância, se fazia em benefício do próprio negro.

Por aí se vê o que resultou da ordem social vinculada à escravidão. Como não podia deixar de suceder, miscigenação e mobilidade social vertical operavam-se dentro dos limites e segundo as conveniências daquela ordem social, na qual elas preenchiam funções sociais relevantes para a diferenciação e a continuidade da estratificação racial engendrada pela escravidão. Após a Abolição, sem que se manifestasse qualquer tendência ou processo de recuperação humana do negro e do mulato, esses fenômenos foram focalizados à luz dos requisitos econômicos, jurídicos e políticos da ordem social competitiva. Passou-se a ver nesses fenômenos a matriz da democracia racial e a fonte de solução pacífica para a questão racial no Brasil. À parte o que haja de verdade em tais verbalizações, o fato é que ainda hoje a miscigenação não faz parte de um processo societário de integração das "raças" em condições de igualdade social. A universalização do trabalho livre não beneficiou o "negro" e o "mulato" submersos na economia de subsistência (o que, aliás, também aconteceu com os "brancos" que fizessem parte desse setor); mas, nas condições em que se efetuou, em regra prejudicou o "negro" e o "mulato" que faziam parte do sistema de ocupações assalariadas, mais ou menos vitimados pela competição com o emigrante. O resultado foi que, três quartos de século após a Abolição, ainda são pouco numerosos os segmentos da "população de cor" que conseguiram se integrar, efetivamente, na sociedade competitiva e nas classes sociais que a compõem. As evidências a respeito são conclusivas[3] e indicam que ainda temos um bom caminho a andar para que a "população de cor", sob hipótese de crescimento econômico contínuo e de persistência da livre competição inter-racial, alcance resultados equivalentes aos dos *brancos pobres* que se beneficiaram do desenvolvimento do país sob o regime do trabalho livre.

Acresce não só que não se processou uma democratização real da renda, do poder e do prestígio social em termos raciais. As oportunidades surgidas foram aproveitadas pelos grupos melhor localizados da "raça dominante", o que contribuiu para aumentar a concentração racial da renda, do poder e do prestígio social em benefício do *branco*. No contexto histórico surgido após a Abolição, portanto, a ideia da "democracia racial" acabou sendo um expediente inicial (para não se enfrentarem os problemas decorrentes da destituição do escravo e da espoliação final de que foi vítima o antigo agente de trabalho) e uma forma de acomodação a uma dura realidade (que se mostrou com as "populações de cor" nas cidades em que elas se concentraram, vivendo nas piores condições de desemprego disfarçado, miséria sistemática e desorganização social permanente). O "negro" teve a oportunidade de ser livre; se não conseguiu igualar-se ao "branco", o problema era dele – não do

---

3   Sobre o assunto cf. especialmente L. A. Costa Pinto, O *negro no Rio de Janeiro*, cap. III; Florestan Fernandes, *A integração do negro à sociedade de classes*, p. 100-133.

"branco". Sob a égide da ideia de democracia racial justificou-se, pois, a mais extrema indiferença e falta de solidariedade para com um setor da coletividade que não possuía condições próprias para enfrentar as mudanças acarretadas pela universalização do trabalho livre e da competição. Ao mesmo tempo, assim que surgiram condições para que o *protesto negro* eclodisse (logo depois da Primeira Grande Guerra e, em particular, no fim da década de 1920), tais manifestações foram proscritas como se constituíssem um "perigo para a sociedade". Em consequência, as primeiras manifestações espontâneas do "negro" na luta por certas condições de igualdade racial em bases coletivas eclodiram no vazio, não sensibilizaram o "branco" e não chegaram a dinamizar nenhum mecanismo eficiente (ou tendência atenuada que fosse) de democratização racial da renda, do prestígio social e do poder.

Esse quadro revela que a chamada "democracia racial" não tem nenhuma consistência e, vista do ângulo do comportamento coletivo das "populações de cor", constitui um mito cruel. Ainda assim, mau grado os contornos negativos desse quadro, existem certos elementos potencialmente favoráveis à emergência e à consolidação de uma autêntica democracia racial no Brasil. Primeiro, na economia de subsistência, para onde refluiu grande parte da população de origem escrava ou mestiça, o nivelamento é um fato incontestável e contribuiu (ou está contribuindo) para eliminar os efeitos econômicos, sociais e culturais das diferenças raciais. Segundo, o desenvolvimento econômico recente (inicialmente, da industrialização acelerada no Sul, a partir de 1945; em seguida, com a política de recuperação econômica do Nordeste e de outras áreas em que a população mestiça é preponderante) tem favorecido, mais que no passado, a "população de cor". Os dados mostram que os seus componentes contam, atualmente, com oportunidades comparáveis às aproveitadas pelos imigrantes no fim do século passado e no começo do século XX. Embora isso já seja uma desvantagem, significa oportunidades de emprego e de integração no sistema de classes. Terceiro, com a desagregação da ordem escravista, se não houve um aumento rápido da tolerância racial, por causa da persistência do antigo padrão tradicionalista de relações raciais, ocorreu pelo menos um abalo nos focos que mantinham as barreiras sociais que separavam as "raças". Daí resultou um abrandamento ou uma atenuação dos critérios intransigentes de avaliação racial, que prejudicavam o "negro" e o "mulato" de forma irremediável e sistemática. Esses três elementos abrem novas possibilidades, pois com a crescente oportunidade de emprego o negro conta, pela primeira vez, com probabilidades de ascensão social que o classificam na própria estrutura da sociedade de classes; e com as tendências de suavização dos critérios de avaliação racial o negro deixa de ser, inexoravelmente, a mera "exceção que confirma a regra". Essas potencialidades são significativas e, se continuarem a se expandir, o Brasil poderá converter-se na primeira grande democracia racial do mundo criado pela expansão da civilização ocidental moderna.

As perspectivas futuras

Essas conclusões são altamente promissoras. Entretanto, são notórios os efeitos de certas influências que contrariam a viabilidade e a normalidade de tal desenvolvimento. As peculiaridades do Brasil, a esse respeito, também são notáveis. O risco, no caso brasileiro, não procede (pelo menos por enquanto) do agravamento das tensões raciais e das perspectivas (pelo menos imediatas) de uso crônico do conflito racial como técnica de mudança. Ele provém da persistência de estruturas arcaicas que atravessam mais ou menos incólumes as grandes transformações que estão afetando a sociedade brasileira. Aqui, é preciso atentar para o fato de que a modernização não se processa de forma igualmente homogênea em todas as esferas da vida social. A implantação da ordem social competitiva teve consequências profundas, principalmente para o desenvolvimento econômico e a orientação do capitalismo numa direção típica do mundo moderno. Todavia, a ordem social competitiva não se impôs por igual em todo o Brasil. De um lado, seu desenvolvimento rápido coincidiu com a expansão do café e com o surto urbano-industrial do Sul. Ela beneficiou os círculos da "raça dominante" que ocupavam posições estratégicas na estrutura de poder econômico e político e, numa extensão um pouco menor, de início, os imigrantes europeus. De outro lado, ela alimentou o comportamento inovador das elites no poder e dos grupos ascendentes de modo confinado. Ninguém se preocupou com as questões que caíam fora das exigências mais prementes das condições econômicas, políticas e jurídicas da expansão do capitalismo (no âmbito da proteção do café e do estímulo ao surto industrial). As contradições sociais herdadas do passado e que entravavam a integração do "negro" e do "mulato" à ordem social competitiva emergente não interessavam senão à "população de cor", de resto a única diretamente prejudicada por aquelas contradições. Não é de estranhar, pois, que os setores favorecidos pela dinamização do desenvolvimento capitalista voltassem as costas ao drama humano dos descendentes dos ex-escravos e, ainda mais, que ignorassem as implicações negativas da falta de integração da sociedade nacional no nível das relações raciais. Eles não se mostraram sensíveis a outras manifestações do mesmo fenômeno em níveis que os afetavam de forma mais direta, como o da falta de integração do mercado em escala nacional e o da falta de integração política da Nação. No conjunto, a *política* que fomentaram revelou-se eficiente no plano restrito do crescimento econômico mais acessível, mas não levava em conta o problema do equilíbrio da sociedade nacional como uma ordem multirracial.

Em consequência, a reintegração do sistema de relações raciais ficou entregue a processos sociais espontâneos. Na conjuntura histórico-social que abarca os três quartos de século da era republicana, isso significou que qualquer mudança estrutural na esfera das relações raciais iria depender do impacto do crescimento econômico, do desenvolvimento urbano e da expansão do regime de classes. Ora, até 1945, *grosso modo*, esses fenômenos tiveram por cenário um palco limitado: o Sul do Brasil, especialmente o eixo Rio–São Paulo e os brancos que comandavam a economia e a política dessa região, com os contingentes de imigrantes que se incluíram na torrente histórica. Operou-se, pois, num contexto de mudança socioeconômica relativamente acelerada, uma grande concentração social, regional e racial da renda, do prestígio social e do poder. Os dois resultados gerais desse fenômeno se exprimem: 1º) na absorção do antigo padrão de relação racial pela sociedade de classes; 2º) na estagnação relativa de outras áreas do país e, em particular, das áreas em que prevalecia a economia de subsistência. A isso correspondeu, naturalmente, uma tendência generalizada de persistência de fatores arcaicos e arcaizantes na esfera das relações raciais. De um lado, porque a ordem social competitiva não expurgou a sociedade brasileira de avaliações raciais inconsistentes com o regime de classes e, dado o estímulo à concentração racial da renda, do prestígio social e do poder, incentivou novos focos de dinamização do "preconceito de cor", segundo formas mais explícitas e chocantes que no passado. De outro lado, porque a relativa estabilidade das outras regiões contribuiu poderosamente para conservar mais ou menos intactos vários aspectos da ordem tradicionalista que colidiam com a integração e o desenvolvimento de uma sociedade nacional. Entre esses aspectos estava, naturalmente, o das relações raciais. O único setor que poderia contribuir para a difusão de avaliações raciais igualitárias, que era o da economia de subsistência, estava bloqueado e o nivelamento social que ele fazia era um nivelamento por e para baixo, pois "brancos" e "negros" se confundiam dentro dele como parte da "ralé" ou da "gente baixa".

O perigo potencial de semelhantes desenvolvimentos tem sido percebido socialmente. Primeiro, porque as disparidades de distribuição social da renda forçaram distinções sociais que se tornaram demasiado rígidas em comparação com o que se admite consensualmente. Como essas distinções eclodem com maior nitidez nas relações de "brancos" ricos com "negros" ou "mestiços" pobres, surgiu o temor acentuado de que elas "introduzam no Brasil o conflito racial"! Segundo, porque as mesmas disparidades agora envolvem brancos com tradições culturais diferentes. Descendentes de imigrantes de várias origens fazem parte das elites no poder e, embora compartilhem da ideologia racial dominante, fazem-no em função das tradições culturais que transplantaram de outras comunidades nacionais. Por aí também se instilam formas de avaliação e de comportamentos que colidem com a propensão de decoro e de harmonia aparente que as famílias tradicionais brasileiras sempre procuraram fomentar no trato com o "negro". Terceiro, porque a ascensão social do negro e do mulato está se processando, de maneira crescente, de forma que dificulta a preservação das antigas técnicas de socialização e de controle do negro e do mulato. Não só muitos repelem os conhecidos mecanismos de acomodação racial inerentes à mobilidade por infiltração; a propensão do "novo negro", mais ou menos sensível às exigências da ordem social competitiva, entra em conflito crescente com a manipulação de seus interesses, sentimentos e aspirações de acordo com o modelo da "exceção que confirma a regra". Esse "novo negro" aspira a viver como o "branco" de nível social equivalente e prefere isolar-se socialmente a praticar um comércio racial que prejudicaria sua concepção da dignidade humana. Nesse foco surgem as evidências que atormentam mais profundamente e desorientam as avaliações dos círculos conservadores da "raça dominante", pois veem nessa propensão uma rebeldia "contra o branco" e um "perigo racial" a ser contornado.

O exemplo fornecido pelo que aconteceu em São Paulo em conexão com o segundo ciclo da revolução industrial mostra que a mudança social espontânea tem probabilidades de sanar essas pequenas fontes de tensões. Depois de 1945, o crescimento econômico constante e a necessidade de procurar a mão de obra dentro da sociedade nacional abriu muitas portas que antes estavam fechadas ao "negro" e ao "mulato". Mesmo firmas que fazem restrições abertas ao "trabalhador de cor" tiveram de proceder de modo mais ou menos tolerante. Isso facultou a inclusão ao sistema de trabalho a maior número de "pessoas de cor"; e, de outro lado, ajudou a provocar migrações internas que tendem a redistribuir "negros" e "mestiços" dentro do país (o que, aumenta, concomitantemente, a visibilidade do "homem de cor" e sua tolerância relativa por segmentos mais ou menos exclusivistas da "raça dominante"). Contudo, esse processo é muito lento. O seu resultado de maior envergadura foi o aparecimento de uma *classe média de cor* (sob muitos aspectos uma classe média aparente), que não revela muita disposição a romper com os bloqueios que impedem o aproveitamento mais rápido do "homem de cor" e anulam ou restringem os efeitos de sua mobilidade social vertical. Há matéria para pensar-se, portanto, em riscos potenciais. Na medida em que os diferentes círculos da "população de cor" passem a participar ativamente das aspirações de emprego, níveis de vida e oportunidades de ascensão social que se tendem a universalizar graças ao desenvolvimento urbano, é presumível que a tolerância do "negro" e do "mulato" diante das "injustiças sociais" que sofrem irão evoluir da passividade à agressividade. Doutro lado, a questão racial também afeta o equilíbrio da sociedade nacional. Não poderá haver integração nacional, em bases de um regime democrático, se os diferentes estoques raciais não contarem com oportunidades equivalentes de participação das estruturas nacionais de poder.

A conjuração desses riscos só poderá ser obtida através de uma radical mudança de atitudes diante da questão racial. Importa, em primeiro lugar, que se inclua o "negro" e o "mulato" (como outras "minorias étnicas, raciais ou nacionais") na programação do desenvolvimento socioeconômico e nos projetos que visem aumentar a eficácia da integraçāo nacional. Dada a concentraçāo racial da renda, do prestígio social e do poder, a "populaçāo de cor" nāo possui nenhuma vitalidade para enfrentar e resolver seus problemas materiais e morais. Cabe ao governo suscitar alternativas, que viriam, aliás, tardiamente. Nessas alternativas, escolarizaçāo, nível de emprego e deslocamento de populaçōes precisariam ganhar enorme relevo. Em suma, aí se necessita de um programa de combate à miséria e a seus efeitos no âmbito dessa populaçāo. Em segundo lugar, seria necessário que o "negro" e o "mulato" mudassem suas atitudes diante dos dilemas do "homem de cor". Como os únicos interessados diretos nos resultados dessa integraçāo, deveriam devotar-se a tal objetivo com maior tenacidade e discernimento, seja para conquistar uma posiçāo na sociedade nacional como e enquanto "grupo", seja para forçar ajustamentos mais frutíferos por parte dos "brancos". Em terceiro lugar, cabe aos próprios "brancos" um esforço de reeducaçāo, para que deixem de falar em "democracia racial" sem nada fazer de concreto a seu favor e fazendo muito no sentido contrário. Será difícil que o governo ou os próprios componentes da "populaçāo de cor" consigam êxito diante da indiferença do "branco" nesse assunto. É preciso que se compreenda que uma sociedade nacional nāo pode ser homogênea e funcionar equilibradamente sob a permanência persistente de fatores de desigualdade que solapam a solidariedade nacional. Além disso, tem de evoluir para noçōes menos toscas e egoísticas do que vem a ser uma democracia. Nada disso se conseguirá dentro de um prazo curto, porém, através dos efeitos da mudança social espontânea. O que ela podia produzir está patente e mostra que, em vez de eliminarmos as contradiçōes, aumentamos as tensōes antigas e criamos outras novas, de potencialidade destrutiva ainda maior. Convém, pois, que se inicie um programa nacional voltado para o dilema social das minorias que nāo têm condiçōes autônomas para resolver rapidamente os problemas de sua integraçāo à ordem econômica, social e política inerente à sociedade nacional.

Bibliografia suplementar

AZEVEDO, Thales de. *Les élites de couleur dans une ville brésilienne.* Paris, Unesco, 1953.

BASTIDE, Roger e FERNANDES, Florestan. *Brancos e negros em São Paulo.* 2. ed. revista e ampliada, São Paulo, Cia. Editora Nacional, 1959.

BICUDO, Virgínia Leoni. "Atitudes dos alunos dos grupos escolares em relação com a cor de seus colegas", in Unesco-Anhembi, *Relações entre negros e brancos em São Paulo.* São Paulo, Editora Anhembi Ltda., 1955, p. 227-310; "Atitudes raciais de pretos e mulatos em São Paulo", *Sociologia.* vol. IX, nº 3, São Paulo, 1947, p. 195-219.

CARDOSO, Fernando Henrique. *Capitalismo e escravidão no Brasil meridional.* São Paulo, Difusão Europeia do Livro, 1962.

CARDOSO, Fernando Henrique e IANNI, Octávio. *Cor e mobilidade social em Florianópolis.* São Paulo, Cia. Editora Nacional, 1960.

COSTA PINTO, L. A. da. *O negro no Rio de Janeiro.* São Paulo, Cia. Editora Nacional, 1953.

EDUARDO, Octavio da Costa. *The negro in northern Brazil.* Seattle, University of Washington Press, 1948.

FERNANDES, Florestan. *A integração do negro na sociedade de classes.* São Paulo, Dominus Editora S.A., 1965 (2 vols.); "A persistência do passado" (*Conference on Race and Color.* Copenhagen, 1965); "Imigration and race relations" (*The conference on race and class in latin american during the national period.* Nova York, 1965).

FREYRE, Gilberto. *Sobrados e mucambos.* 2. ed., Rio de Janeiro, Livraria José Olympio Editora, 1951 (vol. 2, cap. VIII; vol. 3, cap. XI); *O mundo que o português criou.* Rio de Janeiro, Livraria José Olympio Editora, 1940.

FURTADO, Celso. *Formação econômica do Brasil.* Rio de Janeiro, Editora Fundo de Cultura S.A., 1959.

GINSBERG, Aniela Meyer. "Pesquisas sobre as atitudes de um grupo de escolares em relação com as crianças de cor", in Unesco-Anhembi, op. cit., p. 311-361.

HARRIS, Marvin. *Patterns of race in the Americas*. Nova York, Walker & Co., 1964.

IANNI, Octavio. *As metamorfoses do escravo*. São Paulo, Difusão Europeia do Livro, 1962.

LOBO, Haddock e ALOISI, Irene. *O negro na vida social brasileira*. São Paulo, S. E. Panorama, 1941.

MARTUSCELLI, Carolina. "Uma pesquisa sobre aceitação de grupos nacionais, grupos 'raciais' e grupos regionais, em São Paulo", *Boletim de Psicologia*, n° 3, Faculdade de Filosofia, Ciências e Letras da Universidade de São Paulo, 1950, p. 53-73.

MOREIRA LEITE, Dante. "Preconceito racial e patriotismo em seis livros didáticos primários brasileiros", *Boletim de Psicologia*, n° 3, op. cit., p. 206-231.

NOGUEIRA, Oracy. "Relações raciais no município de Itapetininga", in Unesco-Anhembi, op. cit., p. 362-554; "Preconceito de marca e preconceito racial de origem", *Anais do XXXI Congresso de Americanistas*. São Paulo, Editora Anhembi Ltda., Vol. I, 1955, p. 409-434; "Atitudes desfavoráveis de alguns anunciantes de São Paulo em relação aos empregados de cor", *Sociologia*. São Paulo, vol. IV, n° 4, 1942, p. 328-358.

PIERSON, Donald. *Brancos e pretos na Bahia*. São Paulo, Cia. Editora Nacional, 1945; "Le prejugé racial d'aprés l'étude des situations raciales", *Bulletin International des Sciences Sociales*. Paris, vol. II, n° 4, 1950, p. 488-500.

PRADO JÚNIOR, Caio. *Formação do Brasil contemporâneo. Colônia*, São Paulo, Livraria Martins Editora, 1942.

RIBEIRO, René. *Religião e relações raciais*. Rio de Janeiro, Ministério de Educação e Cultura, 1956.

WAGLEY, Charles, com a colaboração de Harry W. Hutchinson, Marvin Harris e Ben Zimmerman. *Races et classes dans le Brésil rural*. Paris, Unesco, s. d.

WAGLEY, Charles e HARRIS, Marvin. *Minorities in the new world*. Nova York, Columbia University, 1958.

WILLEMS, Emílio. "Race attitudes in Brazil", *The American Journal of Sociology*. Chicago, vol. LIV, n° 5, 1949, p. 402-408.

Apêndice

1) Remoto o risco de segregação racial originário da arregimentação negra[1]

Enquanto se dizia não existir preconceito, os sociólogos Roger Bastide e Florestan Fernandes se embrenhavam nas pesquisas que culminaram nas conclusões contidas em *Relações raciais entre brancos e negros em São Paulo*, livro de análise das manifestações do preconceito de cor.

E enquanto se diz, pura e simplesmente, que "não existe o problema do negro", o professor Florestan Fernandes prepara-se para defender sua tese justamente a propósito do problema do negro, estendendo suas pesquisas a Santa Catarina e Rio Grande do Sul.

Florestan Fernandes tem, por outro lado, opinião formada sobre as entidades que surgiram recentemente ou estão surgindo para aglutinar os elementos negros na capital e no interior em torno das chamadas "reivindicações da raça".

Acompanhando os trabalhos que se desenvolvem na Associação Cultural do Negro, nos teatros experimentais (de orientações diversas), na Abase, na Federação dos Brasileiros de Cor (que congrega cidades no sul do Estado) e outras entidades oriundas da reação do elemento negro diante do preconceito, Florestan Fernandes afirma que "esses movimentos nascem de necessidades sociais imperiosas nas populações negras", conclusão baseada na pesquisa realizada por ele com seu antigo professor, Roger Bastide.

---

1 Entrevista solicitada e publicada por Elias Raide, autor da nota introdutória: *Diário da Noite*, 9/4/1958.

Após a abolição

"Durante o período da escravidão" – diz Florestan Fernandes –, "o negro viveu em estado de dependência social tão extrema que não chegou a participar, autonomamente, das formas de vida social organizadas mínimas, como a família e outros grupos primários, de que se beneficiavam os brancos. A Abolição ocorreu em condições que foram verdadeiramente 'espoliativas', do ponto de vista da situação de interesse dos negros. Estes perderam o único ponto de referências que os associava ativamente à nossa economia e à nossa vida social. Em consequência, viram-se convertidos em 'párias' da cidade, formando o grosso da população dependente de São Paulo nos três primeiros decênios do século XX. Esses fatos foram descritos por vários viajantes e estudiosos, tendo merecido análise mais completa da parte de Bastide e do sociólogo norte-americano Lowrie. Para participar das garantias e dos direitos sociais, consagrados por nosso sistema de vida, os negros tiveram que desenvolver um esforço próprio de autoeducação e de autoesclarecimento, em escala coletiva. Alguns líderes mais esclarecidos e bem informados, apoiados por companheiros que percebiam a importância desses empreendimentos para a população negra, desde 1930 vêm difundindo ensinamentos que mostram as vantagens inerentes à assimilação de formas de organização das atividades sociais dominantes no meio ambiente. Assim, realizaram campanhas para a reabilitação da 'mãe solteira', grave problema por que aumenta o número de menores desamparados e dificulta o casamento ou a constituição da família; para o incentivo da responsabilidade do pai na educação dos filhos e na manutenção do lar; para o abandono dos 'porões' e dos 'cortiços' e a aquisição da casa própria; para a valorização da aprendizagem de profissões acessíveis aos negros, tendo em vista suas habilitações; para o combate ao analfabetismo; para a participação mais vigorosa e consciente nas atividades políticas etc. Esses movimentos sofreram altos e baixos, paralisando-se, ou arrefecendo-se na 'ditadura', ganhando novos alentos aqui e acolá, graças às condições mais ou menos favoráveis de vida de uma pequena classe média negra em São Paulo. Assim, para resumir: esses movimentos nascem de necessidades sociais próprias da população negra da capital e traduzem a mobilidade ou os sucessos de alguns de seus setores, na competição com os brancos e na ascensão social."

Não por privilégios, mas contra privilégios

Prosseguindo, acentua o prof. Florestan Fernandes que "esses movimentos correspondem a fins socialmente úteis", que alargam "as esferas dentro das quais nosso estilo de vida é posto em prática".

"Em outras palavras, eles se baseiam em móveis e em aspirações sociais que, bem-sucedidos, farão dos negros melhores cidadãos. Há quem pense que o negro luta por privilégios, através desses movimentos. Mas isso não é verdade: eles lutam contra privilégios, que os mantiveram afastados, em detrimento de segurança e de nosso progresso, dos direitos fundamentais do homem em nossa ordem social. A esse respeito, convém frisar que não lutam contra pessoas ou grupos, que não os anima a ambição de prejudicar o branco ou combater os valores e instituições sociais que lhe conferem riqueza, poder ou estabilidade. As impulsões psicossociais, inerentes a seus 'movimentos de arregimentação', conduzem, ao contrário, a alvo bem diferente: o de permitir ao negro ter acesso mais livre e equitativo a esses valores e instituições. Não são, portanto, movimentos conduzidos pelo propósito de aumentar a área de conflitos sociais de nossa sociedade. O que seus fins sociais conscientes pressupõem é o alargamento efetivo da área de acomodação, pela integração do negro às oportunidades econômicas, políticas, educacionais e sociais, conferidas aos brancos sem restrições. Parece-me que isso evidencia que são infundados os receios, de certas camadas sociais, de que eles redundem em 'perigos' políticos ou raciais. No fundo, o negro tomou a si a tarefa de lutar contra esses perigos, enfrentando com seus recursos e sem nenhuma manifestação mais forte de simpatia ou de compreensão, a gigantesca responsabilidade de preparar-se para a vida numa ordem social democrática."

Os movimentos e a segregação

Respondendo à pergunta sobre se tais movimentos de arregimentação poderiam produzir uma situação de segregação racial comparável à existente nos Estados Unidos, declara o prof. Florestan Fernandes que "o desfecho da competição e do conflito nas relações entre grupos raciais distintos depende de vários fatores e condições sociais".

"Pelo que sabemos, com base na pesquisa efetuada em São Paulo – acrescentou – esse risco existe, pois ainda não se sabe como as diferentes camadas da população branca poderão reagir à ascensão social do negro. Contudo, é preciso ponderar duas coisas. Primeiro, se isso chegasse a ocorrer, não seria por 'culpa' dos movimentos de arregimentação dos negros. O isolamento espacial, cultural e social, em casos dessa natureza, constitui um produto dinâmico do tratamento dispensado às minorias raciais e étnicas, demonstrando a incapacidade da ordem social em evoluir na direção de padrões integrativos de reconstrução social. Sob esse aspecto, pois, o perigo potencial da segregação poderia ser admitido. Ele não seria causado pelo negro, no entanto, que passaria a sofrer os efeitos da situação global nas atitudes e no comportamento dos brancos. Esse é o problema. Os 'movimentos de arregimentação' são apenas uma parcela da situação global e a reação desfavorável dos brancos não seria provocada apenas por eles. A segunda coisa que precisa ser ponderada diz respeito ao caráter eventual desse presumível perigo. Não é certo que ele venha a ocorrer, sendo muito variadas e fortes as pressões em sentido contrário. Entre essas, cumpre pôr em relevo: as condições concretas da competição do negro com o branco, que não são de molde a criar dificuldades insuperáveis para este, dadas as oportunidades crescentes oferecidas pelo sistema ocupacional; a inexistência de alvos definidos de oposição racial, por parte do negro, que não pretende desalojar o branco das posições sociais em que ele se encontra, mas compartilhar com ele dos direitos e garantias sociais; as tendências ideológicas e utópicas que valorizam, no meio branco, a integração racial; o fortalecimento do regime democrático, que ampara politicamente aquelas tendências. Por isso, presumo que não devemos temer esses 'movimentos', mas colaborar para que eles definam melhor e alcancem realmente os seus alvos construtivos, tão importantes para um país novo e heterogêneo como o Brasil."

Apêndice

2) Brasil está bem longe de ser uma democracia racial[2]

Realiza-se, em Brasília, um seminário sobre segregação racial, promovido pela ONU. O prefeito Plínio Catanhede, durante a solenidade de instalação do seminário, disse que "era uma honra ter Brasília como sede para discussão de um dos graves problemas do mundo atual". O representante da Suécia, entre outras coisas, afirmou que não existe conflito racial no Brasil.

Mas será mesmo verdade que aqui não existe tal conflito? Partimos de um princípio elementar na questão do segregacionismo: – Existe preconceito racial em nosso país? Esta e outras perguntas são respondidas pelo professor Florestan Fernandes, catedrático da Cadeira de Sociologia I, da Faculdade de Filosofia, Ciências e Letras da USP.

Tolerância e democracia raciais

Inicialmente, o prof. Florestan Fernandes abordou a questão da existência ou não de "democracia racial" no Brasil. Aliás, esse tema é debatido no seu último livro (*A integração do negro na sociedade de classes*, capítulos 3, 5 e 6): "Na verdade, nos acostumamos à situação existente no Brasil e confundimos tolerância racial com democracia racial. Para que esta última exista não é suficiente que haja alguma harmonia nas relações sociais de pessoas pertencentes a estoques raciais diferentes ou que pertencem a 'raças' distintas. Democracia significa, fundamentalmente, igualdade social, econômica e política. Ora, no Brasil, ainda hoje não conseguimos construir uma sociedade democrática nem mesmo para os 'brancos' das elites tradicionais e das classes médias em

---

2 Partes de uma entrevista publicada por *A Gazeta*, 27/8/1966. Reproduzida em F. Fernandes, J. B. Borges Pereira e O. Nogueira, *A questão racial brasileira vista por três professores*, São Paulo, Escola de Comunicações e Artes – USP, 1971.

florescimento. É uma confusão, sob muitos aspectos farisáica, pretender que o negro e o mulato contem com igualdade de oportunidades diante do branco, em termos de renda, de prestígio social e de poder.

O padrão brasileiro de relação racial, ainda hoje dominante, foi construído para uma sociedade escravista, ou seja, para manter o 'negro' sob a sujeição do 'branco'. Enquanto esse padrão de relação racial não for abolido, a distância econômica, social e política entre o 'negro' e o 'branco' será grande, embora tal coisa não seja reconhecida de modo aberto, honesto e explícito".

Mito social

Continuando a responder sobre a falada "democracia racial", acrescentou: "Os resultados da investigação que fiz, em colaboração com o professor Roger Bastide, demonstram que essa propalada 'democracia racial' não passa, infelizmente, de um mito social. E um mito criado pela maioria e tendo em vista os interesses sociais e os valores morais dessa maioria; ele não ajuda o 'branco' no sentido de obrigá-lo a diminuir as formas existentes de resistência à ascensão social do 'negro'; nem ajuda o 'negro' a tomar consciência realista da situação e a lutar para modificá-la, de modo a converter a 'tolerância racial' existente em um fator favorável a seu êxito como pessoa e como membro de um estoque 'racial'".

Tipos de preconceito racial

Estabelecido que existe preconceito racial no Brasil, o prof. Florestan Fernandes esclareceu:

"De fato, existem várias formas socioculturais de preconceito racial. O que há de mal, conosco, consiste no fato de que tomamos como paralelo o tipo de preconceito racial explícito, aberto e sistemático posto em prática nos Estados Unidos. Todavia, os especialistas já evidenciaram que existem vários tipos de preconceito e, pelo menos um sociólogo brasileiro, o professor Oracy Nogueira, se preocupou em caracterizar as diferenças existentes entre o preconceito racial sistemático, que ocorre nos Estados Unidos, e o preconceito racial dissimulado e assistemático, do tipo do que se manifesta no Brasil. Já tentei, de minha parte, compreender geneticamente o nosso modo de ser. Segundo penso, o catolicismo criou um drama moral para os antigos senhores de escravos, pois a escravidão colidia com os 'mores' cristãos. Surgiu daí, presumivelmente, a tendência a disfarçar a inobservância dos 'mores', pela recusa sistemática do reconhecimento da existência de um preconceito que legitimava a própria escravidão".

"Negro" *versus* "branco"

Florestan Fernandes continua: "Sem a ideia de que o 'negro' seja 'inferior' e necessariamente 'subordinado' ao 'branco', a escravidão não seria possível num país cristão. Tomaram-se essas noções para dar fundamento à escravidão e para alimentar outra racionalização corrente, segundo a qual o próprio negro seria 'beneficiado' pela escravidão, mas sem aceitar-se a moral da relação que se estabelecia entre o senhor e o escravo. Por isso, surgiu no Brasil uma espécie de preconceito reativo: o preconceito contra o preconceito ou o preconceito de ter preconceito. Ao que parece, entendia-se que ter preconceito seria degradante e o esforço maior passou a ser o de combater a ideia de que existiria preconceito no Brasil, sem se fazer nada no sentido de melhorar a situação do negro e de acabar com as misérias inerentes ao seu destino humano na sociedade brasileira. Acho que aqui seria bom que se lessem os trabalhos recentes publicados por sociólogos, antropólogos e psicólogos, mais ou menos concordantes, e, em particular, que o 'branco' se reeducasse de tal maneira que pudesse pôr em prática, realmente, as disposições igualitárias que ele propala ter diante do 'negro'".

Discriminação e segregação

À pergunta se existiria "discriminação" e "segregação" raciais no Brasil, disse:

"A discriminação que se pratica no Brasil é parte da herança social da sociedade escravista. No mundo em que o 'negro' e o 'branco' se relacionavam como escravo e senhor, esse último tinha prerrogativas que aquele não possuía – nem podia possuir, como 'coisa' que era e 'fôlego vivo', uma espécie de 'instrumento animado das relações de produção'. A passagem da sociedade escrava para a sociedade livre não se deu em condições ideais. Ao contrário, o negro e o mulato viram-se submergidos na economia de subsistência, nivelando-se, então, com o 'branco', que também não conseguia classificar-se socialmente, ou formando uma espécie de escória da grande cidade, vendo-se condenados à miséria social mais terrível e degradante".

Abolicionismo não aboliu

Reportando-se ao abolicionismo, Florestan Fernandes acentua: "Apesar de seus ideais humanitários, o abolicionismo não conduziu os 'brancos' a uma política de amparo ao negro e ao mulato. Como o demonstram os resultados da análise pioneira de Roberto Simonsen, em trabalho magistral, nos momentos mais duros da transição existiram fazendeiros que defendiam a ideia da indenização. Nenhum deles se levantou em prol da indenização do escravo ou do liberto e, em consequência, os segmentos da população brasileira que estavam associados à condição de escravo ou de liberto viram-se nas piores condições de vida nas grandes cidades. Foram reduzidos a uma condição marginal, na qual se viram mantidos até o presente. Somente depois de 1945 começaram a surgir oportunidades reais de classificação na estrutura da ordem social competitiva, ainda assim, para número limitado de indivíduos potencialmente capazes de terem êxito na competição socioeconômica com os brancos".

Segregação dissimulada

A seguir, disse o famoso sociólogo: "A discriminação existente é um produto do que chamei 'persistência do passado', em todas as esferas das relações humanas – na mentalidade do 'branco' e do 'negro', nos seus ajustamentos à vida prática e na organização das instituições e dos grupos sociais. Para acabarmos com esse tipo de discriminação, seria necessário extinguir o padrão tradicional brasileiro de relação racial, e criar um novo padrão realmente igualitário e democrático de relação racial, que conferisse igualdade econômica, social, cultural e política entre negros, brancos e mulatos. As mesmas ideias podem ser aplicadas à segregação. Esta foi praticada no passado senhorial, apesar da convivência por vezes íntima, entre senhores e escravos. Fazia parte de duplo estilo de vida que separava espacial, moral e socialmente o 'mundo da senzala' do 'mundo da casa grande'".

"A segregação do 'negro' é sutil e dissimulada, pois ele é confinado ao que os antigos líderes dos movimentos negros de São Paulo chamavam de 'porão da sociedade'. As coisas estão se alterando, nos últimos tempos, mas de forma muito superficial e demorada. Para atingirmos a situação oposta, implícita no nosso mito de democracia racial, o negro e o mulato precisariam confundir-se com o branco num mundo de igualdade de oportunidades para todos, independentemente da cor da pele ou da extração social. É pouco provável que isso se dê sem que os próprios negros e mulatos tenham uma consciência mais completa e profunda de seus interesses numa sociedade multirracial, em que eles constituem uma minoria deserdada e proscrita."

Florestan Fernandes concluiu, observando que "foi preciso quase três quartos de século para que negro e mulato encontrassem, em São Paulo, perspectivas comparáveis àquelas com que se defrontaram os imigrantes e seus descendentes. Quanto tempo terá que correr para que consigam tratamento igualitário numa sociedade racialmente aberta? Essa pergunta me parece fundamental. Os 'negros' devem preparar-se para respondê-la e os 'brancos', para ajudá-los, solidariamente, a pôr em prática as soluções que a razão indicar, sem subterfúgios e com grandeza humana".

Capítulo II

Mobilidade Social e Relações Raciais: O Drama do Negro e do Mulato numa Sociedade em Mudança*

Houve um momento em que os cientistas sociais aderiram à ideia de que a ascensão social constitui um indício de ausência de preconceito e de discriminação raciais. A hipótese parecia lógica, pois o sistema de castas abolia a mobilidade social vertical e impunha às pessoas de castas diferentes, que entrassem em contato previsto ou fortuito, complicados rituais de purificação. No entanto, várias pesquisas feitas em sociedades nacionais distintas demonstraram que o preconceito e a discriminação raciais dificultam a ascensão social de minorias étnicas ou raciais. Não obstante, ela pode ocorrer sem que o preconceito e a discri-

---

* Artigo escrito para a revista *Realidade* e publicado com sua autorização em *Cadernos Brasileiros*, nº 47, maio-jun. de 1968, p. 51-67 (número organizado por Abdias do Nascimento, comemorativo dos 80 anos de Abolição).

minação desapareçam. Isso tanto em sociedades nacionais que se organizam, socialmente, em sistemas birraciais (como ocorre nos Estados Unidos) quanto em sociedades nacionais que se organizam, pelo menos teoricamente, sem levar em conta critérios de estratificação racial (como sucede no Brasil).

A situação brasileira já foi definida, por alguns especialistas, como sendo neutra em relação ao preconceito de raça e à discriminação racial. As investigações recentes, porém, indicam que existe um abismo entre as ideologias e utopias raciais dominantes no Brasil, construídas no passado por elites brancas e escravistas, e a realidade racial. A afirmação é verdadeira com referência a todas as minorias nacionais, étnicas ou raciais, pelo menos durante o período em que elas não conseguem responder às pressões assimilacionistas da sociedade nacional e aos critérios de avaliação socioeconômica dos círculos dominantes das classes altas. E ela é particularmente verdadeira no que diz respeito ao negro e ao mulato.

Na verdade, a escravidão desenvolveu-se de formas bem diversas ao longo de nossa história, nas regiões que conseguiram expandir a economia exportadora em conexão com o trabalho escravo. O mesmo iria suceder, em seguida, com as regiões que conseguiriam rápido crescimento econômico em conexão com a imigração, o trabalho livre e a ordem social competitiva.

No que tange ao passado, as regiões que possuíam vitalidade econômica podiam expandir a escravidão e, concomitantemente, as oportunidades de trabalho que eram conferidas ao negro e ao mulato, como libertos e homens livres. A estagnação econômica restringia a expansão da escravidão, mas não impedia, onde ocorresse, que o negro e o mulato participassem ativamente da estrutura ocupacional, como escravos, libertos e homens livres. Os dois últimos adaptavam-se à economia de subsistência, ao artesanato urbano, ao pequeno comércio e outros serviços de pequena importância. Menção especial merecem as regiões que se incorporam tardiamente à economia exportadora, como sucedeu no Sul, e em particular com São Paulo. Aí, o surto econômico começa a atingir seu primeiro clímax no fim do último quartel do século XIX (ou, mais precisamente, na última década do século XX). Nas circunstâncias em que se desenrolou, o surto econômico não beneficiou o ex-agente de trabalho escravo, nem mesmo os que já eram, então, libertos e homens livres. A concorrência dos imigrantes não só os desalojou das posições mais ou menos vantajosas que ocupavam; impediu que eles absorvessem, na linha do padrão tradicional de ajustamento econômico imperante sob a escravidão, as oportunidades novas. Por essa razão, a revolução burguesa foi intensamente desfavorável ao elemento negro e mulato, tanto no meio rural quanto principalmente no meio urbano, dos fins do século XIX até a década de 1930. Desta época em diante, ambos adquirem melhor posição relativa, absorvendo as oportunidades econômicas que a intensificação do desenvolvimento urbano-industrial e a expansão agrícola tendem a conferir aos trabalhadores nacionais imigrantes.

Esse rápido bosquejo permite assinalar alguns aspectos essenciais da situação de contato racial imperante no Brasil. As áreas que atingiram seu clímax de prosperidade econômica no período colonial ou em conexão com a emancipação política do país ofereceram melhores condições adaptativas às populações negras e mulatas. Doutro lado, as áreas que permitiram a preservação ou a instalação das várias formas de economia de subsistência, conhecidas no Brasil, também ofereceram boas condições adaptativas a essas populações. As áreas afetadas por modernização súbita e intensa, como sucedeu com o Sul, por exemplo, tornaram-se menos favoráveis ao elemento negro e mulato, que ou retorna para as regiões de origem (no período de desagregação do trabalho servil e de consolidação do trabalho livre) ou precisa aceitar condições de existência extremamente duras, em particular se vivesse nas cidades.

Essas considerações são empiricamente necessárias. Não se entende a situação do negro e do mulato fazendo-se *tábula rasa* do período escravista e do que ocorreu ao longo da instauração da ordem social competitiva. A Abolição não afetou, apenas, a situação do escravo. Ela também afetou a situação do "homem livre de cor". Na verdade, a Abolição constitui um episódio decisivo de uma revolução social feita pelo branco e para o branco. Saído do regime servil sem condições para se adaptar rapidamente ao novo sistema de trabalho, à economia urbano-comercial e à modernização, o *"homem de cor"* viu-se duplamente espoliado. Primeiro, porque o ex-agente de trabalho escravo não recebeu nenhuma indenização, garantia ou assistência; segundo, porque se viu, repentinamente, em competição com o branco em ocupações que eram degradadas e repelidas anteriormente, sem ter meios para enfrentar e repelir essa forma mais sutil de despojamento social. Só com o tempo é que iria aparelhar-se para isso, mas de modo tão imperfeito que ainda hoje se sente impotente para disputar *"o trabalho livre na Pátria livre"*.

Do ponto de vista sociológico, o que interessa, nesse pano de fundo, é o fato de que os estoques negro e mulato da população brasileira ainda não atingiram um patamar que favoreça sua rápida integração às estruturas ocupacionais, sociais e culturais criadas em conexão com a emergência e a expansão do capitalismo. Quando eles apresentam indício de adaptação favorável, estamos diante de estruturas ocupacionais e socioeconômicas que não foram afetadas pelas transformações ocorridas ou de estruturas novas, que absorvem a mão de obra nacional sem qualificações especiais e sem melhores perspectivas. Isso significa, em outras palavras, que a ascensão social do negro e do mulato apresenta dois aspectos distintos. O que parece ser ascensão social no horizonte cultural do negro e do mulato muitas vezes não passa de mera incorporação ao sistema de classes. A ascensão social verdadeira, isto é, a mobilidade social vertical no sentido ascendente, dentro do sistema social vigente, ainda não se organizou, para eles, como um processo histórico e uma realidade coletiva. Atinge a alguns segmentos (ou melhor, certos indivíduos) da "população de cor", sem repercutir na alteração dos estereótipos negativos, nos padrões que regem as relações raciais e sem suscitar um fluxo constante de mobilidade social ascendente no "meio negro". Em suma, a expansão urbana, a revolução industrial e a modernização ainda não produziram efeitos bastante profundos para modificar a extrema desigualdade racial que herdamos do passado. Embora "indivíduos de cor" participem (em algumas regiões segundo proporções aparentemente consideráveis), das "conquistas do progresso", não se pode afirmar, objetivamente, que eles compartilhem, coletivamente, das correntes de mobilidade social vertical vinculadas à estrutura, ao funcionamento e ao desenvolvimento da sociedade de classes.

Essa afirmação contraria o que se costuma dizer sobre a *democracia racial* que imperaria no Brasil. É que se confundem padrões de tolerância estritamente imperativos na esfera do decoro social com igualdade racial propriamente dita. Para ter uma ideia do alcance dessa interpretação, seria suficiente considerar alguns dados sobre a composição da população brasileira cultural inerente à obtenção de diplomas nos diversos níveis do ensino pelos vários estoques raciais. Infelizmente, as considerações baseiam-se nos resultados do recenseamento de 1950, cujos dados são acessíveis a quem queira analisar a situação racial brasileira.

Os quadros I e II fornecem uma descrição da população segundo a cor e as regiões fisiográficas. Eles indicam duas coisas, que nos interessam de perto: 1º) A participação relativa dos estoques negro e mulato na população global; 2º) As tendências regionais de concentração desses estoques no Leste e Nordeste do país. Seria interessante comparar essas indicações com outras, fornecidas pelos quadros III, IV e V. Os dados sobre a posição na ocupação da população economicamente ativa evidenciam a persistência crônica dos efeitos de uma forte concentração relativa da renda e do prestígio social. Enquanto os estoques negro e mulato participam das posições menos vantajosas em proporções superiores ou quase iguais à sua participação da população global, nas posições de empregador o primeiro concorre com apenas 3%, e o segundo, com quase 12,5%. Doutro lado, a distribuição das posições em cada grupo de cor sugere que o negro e o mulato estão longe de participar das oportunidades ocupacionais e socioeconômicas em condições de igualdade com o branco. Essa distribuição suscita certas ilusões, na medida em que encobre e relativiza diferenças de participação daquelas oportunidades muito acentuadas entre os diversos estoques raciais. É o que torna evidente o quadro V, de significação especial para o nosso estudo: 1º) porque mostra, indiretamente, que a integração do negro ao sistema de classes não lhe proporciona, de fato, as condições de participação cultural, acessíveis ao branco; 2º) porque demonstra, conclusivamente, que os estoques negro e mulato não dominam, provavelmente por causa de suas posições na estrutura socioeconômica e por motivos relacionados com suas tradições culturais, os canais de ascensão social que poderiam permitir tanto a melhoria de suas possibilidades de competição com os "brancos" quanto a ampliação de suas perspectivas de mobilidade social vertical. Esse quadro, aliás, dá margem a conclusões melancólicas, pois deixa patente que até no nível do ensino elementar existem acentuados "privilégios sociais da raça branca". No fundo, as posições desvantajosas dos estoques negro e mulato na estrutura socioeconômica condicionam formas de participação cultural e de integração ao sistema de classes que favorecem a sua perpetuação crônica naquelas posições, em vez de estimularem a ruptura com o passado e a sua superação. Daí o fato de os demais índices sobre o ensino comprovarem a existência de um drama ignorado e hipocritamente dissimulado sob o manto da "democracia racial". Os únicos canais eficientes de ascensão social na sociedade brasileira ainda continuam, quase tão fortemente quanto no passado, como privilégios sociais das elites das classes altas e da "raça dominante". O negro e o mulato, como eles diriam, aí "não têm vez", encontrando-se rigidamente bloqueados por privilégios sociais que possuem inevitáveis e profundas implicações raciais.

Dadas as variações regionais imperantes no Brasil, poder-se-ia dizer que esse panorama apresenta gradações e que, portanto, as perspectivas do negro e do mulato podem ser melhores ou piores, conforme as regiões ou os Estados que se tomem em conta. Esse raciocínio é legítimo, mas não deve ser admitido com ingenuidade. Aqui, é preciso considerar-se outros fatores. De fato, os índices concernentes ao Leste e ao Nordeste evidenciam melhor adaptação aparente do negro e do mulato às condições socioeconômicas e culturais imperantes naquelas regiões. No entanto, aprofundando-se a análise, descobre-se facilmente que essa adaptação também dissimula uma acomodação desvantajosa. A participação se dá e se intensifica principalmente em ocupações e serviços vinculados à economia de subsistência ou a setores econômicos que não se inserem normalmente no fluxo da redistribuição da renda. Doutro lado, onde as coisas aparentam ser piores, como no Sul, o número dos que "conseguem varar" é ínfimo. Os resultados das investigações feitas em São Paulo sugerem, porém, que esse número ínfimo se incorpora estruturalmente na dinâmica da sociedade competitiva. Eles são pouquíssimos, mas conquistaram um patamar econômico, social e cultural realmente novo, adquirindo probabilidades concretas de diminuírem a distância social em face do "branco" e de circularem socialmente, projetando-se na própria esfera em que se desenrola a competição racial por prestígio e ascensão social.

Essa dupla realidade não transparece claramente nos dados estatísticos. Todavia, escolhendo dois exemplos contrastantes – como os dos Estados da Bahia e de São Paulo – é possível desvendar-se alguns esclarecimentos fundamentais. Seria preciso lembrar alguns dados sobre as populações desses dois Estados em 1950, segundo a cor (omitindo-se os habitantes de cor não declarada):

	Bahia	São Paulo
Brancos	1 428 685 (30%)	7 823 111 (86%)
Mulatos	2 467 108 (51%)	292 669 (3%)
Negros	926 075 (19%)	727 789 (8%)
Amarelos	156 (0,003%)	276 851 (3%)

Comparando-se os quadros VI e VII, verifica-se que, de fato, existem diferenças relativas consideráveis entre a estrutura ocupacional dos Estados da Bahia e São Paulo quanto à cor. Mas a realidade racial profunda não é tão diferente quanto se poderia pensar à primeira vista. Os índices de participação do negro e do mulato na estrutura ocupacional adquirem outra significação quando se atenta para o fato de que, na Bahia, eles constituem 70% da população. Não obstante, absorvem em conjunto 77% das posições de empregados e apenas 48% das posições de empregadores. Pelo que se pode inferir dos dados sobre a distribuição destas últimas posições, nem sempre elas se situam nas esferas mais vantajosas dos serviços e atividades econômicas. Ao mesmo tempo, o estoque branco, que entra com quase 30% da população global, absorve apenas 23% da posições de empregado e 52% das posições de empregador. Pode-se descobrir o que isso significa atentando-se para o quadro VII, que deixa claro que a predominância demográfica do negro e do mulato não afeta profundamente a estrutura socioeconômica nem a persistência dos privilégios sociais associados à desigualdade racial. Assim, a minoria branca entra com 83% dos diplomados em cursos de nível médio e com 88% dos diplomados em cursos de nível superior. Enquanto o negro em particular aí participa de modo ínfimo e o mulato, apesar de constituir mais da metade da população, concorre com 15% dos diplomados em ensino médio e 10% dos diplomados em ensino superior. Em síntese, como sucede no Sul, a concentração social da renda e do prestígio social possui implicações raciais bem definidas: ou seja, em outras palavras, vista em termos da estrutura racial da sociedade brasileira, ela aparece, mesmo nos Estados do Leste, como uma concentração racial de poder.

São Paulo ilustra a alternativa da região meridional, que discrepa fortemente dos índices nacionais. Os negros e os mulatos tendem a concentrar-se nas posições menos vantajosas na estrutura socioeconômica e entram com cotas ultraínfimas (bem abaixo dos índices através dos quais concorrem para constituir a população global). Os brancos, que concorrem com 86% da população, fornecem 84% dos empregados e 92% dos empregadores. Doutro lado, o negro e o mulato, que em conjunto formam 11% da população, concorrem com 15% dos empregados e apenas 2,5% dos empregadores. Trata-se de uma situação que evidencia, muito mais claramente que a da Bahia, em que sentido a concentração social da renda, do prestígio social e do poder é, concomitantemente, uma concentração racial de privilégios econômicos, sociais e culturais. Se se levar em conta que o negro e o mulato aí constituem uma minoria, tais índices adquirem uma significação menos incongruente. Além disso, encaradas à luz da participação do negro e do mulato, as diferenças, em conjunto, não são tão acentuadas como seria de esperar. Sobre 70% de negros e mulatos na Bahia, existia um total de 5.438 indivíduos com diplomas de nível médio (ou seja, 11% do respectivo total nacional); sobre 11% de negros e mulatos em São Paulo, existiam 3.538 indivíduos com diplomas de nível médio (ou seja, 7% do respectivo total nacional). Quanto aos diplomas em ensino superior, os totais seriam de 666 com relação à Bahia (16% do total nacional) e 265 com relação a São Paulo (7% do total nacional). Por fim, as investigações realizadas evidenciaram que o crescimento econômico acelerado, a modernização e certos efeitos da competição racial forçam o negro e o mulato, em São Paulo, a alterarem suas concepções de *status* e suas representações sobre as relações com os brancos. Trata-se, é certo, de números ínfimos de indivíduos. Todavia eles constituem uma parcela de pessoas imiscuídas centralmente em tendências igualitárias que se refletem na estrutura de sua personalidade, no teor de sua visão do mundo e na organização de suas disposições sociais. Eles rompem com o passado e com o padrão tradicionalista de acomodação passiva, subalterna e subserviente diante do branco. Em consequência, para esse pugilo de "pessoas de cor" o problema não consiste, apenas, em "ganhar a vida". Eles lutam por igualdade de oportunidades e por igualdade de tratamento – e, se não obtêm o que querem, preferem isolar-se a "rebaixarem-se". Ora, esse pequeno número tende a aumentar e é através dele que o negro e o mulato se projetam de modo diferente na reorganização da sociedade brasileira. O mesmo processo ocorrerá nas demais regiões, presumivelmente em razão do ritmo e da intensidade com que eles vierem a compartilhar de padrões econômicos, sociais e políticos de organização da sociedade de classes.

Contudo, parece ser conveniente adotar muita cautela nas interpretações de caráter prospectivo, voltadas para o que vai suceder no futuro próximo. Em termos da tensão e da pressão que suportam da sociedade inclusiva, a situação do negro e do mulato é relativamente mais dura e desumana em São Paulo. As perspectivas de integração, oferecidas pela ordem social competitiva, precisam ser conquistadas palmo a palmo, numa luta desigual para o "homem de cor". Assim, eles tenderão a se infiltrar lentamente nas posições de classe média e alta da sociedade global; e ainda não se pode dizer, com segurança, se as propensões igualitárias do negro e do mulato serão completamente satisfeitas no nível do padrão de integração da ordem econômica, social e política. Portanto, delineia-se claramente um panorama que evidencia que as melhores perspectivas de ascensão social do negro e do mulato tem de ser conquistadas a duras penas e a longo prazo. Já com referência à Bahia, a situação do negro e do mulato parece bem distinta. Eles se acham, sob muitos aspectos, na mesma situação em que os imigrantes europeus se viram em São Paulo, entre 1880 e 1930: ocupando posições socioeconômicas subestimadas pelas classes altas e suas elites, mas estratégicas em termos da organização da economia e da sociedade. Na hipótese de ocorrer uma aceleração constante e crescente no desenvolvimento econômico, a história trabalhará em favor de suas aspirações de ascensão social. Doutro lado, as diversas classes da "população de cor" da Bahia se acham preparadas para aproveitar semelhante alteração, se ela ocorrer e na medida em que ela ocorrer. Não só algumas de suas esferas passaram por formas de socialização recebidas pelos brancos do mundo urbano inclusivo, como nos indicam os estudos de Thales de Azevedo. A maioria dessa população foi afetada, extensa e intensamente, pelos efeitos desenraizadores de dois processos concomitantes – a expansão da economia de mercado, em escala nacional, e as migrações internas. O primeiro processo projetou, em grande parte dessa população, aspirações de consumo que só podem ser atendidas através da elevação das cotas de participação da renda. Isso significa que o mencionado processo concorre para modificar tanto as concepções tradicionais de ajustamento econômico quanto as formas de relação racial que elas pressupunham, que vinculavam o negro e o mulato a atividades econômicas mais ou menos bloqueadas. O segundo processo difundiu, a princípio de maneira lenta, mas em seguida de modo tumultuoso e incontrolável, novas concepções e novas aspirações econômicas, sociais e políticas. As migrações não afetam apenas os seus agentes. Elas também repercutem nas suas comunidades e nos padrões de equilíbrio nelas vigentes, que não podem aceitar as inovações daí resultantes sem uma gradual transformação dos padrões tradicionais de comportamento. Ambos os processos produzem, concomitantemente, pressões da mesma natureza, que tendem, no nível econômico e da cultura, a estimular a difusão dos padrões de comportamento e dos valores da ordem social competitiva. Vendo-se as coisas desse prisma, se ocorressem certas alterações na "estrutura da situação", o negro e o mulato encontrariam na Bahia, provavelmente, probabilidades de êxito e de ascensão social comparáveis às que os imigrantes desfrutaram no Sul do Brasil. Assim, as regiões que possuem maior massa de população negra e mulata contam com melhores perspectivas de combinar balanceadamente, nas próximas décadas, desenvolvimento socioeconômico, modernização e democratização das relações raciais. A razão dessa possibilidade é simples – o mulato e o negro contariam, em escala social, ao mesmo tempo como artífices e beneficiários das transformações histórico-sociais. Por isso, é provável que realizarão, mais depressa que em outras regiões do Brasil, o vaticínio de Rugendas, segundo o qual os nossos *crioulos* seriam, por seu futuro, "uma das classes mais importantes" do país.

Deixando de lado outros aspectos da questão, conviria indagar, agora, o que sucede com o negro e o mulato que conseguem "subir socialmente" e como essa condição se reflete (ou deixa de se refletir) nos estereótipos raciais e nos padrões de relações raciais. A esse respeito, as pesquisas mais conclusivas foram feitas em São Paulo. Ao contrário do que se propala, o "êxito" não põe um paradeiro no drama humano do negro ou do mulato, especialmente se ele pretender desfrutar equitativamente "as prerrogativas de sua situação social". De um lado, tem de enfrentar uma espécie de crise em seu ajustamento ao próprio "meio negro". Para manter a posição social adquirida e para poder melhorá-la, a ruptura é inevitável por motivos econômicos e sociais. Ela se impõe como mecanismo de autodefesa, para proteger o indivíduo contra padrões de solidariedade, que o arruinaria se fossem conservados e liquidariam qualquer perspectiva de continuar no jogo de mobilidade social ascendente. Ela se impõe também como mecanismo de ostentação de *status* e de absorção de novos padrões de vida, que conduzem ao isolamento relativo e à formação de cliques de indivíduos da mesma cor e estilo de vida. Ela se impõe, por fim, como processo de consolidação do *status* em termos da família, pois dificilmente a posição poderia ser transmitida de pai a filho se aquele não lutasse tenazmente para impedir o restabelecimento dos velhos laços emocionais com as pessoas de seu antigo nível social e com as seduções fascinantes do meio negro. De outro lado, as contingências raciais mais dolorosas começam daí para a frente. Ao igualar-se ao "branco", no nível do emprego e da participação da renda, o "homem de cor" rompe um bloqueio à sua participação cultural. Então, inicia a aventura de tentar o desfrute do estilo de vida, das garantias sociais e dos prazeres assegurados pela sociedade inclusiva; e começa a ser verdadeiramente "barrado". É o amigo "branco", que o trata com consideração no trabalho e nas conversas casuais, mas não o convida para ir à sua casa ou não retribuiu suas gentilezas. É o colega que passa a sentir a sua presença competitiva no trabalho e vê-se forçado a aceitar a competição em termos usuais nas relações dos brancos entre si. É a filha que reclama das atitudes das coleguinhas ou da professora na escola. É a mulher que se enfurece com o comportamento dos fornecedores, que a tratam como se fosse a empregada da casa. É a boate, o hotel ou o clube que o repelem, como freguês ou como sócio. Nessas circunstâncias, ele tem de tomar uma resolução dramática. Aceitar as velhas regras do jogo, abstendo-se de pretender para si papéis e "regalias" sociais inerentes às posições conquistadas, mantendo-se dentro dos limites da "linha de cor" invisível. Ou romper com o bloqueio e com o padrão tradicional de relação racial assimétrica que o torna um "inferior", um "protegido", um "subalterno" permanente na convivência com o branco. Em regra, deixando-se de lado os mecanismos compensatórios ou outras formas de dissimular as frustrações resultantes, o "homem de cor" tende a reagir, socialmente, de três modos distintos a tais situações. Primeiro, de maneira calculista, tirando proveito das atitudes ambivalentes do branco e das possibilidades da aceitação diferencial, abertas pelo mecanismo da "exceção que confirma a regra". Segundo, de maneira cínica, procurando "desfrutar o branco" e, ao mesmo tempo, impor-se de acordo com seus interesses e pretensões. Terceiro, de maneira puritana, seguindo um código de maneiras rígido ou "elevado" e, sem "fazer concessões", procurando proteger-se pelo isolamento cultural em seu próprio nível socioeconômico.

Muito se tem escrito sobre a importância do "negro de êxito" para modificar as atitudes, os estereótipos e os padrões de tolerância do branco. Na verdade, as pesquisas realizadas mostram que as presunções estabelecidas só são verdadeiras em um ponto. Quando se trata de "pessoas de cor" que aceitam os mecanismos da "exceção que confirma a regra". Esse mecanismo é inerente ao padrão tradicional de relação racial assimétrica e à ideologia racial dominante. Graças a ele, a "pessoa de cor" é aceita como e enquanto indivíduo, em virtude de um *status* fictício ou real, sem que os "brancos" que interagem com ela se obriguem a modificar suas atitudes mais íntimas a respeito do "negro" ou do "mulato". Quanto mais próxima estiver a "pessoa de cor" da sociedade tradicional brasileira, mais natural ela achará a existência de tal mecanismo e mais se valorizará, com as formas de infiltração ou de aceitação na "sociedade" dele decorrentes. Todavia, os negros e mulatos que estão verdadeiramente se incorporando à ordem social competitiva e que têm, com isso, possibilidades reais de mobilidade social ascendente na estrutura de sociedade de classes, tendem a repelir essas modalidades de acomodação. Não se contentam com as compensações oferecidas pelo convívio com "pessoas brancas de classe baixa" e não valorizam o branco por causa de sua cor. Assim, lutam para ficar em seu nível social, no "meio negro" e na sociedade inclusiva. Em consequência, às alternativas compensadoras, mas dolorosas da aceitação ambígua ou degradante, preferem a mudança efetiva das atitudes e avaliações do "branco". Querem ser aceitos e tratados como *iguais*, sem restrições nem evasivas. Ao agirem desse modo, não estão apenas revelando seus próprios preconceitos e recalques, como os brancos o supõem. Isso ocorre, naturalmente, como uma manifestação de contraideologia racial. No entanto, o fator psicossocial dinâmico é a defesa do *status*, da possibilidade de transmiti-lo como parte de seu legado à família e das perspectivas de "continuar subindo". Para atingir tais objetivos, parcialmente inconscientes, o negro e o mulato veem-se forçados a lutar contra as funções sociais do preconceito e da discriminação raciais, nas formas que ambas assumem no Brasil, e a criar uma nova tradição de competição com o branco em todos os níveis da vida social. Graças a essas orientações, não só ampliam os níveis de participação socioeconômica e cultural. Também passam a dominar as técnicas sociais usadas pelo branco das diversas classes sociais para galgar as posições mais ou menos acessíveis às suas probabilidades de ascensão social.

Quadro I

População brasileira, segundo as regiões fisiográficas e a cor (1950)*
(Recenseamento geral)

Regiões Fisiográficas	C O R					
	Brancos	Mulatos	Negros	Amarelos	Cor não declarada	Total
Norte	577 329	1 171 352	90 061	1 446	4 467	1 844 655
	31%	63,5%	5%	0,07%	0,2%	100%
Nordeste	5 753 697	5 339 729	1 374 899	216	25 936	12 494 477
	46%	42,7%	11%	0,002%	0,2%	100%
Leste	9 878 386	6 007 294	2 959 423	5 967	41 937	18 893 007
	52,8%	31,7%	15,6%	0,03%	0,2%	100%
Sul	14 836 496	696 956	1 093 887	316 641	31 313	16 975 293
	87%	4%	6,5%	2%	0,2%	100%
Centro-Oeste	981 753	571 411	174 387	4 812	4 602	1 736 965
	56,5%	32,3%	10%	0,3%	0,3%	100%
Brasil	32 027 661	13 786 742	5 692 657	329 082	108 255	51 944 397
	61,6%	26,6%	11%	0,6%	0,2%	100%

*   **Fonte:** Instituto Brasileiro de Geografia e Estatística – Conselho Nacional de Estatística, *Recenseamento geral do Brasil* (1º/8/1950), Rio de Janeiro, Serviço Gráfico do IBGE, 1956 (vol. I, p. 5).

Quadro II

Distribuição percentual da população brasileira, segundo a cor, pelas regiões fisiográficas do país (1950)*

Regiões	Brancos	Mulatos	Negros	Amarelos
Norte	1,8%	8,5%	1,6%	0,4%
Nordeste	17,9%	38,7%	24,1%	0,06%
Leste	30,8%	43,5%	52%	1,8%
Sul	46,3%	5,1%	19,2%	96,2%
Centro-Oeste	3,06%	4%	3,1%	1,5%
Brasil	100%	100%	100%	100%

* Foram omitidas as respostas sem cor declarada.

Quadro III

Posição na ocupação das pessoas economicamente ativas da população brasileira (1950)

Cor	POSIÇÃO NA OCUPAÇÃO			
	Empregados	Empregadores	Por conta própria	Membro da família
Brancos	4 949 919 60,83%	519 197 82,66%	2 873 663 59,01%	1 790 529 61,7%
Mulatos	1 912 111 23,5%	78 448 12,49%	1 457 496 29,93%	799 824 27,56%
Negros	1 249 578 15,36%	19 460 3,09%	503 961 10,35%	274 988 9,47%
Amarelos	25 003 0,31%	11 018 1,75%	33 991 0,7%	36 793 1,27%
Total	8 136 611 100%	628 123 100%	4 869 111 100%	2 902 134 100%

Fonte: Op. cit., vol. I, p. 30.

* Foram omitidas as respostas sem declaração de posição.

Quadro IV

Distribuição percentual das pessoas economicamente ativas da população brasileira, segundo a cor (1950)

Cor	Empregados	Empregadores	Por conta própria	Membro da família	Sem declaração de posição
Brancos	48,75%	5,11%	28,3%	17,63%	0,18%
Mulatos	44,9%	1,84%	34,22%	18,8%	0,19%
Negros	60,91%	0,95%	24,51%	13,4%	0,16%
Amarelos	23,35%	10,29%	31,79%	34,35%	0,25%

Quadro V

Diplomados com 10 anos e mais na população brasileira, segundo a cor (1950)*

Cor	CURSOS REALIZADOS		
	Elementar	*Médio*	*Superior*
Brancos	4 523 535 84,1%	928 905 94,22%	152 934 96,87%
Mulatos	551 410 10,25%	41 410 4,20%	3 568 2,26%
Negros	228 890 4,26%	6 794 0,69%	448 0,28%
Amarelos	74 652 1,39%	8 744 0,89%	924 0,59%
Total	5 378 487 100%	985 853 100%	157 874 100%

Fonte: Op. cit., vol. I, p. 24

* Foram omitidas as respostas sem declaração de cor e de grau de ensino.

Quadro VI

Posição na ocupação das pessoas economicamente ativas da população da Bahia (1950)*

Cor	POSIÇÃO NA OCUPAÇÃO			
	Empregados	Empregadores	Por conta própria	Membro da família
Brancos	122 704 23,01%	28 178 51,87%	177 578 29,39%	83 457 28,58%
Mulatos	263 452 49,4%	20 837 38,36%	304 092 50,34%	153 484 52,56%
Negros	147 074 27,58%	5 295 9,75%	122 394 20,26%	55 032 18,85%
Amarelos	29 0,005%	10 0,02%	21 0,003%	4 0,001%
Total	533 259 100%	54 320 100%	604 085 100%	291 977 100%

Fonte: Instituto Brasileiro de Geografia e Estatística – Conselho Nacional de Estatística, *VI Recenseamento Geral do Brasil – 1950*, Série Regional, vol. XX, tomo 1, *Estado da Bahia*, Rio de Janeiro, serviço gráfico do IBGE, p. 30.
* Foram omitidas as respostas sem declarações de posição.

Quadro VII

Diplomados com 10 anos e mais na população da Bahia, segundo a cor (1950)*

Cor	CURSOS REALIZADOS		
	Elementar	Médio	Superior
Brancos	115 410 54,45%	25 767 82,56%	5 026 88,21%
Mulatos	78 742 37,16%	4 772 15,29%	578 10,14%
Negros	17 732 8,36%	666 2,14%	88 1,50%
Amarelos	42 0,02%	4 0,01%	6 0,1%
Total	211 926 100%	31 209 100%	5 698 100%

Fonte: Op. cit., vol. I, p. 24.
* Foram omitidas as respostas sem declaração de cor e de grau de ensino.

Quadro VIII

*Posição na ocupação das pessoas economicamente ativas da população do Estado de São Paulo (1950)**

Cor	POSIÇÃO NA OCUPAÇÃO			
	Empregados	Empregadores	Por conta própria	Membro da família
Brancos	1 846 445 84%	146 145 91,7%	416 502 87%	378 225 83%
Mulatos	83 336 3,8%	1 396 0,9%	12 586 2,4%	13 056 3%
Negros	238 169 11%	2 561 1,6%	27 326 5,2%	31 925 7%
Amarelos	21 120 1%	9 179 5,8%	28 794 5,4%	31 600 7%
Total	2 189 070 100%	159 281 100%	530 208 100%	454 806 100%

Fonte: Instituto Brasileiro de Geografia e Estatística – Conselho Nacional de Estatística, *VI Recenseamento Geral do Brasil – 1950*, Série Regional, vol. XX, tomo 1, *Estado de São Paulo*, Rio de Janeiro, Serviço gráfico do IBGE, 1954, p. 30.
* Foram omitidas as respostas sem declaração de posição.

Quadro IX

*Diplomados com 10 anos e mais na população brasileira, segundo a cor (1950)**

Cor	CURSOS REALIZADOS		
	Elementar	Médio	Superior
Brancos	1 617 436 90,2%	297 653 96,3%	44 562 97,8%
Pardos	31 585 1,8%	1 659 0,5%	170 0,4%
Negros	76 652 4,26%	1 879 0,6%	95 0,2%
Amarelos	65 723 3,6%	7 674 2,5%	674 1,5%
Sem declaração de cor	2 142 0,1%	220 0,07%	28 0,06%
Total	1793 538 100%	309 085 100%	45 529 100%

Fonte: Op. cit., vol. I, p. 24.
* Foram negligenciadas as respostas sem declaração de grau de ensino.

Capítulo III

Além da Pobreza:
O Negro e o Mulato no Brasil*

1. Introdução

O aspecto da situação racial no Brasil, que mais impressiona, aparece sob a negação incisiva de qualquer problema "racial" ou "de cor". O preconceito e a discriminação raciais, bem como a segregação

---

* O presente trabalho foi apresentado, pela primeira vez, em versão condensada, por ocasião dos seminários sobre *Minorias na América Latina e nos Estados Unidos* (The College of the Finger Lakes, Corning, Nova York, 5 dez. 1969). Publicação prévia: "Beyond poverty: The negro and the mulato in Brazil", *Journal de la Société des Américanistes*, M. S., Paris, Musée de l'Homme, 1969 (tomo LVIII, p. 121-137). Este capítulo foi traduzido para o português por Octavio Mendes Cajado.

racial, são encarados como uma espécie de pecado e de comportamento vergonhoso. Dessa maneira, temos dois níveis diferentes de percepção da realidade e de ação ligados com a "cor" e a "raça": primeiro, o nível manifesto, em que a igualdade racial e a democracia racial se presumem e proclamam; segundo, o nível disfarçado, em que funções colaterais agem através, abaixo e além da estratificação social.

Essa superposição não é exclusiva das relações raciais. Aparece em outros níveis da vida social. No caso das relações de raça, surge como produto evidente da ideologia racial e da utopia racial preponderantes, ambas construídas durante a escravidão pelo estrato branco dominante – os senhores rurais e urbanos. A escravidão não entrava em conflito com as leis e a tradição cultural portuguesas. A legislação romana oferecia às ordenações da Coroa os elementos mercê dos quais seria possível classificar os "índios" ou os "africanos" como coisas, como bens móveis, estabelecer a transmissão social da posição social através da mãe (de acordo com o princípio *partus sequitur ventrem*), e negar ao escravo qualquer condição humana (*servus personam non habet* etc.). Por outro lado, a escravidão era praticada em pequena escala em Lisboa, e foi tentada nos Açores, Madeira, Cabo Verde e São Tomé, preparando o caminho para o moderno sistema agrário. A escravidão, todavia, entrava em conflito com a religião e com os costumes criados pela concepção católica do mundo. Mas esse conflito, de natureza moral, não proporcionou ao escravo, de um modo geral, melhor condição nem um tratamento mais humano, como acreditava Frank Tannebaum. Provocou apenas uma tendência para disfarçar as coisas, separando o permissível do real.

Não obstante, o Brasil tem uma boa tradição intelectual de conhecimento penetrante, realista e desmascarador da situação racial. Primeiro que tudo, o orgulho conservador dera origem a distinções muito claras (como acontecia, de ordinário, com os senhores e algumas famílias brancas aristocráticas e arrogantemente autoafirmativas em questões de desigualdade racial e diferenças de raças). Em segundo lugar, algumas figuras de prol, líderes dos ideais de emancipação nacional ou do abolicionismo, como José Bonifácio de Andrada e Silva, Luiz Gama, Perdigão Malheiro, Joaquim Nabuco, Antonio Bento etc., tentaram mostrar a natureza do comportamento e das orientações de valor dos brancos em relação aos negros e mulatos. Em terceiro lugar, os "movimentos negros" depois da Primeira Guerra Mundial (mormente em São Paulo e no Rio de Janeiro, durante os anos 1920, 1930 e 1940), assim como as conferências de intelectuais negros sobre relações de raça contribuíram para uma percepção e uma explanação novas e realistas da complexa situação racial brasileira.

Os resultados de modernas investigações sociológicas, antropológicas ou psicológicas (Samuel Lowrie; Roger Bastide e Florestan Fernandes; L. A. Costa Pinto; Oracy Nogueira; A. Guerreiro Ramos; Octavio Ianni, Fernando Henrique Cardoso e Renato Jardim Moreira; Thales de Azevedo; Charles Wagley, Marvin Harris, Henry W. Hutchinson e Ben Zimmerman; René Ribeiro; João Baptista Borges Pereira; Virginia Leone Bicudo; Aniela Ginsberg; Carolina Martuscelli Bori; Dante Moreira Leite etc.), confirmaram e aprofundaram os dados descobertos por autores anteriores. No presente exame, limitar-me-ei a três tópicos principais: as raízes da ordem social competitiva do Brasil; algumas provas objetivas de desigualdade racial e o seu significado sociológico; o modelo brasileiro de preconceito e discriminação raciais.

2. As raízes da ordem social competitiva no Brasil

Como ocorreu em todos os países modernos em que a escravidão esteve ligada à exploração colonial e ao sistema de plantação, a sociedade brasileira enfrentou grandes dificuldades na difusão e na integração da ordem social competitiva. Literalmente falando, essa ordem social surgiu com a ruptura do velho sistema colonial, mas a sua evolução foi antes um fenômeno urbano, até o derradeiro quartel do século XIX. A escravidão e a relativa importância dos libertos como origem de uma categoria social com poder aquisitivo foram um grande obstáculo à diferenciação e à universalização da ordem social competitiva. A razão é assaz conhecida. Como assinalou Louis Couty, a desvalorização e a degradação do trabalho produzidas pela escravidão impediram ou estorvaram a constituição de uma classe assalariada assim nas áreas urbanas como nas áreas rurais e a emergência de um setor de pequena agricultura.[1] Em razão disso, até o meado do século XIX, a economia de mer-

---

1   Cf. *L'esclavage au Brésil*, Paris, Librairie de Guillaumin et Cie., 1881; *Le Brésil en 1884*, Faro & Lino, Editeurs, Rio de Janeiro, 1884.

cado não deu origem a uma organização moderna típica, no sentido capitalista, do trabalho e das relações econômicas. Somente numas poucas cidades desempenhou na competição funções construtivas básicas e pôde integrar os papéis ou as posições de alguns agentes sociais (os senhores de terras ou fazendeiros, como fornecedores de produtos tropicais; os agentes de negócios de importação e exportação; os comerciantes e negociantes nativos e estrangeiros; alguns banqueiros ou agentes financeiros; as pessoas que exerciam profissões liberais, professores e burocratas; os poucos fabricantes e trabalhadores em fábricas; os técnicos, artesãos e operários especializados etc.).

Com a interrupção do tráfico dos escravos e as leis emancipadoras, esse setor entrou a ampliar-se e a crescer. No último quartel do século XIX, a crise do sistema escravista – que atingiu uma tendência estrutural e irreversível na década de 1860 – alcançou o seu clímax. A partir de então, a modernização do setor urbano tornou-se uma força social vigorosa e autônoma, que operava simultaneamente através dos níveis econômico e político. Foi este um ponto histórico de inflexão, em que a desintegração da ordem social escravocrata e senhorial e a integração da ordem social competitiva surgiram como fenômenos sociais concomitantes.[2]

Nesse amplo contexto, a situação dos negros e mulatos foi afetada em três direções diferentes. Até esse período, como escravos ou como libertos, tinham uma posição forte e intocável na estrutura da economia. Assim que toda a estrutura do sistema de produção principiou a modificar-se, essa posição foi ameaçada em duas frentes. O mercado internacional forneceu ao país imigrantes provenientes da Europa, que vinham em busca de áreas mais ricas e em vias de desenvolvimento, para trabalhar como classe assalariada, rural e urbana, ou como mascates,

---

2 Como um grande quadro de referência: F. Fernandes, *A integração do negro na sociedade de classes*, São Paulo, Dominus Editora – Editora da Universidade de São Paulo, vol. I, 1965, cap. 1; R. Bastide e F. Fernandes, *Brancos e negros em São Paulo*, São Paulo, Cia. Editora Nacional, 2. ed., 1959, caps. I-II; O. Ianni, "O progresso econômico e o trabalhador livre", in S. Buarque de Holanda, *História geral da civilização brasileira: o Brasil monárquico*, São Paulo, Difusão Europeia do Livro, vol. III, 1964, p. 297-319; C. Prado Júnior, *História econômica do Brasil*, São Paulo, Editora Brasiliense, 2. ed., 1959, cap. 19.

lojistas comerciantes, ou fabricantes. Por outro lado, famílias brancas tradicionais começaram a mudar-se do interior para as grandes cidades, e as pessoas pobres ou dependentes[3] surgiram como um setor assalariado cada vez maior. No Norte e no Nordeste, a relativa estagnação econômica da economia rural estimulou dois processos correlativos – a venda da mão de obra escrava excedente para as fazendas de café de São Paulo, Rio de Janeiro e Minas Gerais; e a consolidação das posições dos libertos negros ou mulatos como agentes de mão de obra livre (especializada ou não especializada, sobretudo na crescente economia urbana). Nas regiões de fazendas de café, que se desenvolviam rapidamente (sobretudo em São Paulo), os recém-chegados, estrangeiros ou nacionais, absorviam as melhores oportunidades econômicas, até nas áreas rurais, acelerando a crise da escravidão e convertendo os negros e mulatos, predominantemente, num setor marginal da população e num subproletariado. Nas áreas do Sul, em que a colonização estrangeira se combinava com a pequena agricultura ou naquelas em que preponderavam as fazendas de gado, controladas por poderosas famílias tradicionais, os negros e mulatos também se viam alijados da competição pelas novas oportunidades, monopolizadas pelos europeus, ou permaneciam em posições dependentes ou marginais dissimuladas.[4]

Dessarte, como conclusão geral: a vítima da escravidão foi também vitimada pela crise do sistema escravista de produção. A revolução social da ordem social competitiva iniciou-se e concluiu-se como uma *revolução branca*. Em razão disso, a supremacia branca nunca foi amea-

---

3 Em geral, um setor híbrido de população, fenotípica e socialmente "branco" no Sul. O processo ocorreu simultaneamente na cidades e nas áreas rurais.

4 Com relação ao Nordeste e à emergência de um mercado de mão de obra livre, as considerações baseiam-se num estudo não publicado de Barbara Trosco sobre o liberto na Bahia. Com referência a São Paulo, Rio Grande do Sul, Paraná e Santa Catarina: cf. R. Bastide e F. Fernandes, *Brancos e negros em São Paulo*; Loc. cit.; F. Fernandes, *A integração do negro na sociedade de classes*, loc. cit.; F. Henrique Cardoso, *Capitalismo e escravidão no Brasil meridional*, São Paulo, Difusão Europeia do Livro, 1962; O. Ianni, *As metamorfoses do escravo*, São Paulo, Difusão Europeia do Livro, 1962; O. Ianni, *Raças e classes no Brasil*, Rio de Janeiro, Editora Civilização Brasileira, 1966; F. Henrique Cardoso e O. Ianni, *Cor e mobilidade social em Florianópolis*, São Paulo, Cia. Editora Nacional, 1960.

çada pelo abolicionismo. Ao contrário, foi apenas reorganizada em outros termos, em que a competição teve uma consequência terrível – a exclusão, parcial ou total, do ex-agente da mão de obra escrava e dos libertos do fluxo vital do crescimento econômico e do desenvolvimento social.

No ponto zero da sua inclusão numa nova ordem social, portanto, o negro e o mulato depararam com várias opções, todas espoliativas e deploráveis. Primeira, o regresso às regiões de origem (ou de origem dos seus ascendentes), isto é, alguma área rural do Nordeste ou a alguma comunidade estagnada ou atrasada do interior de São Paulo, Minas Gerais ou Rio de Janeiro. Tal solução implicava a submersão numa economia natural de subsistência. Segunda, a permanência como trabalhador rural, passando, em geral, do antigo senhor para um novo empregador. Como o ex-escravo não possuía as instituições nem as tradições culturais dos imigrantes, e precisava, por outro lado, competir com eles em termos de baixo pagamento,[5] essa solução supunha uma incapacidade permanente para utilizar a cooperação doméstica, as técnicas resultantes da poupança e da mobilidade social como mecanismo de acumulação de capital e competição. Terceira, a concentração numa cidade grande, como São Paulo, e a conglomeração nas favelas. Esta solução subentendia o desemprego permanente ou temporário para o homem, o parasitismo e a sobrecarga para a mulher e a anomia geral para todos. A vida na cidade raro equivalia à partilha das oportunidades da cidade. Três gerações sucessivas conheceram o que poderia significar a desorganização social como estilo de vida. Quarta, a fuga para cidades pequenas, em que o trabalhador semiespecializado, o trabalhador especializado ou o artesão poderiam resguardar-se da competição com os brancos, estrangeiros ou nacionais, e começar vida nova. Tal solução implicava uma aceitação voluntária de posições desvantajosas, sem esperanças em relação ao futuro. Tinha significado idêntico ao que a absorção de libertos, no Nordeste, adquiriu durante o período de desintegração da escravidão. O destino dos agentes, portanto, foi uma função da estagnação ou do progresso da comunidade escolhida, uma questão de mero e cego acaso.

---

5 Acerca dos minguados salários da mão de obra rural livre, cf. E. Viotti da Costa, *Da senzala à colônia*, São Paulo, Difusão Européia do Livro, 1966.

Encarados por essa perspectiva, evidencia-se que os problemas dos negros ou mulatos brasileiros são, acima de tudo, um problema gerado pela incapacidade da sociedade nacional de criar rapidamente uma economia capitalista expansiva, capaz de absorver os ex-escravos e os libertos no mercado de mão de obra. Em virtude disso, eles foram expulsos para a periferia da ordem social competitiva ou para estruturas semicoloniais e coloniais herdadas do passado. Essas estruturas semicoloniais ou coloniais desempenharam importantes funções na manutenção da economia rural, especialmente onde as plantações, as fazendas de criação ou as aldeias dependiam (ou dependem) de formas de trabalho semicapitalista.[6]

Poder-se-ia argumentar que, nesse sentido, os ex-escravos e os alforriados sofreram o destino comum de todos os "pobres" no Brasil. A indigência dos escravos e a eliminação dos libertos pelos efeitos da competição com os imigrantes europeus livres explicariam sociologicamente o processo. Não obstante, como assinalou Caio Prado Júnior,[7] a escravidão não preparou o seu agente humano para tornar-se um trabalhador livre, nem mesmo como trabalhador não especializado ou semiespecializado. Por trás da estrutura social da ordem social escravocrata e senhorial, o "escravo" e o "negro" eram dois elementos paralelos. Eliminado o "escravo" pela mudança social, o "negro" se converteu num resíduo racial. Perdeu a condição social que adquirira no regime da escravidão e foi relegado, como "negro", à categoria mais baixa "população pobre", no momento exato em que alguns dos seus setores partilhavam das oportunidades franqueadas pelo trabalho livre e pela constituição de uma classe operária assalariada. Dessa maneira, o negro foi vítima da sua posição e da sua condição racial. Encetou, com os próprios meios, o processo pelo qual poderia ser metamorfoseado de "negro" num novo ser social.[8] Mas, quando ele estava tentando impor a si mesmo e aos brancos indiferentes a

---

6   Cf. a bibliografia na nota 4 da p. 85.

7   Cf. C. Prado Júnior, *Formação do Brasil contemporâneo. Colônia*, São Paulo, Livraria Martins Editora, 1952, p. 341-342.

8   Cf. O. Ianni, *As metamorfoses do escravo*, op. cit.; F. Fernandes, *A integração do negro na sociedade de classes*, op. cit., vol. I, cap. I e vol. II, cap. 5.

"Segunda Abolição", a tentativa foi recusada e condenada, como manifestação de "racismo".[9] Em outras palavras, negou-se-lhe a autoafirmação como "negro" a despeito da sua marginalidade social como tal.

3. Evidências de desigualdade racial e seu significado sociológico

A ser exata a descrição anterior, as mudanças na estrutura social que ocorreram na sociedade brasileira desde a abolição da escravidão até agora não tiveram efeitos profundos (ou tiveram efeitos muitos superficiais) sobre a concentração racial da riqueza, do prestígio social e do poder. A falta de indicadores objetivos não permite uma completa verificação dessa conclusão. O último recenseamento (em 1960) exclui os aspectos raciais da população brasileira. Entretanto, o recenseamento de 1950 ministrava algumas informações úteis.

Como se sabe, a percentagem dos diferentes grupos raciais (ou categorias de cor) varia em cada região fisiográfica do país (cf. quadro I, capítulo 2, p. 76). Em consequência disso, o grau de concentração de cada grupo racial (ou categoria de cor) nas diferentes regiões varia com manifesta intensidade (cf. quadro II, capítulo 2, p. 77).

Não obstante, os dois indicadores básicos – posição ocupacional e nível de instrução – que poderíamos usar através dos dados do recenseamento, revelam uma tendência fundamental de monopólio das melhores oportunidades pelos brancos. Escolhemos a posição do empregador e os níveis educacionais completados, em alguns Estados representativos e no país, como o melhor indicador disponível. Eles envolvem papéis, valores e tradições culturais, expressivas em termos das avaliações pelos brancos, do prestígio, do controle do poder e da mobilidade social ascendente.

A evidência sociológica básica dos dados não é negativa; se considerarmos que a escravidão só terminou há 62 anos (em relação ao recenseamento de 1950), a total negligência dos problemas humanos dos "pobres" em geral e da população indigente de origem escrava, a falta de orientações de valor e de experiência com os requisitos econô-

---

9   Cf. R. Bastide e F. Fernandes, *Brancos e negros em São Paulo*, op. cit., cap. 5; F. Fernandes, *A integração do negro na sociedade de classes*, op. cit., vol. II, cap. 4.

micos, sociais e culturais da ordem social competitiva em desenvolvimento, predominante entre negros e mulatos, a indiferença ou a oposição disfarçada dos brancos à partilha democrática das oportunidades econômicas ou educacionais com ambos os setores da população brasileira etc., os dados do recenseamento revelam uma melhoria da situação, graças aos esforços desses grupos de cor para se valerem das possíveis vantagens da liberdade e do progresso. A maior parte das tendências, naturalmente, está ligada à aquisição gradativa de novas orientações de valor e de tradições culturais, à importância dos negros e mulatos como agentes econômicos (como força de trabalho ou predominantemente como pequenos empresários), e ao descobrimento e utilização das oportunidades educacionais como escada para a integração social e a mobilidade ascendente. A importância desses aspectos é maior do que se poderia imaginar à primeira vista, em resultado dos efeitos cumulativos do processo econômico, social ou cultural envolvido no futuro de novas gerações.

Entretanto, o progresso foi demasiado lento e ilusório. Na realidade, os negros e mulatos foram projetados aos estratos das pessoas mais pobres, que não partilham (ou partilham muito pouco) das tendências do desenvolvimento econômico e da mudança sociocultural. Até nas regiões em que os negros e mulatos constituem a maioria da população, como no Nordeste, ou num grande setor dela, como no Leste (em que constituem, em conjunto, 53,7% e 47,3%, respectivamente, da região; e em que são mais concentrados – 62,8% no Nordeste e 95,5% no Leste, cumulativamente, por grupo de cor), têm uma participação extremamente escassa na posição de empregadores e nas melhores oportunidades educacionais. Em função dos Estados escolhidos, a amplitude da desigualdade relativa às posições dos empregadores dá aos brancos notável supremacia (eles partilham dessas posições numa proporção de 3, 4, 5 e até 6 ou 8 vezes contra uma dos negros). O mesmo se verifica em relação aos mulatos, apesar de se encontrarem eles em posição melhor do que os negros (os brancos partilham das posições de empregadores, em média, numa proporção que oscila entre 2, 3 ou 4 vezes mais do que os mulatos, excetuando-se o caso do Rio de Janeiro). Em alguns Estados, as mesmas tendências se reproduzem, de maneira chocante, na partilha das oportunidades educacionais, sobretudo nos níveis das escolas secundárias e das universidades. (Veja os quadros III e IV.) O cotejo dos dados fornecidos pelos mesmos quadros com os do quadro V mostra que a exclusão dos negros e mulatos das melhores oportunidades econômicas educacionais segue o mesmo modelo geral, nos oito Estados escolhidos. A predominância de mulatos, considerada de *per si*, ou de negros e mulatos, considerada em conjunto, pouco influi, mesmo nos Estados mais "miscigenados" e racialmente mais "democráticos".

O significado desses dados é evidente. A estrutura racial da sociedade brasileira, até agora, favorece o monopólio da riqueza, do prestígio e do poder pelos brancos. A supremacia branca é uma realidade no presente, quase tanto quanto o foi no passado. A organização da sociedade impele o negro e o mulato para a pobreza, o desemprego ou o subdesemprego, e para o "trabalho de negro".

4. O modelo brasileiro de preconceito e discriminação raciais

Somente agora os cientistas sociais brasileiros estão tentando descobrir a verdadeira explicação dessa deplorável situação. Como assinalou Costa Pinto, o fator explicativo básico é inerente à persistência de algumas atitudes e orientações raciais dos brancos, profundamente arraigadas, no sentido de tratar os negros e mulatos como subalternos (e depois subalternizá-los). Tais atitudes e orientações raciais predominam entre as classes brancas superiores e médias; mas aparecem também nas classes inferiores e até nas áreas rurais, mormente no Sul.

Para muitos brasileiros, as citadas atitudes e orientações raciais são produtos de "influências externas", uma contribuição negativa de imigrantes e dos meios modernos de comunicação de massa. Foram e são consideradas como um "câncer importado",[10] que precisa ser extirpado pela lei e pelo controle formal. Entretanto, as várias pesquisas levadas a efeito por Oracy Nogueira, Roger Bastide e F. Fernandes, L. A. Costa Pinto, Octavio Ianni, Fernando Henrique Cardoso e Renato Jardim Moreira puseram de manifesto que as mencionadas atitudes e orientações raciais são um padrão cultural herdado tão difundido na sociedade brasileira quanto o foi a escravidão no passado.

---

10 Cf. principalmente R. Bastide e F. Fernandes, *Brancos e negros em São Paulo*, op. cit., cap. 5.

Assim, no fundo do problema racial brasileiro encontra-se a persistência de um modelo assimétrico de relações de raça, construído para regular o contato e a ordenação social entre "senhor", "escravo" e "liberto". Como aconteceu no Sul dos Estados Unidos, esse tipo de relação assimétrica de raça envolve uma espécie de ritualização do comportamento racial.[11] A dominação do senhor e a subordinação do escravo ou do liberto são parte do mesmo ritual, por meio do qual as emoções e os sentimentos poderiam ser controlados e mascarados. No Brasil, esse tipo de ritualização teve idênticas funções, reforçado pela pressão católica para preservar, em algum sentido aparente, o estilo de vida cristão dos senhores, escravos e libertos.

O preconceito racial era inerente ao modelo assimétrico de relações de raça, porque era um elemento necessário para basear as relações escravo-senhor, ou liberto-branco na "inferioridade natural" dos negros e no eficiente rendimento da escravidão na subjugação dos escravos e libertos. Ao mesmo tempo, a discriminação era inerente à ordem social escravocrata e senhorial, em que eram rigorosamente prescritos o comportamento adequado, os trajes, a linguagem, as ocupações, obrigações e direitos do escravo e do liberto.[12] A persistência dos dois elementos após a desintegração da escravidão explica-se pelo fato de não haver o sistema de classes destruído todas as estruturas do *ancien regime*, principalmente as estruturas das relações de raça.[13]

É necessário, todavia, não esquecer que esse resultado não faz parte apenas de um processo de atraso cultural. Sob o capitalismo dependente, o sistema de classes é incapaz de exercer todas as funções destrutivas ou construtivas que exerceu nos países capitalistas desenvolvidos.[14] Dois processos se verificam conjuntamente – a modernização do arcaico e a arcaização do moderno, como fator normal de integração

---

11 Cf. B. Wilbur Doyle, *The etiquette of race relations in the South. A Study in Social Control*, Chicago, The University of Chicago Press, 1937 (e especialmente o prefácio de Robert E. Park, p. 11-24).

12 Cf. sobretudo R. Bastide e F. Fernandes, *Brancos e negros em São Paulo*, op. cit., cap. 2.

13 Cf. especialmente F. Fernandes, *A integração do negro na sociedade de classes*, op. cit., vol. II, cap. 6.

14 Cf. especialmente F. Fernandes, *Sociedade de classes e subdesenvolvimento*, Rio de Janeiro, Zahar Editores, 1968, cap. 1.

estrutural e de evolução da sociedade. Na realidade, assim que o negro e o mulato foram predominantemente alijados da reconstrução econômica, social e política, passaram a ser um parceiro marginal.

A crise do modelo assimétrico da relação da raça começou antes da própria Abolição. Entretanto, havendo o negro e o mulato perdido a importância como agente social histórico, sofreram o efeito estático da sua nova posição social. Só agora, mercê de migrações internas, do progresso econômico produzido pela integração nacional da sociedade, e da fraca mobilidade social ascendente, eles adquiriram condições de enfrentar a supremacia branca, quase sempre de maneira disfarçada e acomodatícia.

Apesar de alguma resistência ativa dos brancos, não a esses fenômenos, mas a algumas notáveis personalidades negras e mulatas em ascensão, esse longo período de inanição contribuiu para manter a congelação ritualística das relações raciais. Como indivíduos, mas principalmente como minoria de cor, o negro e o mulato não têm liberdade para se utilizar de uma competição agressiva contra os brancos e explorar o conflito social no intuito de lutar contra a desigualdade racial. Nesse contexto, é evidente que o preço da tolerância e da acomodação racial é pago pelo negro e pelo mulato.

Por essas razões, a cor não é um elemento importante na percepção e na consciência racial do mundo pelo branco. Até agora, ele nunca se sentiu ameaçado pela desintegração da escravidão e pela competição ou conflito com negros e mulatos. O branco só percebe o negro ou o mulato e tem consciência dele quando enfrenta uma situação concreta, inesperada,[15] ou quando a sua atenção é dirigida para questões relacionadas com o "problema da cor".

Pelas mesmas razões, o "dilema racial brasileiro" também é complicado. Não tanto por desempenharem os brancos, negros e mulatos os papéis que deles se esperam de disfarçar ou negar o "preconceito de cor" e a "discriminação de cor", mas porque o único caminho aberto à mudança da situação racial depende da prosperidade gradativa, muito lenta e irregular, dos negros e mulatos. Sob esse aspecto, é fora de dúvida que o preconceito e a discriminação, nas formas que assumem no

---

15 Por causa disso, algumas técnicas, aplicadas por psicólogos norte-americanos, psicólogos, antropólogos ou sociólogos sociais no estudo pessoal da percepção, das diferenças ou das identificações de raça são ineficazes no estudo da situação brasileira.

Brasil, contribuem mais para manter o modelo assimétrico das relações de raça do que para eliminá-lo.

Isso significa que, considerados sociologicamente, o preconceito e a discriminação de cor são uma causa estrutural e dinâmica da "perpetuação do passado no presente". Os brancos não vitimizam consciente e deliberadamente os negros e os mulatos. Os efeitos normais e indiretos das funções do preconceito e da discriminação de cor é que o fazem, sem tensões raciais e sem inquietação social. Restringindo as oportunidades econômicas, educacionais, sociais e políticas do negro e do mulato, mantendo-os "fora do sistema" ou à margem e na periferia da ordem social competitiva, o preconceito e a discriminação de cor impedem a existência e o surgimento de uma democracia racial no Brasil.

5. Conclusões

Essa exposição geral foi orientada por algumas suposições básicas. Sociologicamente considerado, o *elemento estrutural da situação racial brasileira* tem duas dimensões distintas. Uma, especificamente social, associada à impossibilidade, com que se defrontam as sociedades capitalistas e de classes subdesenvolvidas da América Latina, de criar uma ordem social competitiva capaz de absorver os diferentes setores da população, ainda que parcialmente, nos estratos ocupacionais e sociais do sistema de produção. Outra, que é, por sua natureza, o *"problema da cor"*, complexa herança do passado, continuamente reforçada pelas tendências assumidas pela desigualdade sob o capitalismo dependente, e preservada através da manifestação conjunta de atitudes preconceituosas e comportamento discriminativo baseados na "cor".

Esses dois elementos trabalham juntos, de tal maneira que produzem efeitos cumulativos, dinamicamente adversos à mudança da estrutura racial da sociedade, herdada do passado. A ordem social está-se modificando e, com ela, os modelos de relações de raça. Não obstante, a posição relativa dos grupos de cor tende a ser estável ou a mudar muito ligeiramente.

Não há dúvida de que o fator mais importante, em média, é a estrutura de uma sociedade de classes sob o capitalismo dependente. O efeito estático da extrema concentração da riqueza, do poder e do prestígio social impede ou restringe severamente a própria mobilidade social ascendente e a integração na ordem social competitiva de famílias raciais brancas. As cifras fornecidas pelo número e proporções de brancos que atingiram posições de empregadores (ou que monopolizam as melhores oportunidades educacionais) são chocantes. Uma comparação com os japoneses sugere que, entre os brancos, prevalece uma tendência definida para manter e talvez reforçar os privilégios econômicos e políticos ou as injustiças sociais, à causa de todos os grupos de cor e de todos os pobres, incluindo a "gente pobre branca".

Entretanto, os efeitos estáticos são evidentemente mais fortes quando consideramos os negros e os mulatos. Apesar das vantagens relativas dos mulatos em relação aos negros, aqueles também são vítimas das injustiças econômicas, sociais e políticas da sociedade brasileira de uma forma muito dura (se confrontarmos as percentagens relativas à composição da cor e à concentração da população com a distribuição das posições de empregadores e as melhores oportunidades educacionais). Argumentariam alguns que a identificação com os brancos *("passing")* – tão fácil, sobretudo nas regiões em que os mulatos constituem a maioria ou grande parte da população – talvez explicasse as cifras adversas. Na realidade, porém, o argumento não tem significação sociológica. Cada grupo de cor, sociologicamente compreendido, abrange pessoas que se consideram e são aceitas como pertencentes a determinada categoria de cor. Por outro lado, a nossa pesquisa com Bastide demonstrou que o imbricamento ou o cruzamento, em termos de linhas de cor, são mais complicados do que se havia presumido. Assim como certos mulatos "claros" tentam "passar por brancos", assim outros se recusam a fazê-lo e até preferem classificar-se como "negros". Foi um resultado surpreendente. Na verdade, o importante é que isso sugere uma situação dramática, que não pode ser negada nem escondida.

A condição econômica, social e cultural dos negros é o aspecto mais terrível de todo o quadro fornecido pelos dados do recenseamento. No censo de 1950, os negros compreendiam quase 14 milhões (11% da população total), mas participavam de menos de 20 mil oportunidades como empregadores (0,9%), predominantemente em níveis modestos, e apenas 6.794 (0,6%) e 448 (0,2%) tinham completado, respectivamente, cursos em escolas secundárias e universidades. Uma situação como esta envolve mais do que desigualdade social e pobreza insidiosa. Pressupõe que os indivíduos afetados não estão incluídos, como grupo racial, na ordem social existente, como se não fossem seres humanos nem cidadãos normais.

Bibliografia suplementar

AZEVEDO, J. Lucio de. *Épocas de Portugal econômico*. Lisboa, Livraria Clássica Editora, 1928.

AZEVEDO, T. *Les élites de couleur dans uns ville brésilienne*. Paris, Unesco, 1953; *Ensaios de antropologia social*. Salvador, Universidade da Bahia, 1959.

BANTON, M. *Race relations*. Nova York, Basic Books, 1967 (cap. XI).

BASTIDE, R. *Sociologie du Brésil*. Paris, Centre de Documentation Universitaire, s. d.

BASTIDE, R. e BERGHE, P. van den. "Stereotypes, norms and interracial behavior in São Paulo, Brazil", *American sociological review*. n⁰ 22, 1957, p. 689-694.

BERGHE, P. van den. *Race and racism*. Nova York, John Wiley & Sons, 1967, (cap. III).

BICUDO, V. L. "Atitudes dos alunos e grupos escolares em relação com a cor de seus colegas", Unesco-Anhembi, *Relações entre negros e brancos em São Paulo*. São Paulo, Editora Anhembi Ltda., 1955, p. 227-310; "Atitudes raciais de pretos e mulatos em São Paulo", *Sociologia*. São Paulo, IX-3, 1947, p. 195-219.

BORGES PEREIRA, J. B. *Cor, profissão e mobilidade. O negro na rádio de São Paulo*. São Paulo, Livraria Pioneira Editora, 1967.

COSTA PINTO, L. A. *O negro no Rio de Janeiro. Relações raciais numa sociedade em mudança*. São Paulo, Cia. Editora Nacional, 1953.

EDUARDO, O. C. *The negro in Northern Brazil, a study in acculturation*. Washington, University of Washington Press, 1948.

FERNANDES, F. "Aspectos da questão racial", *O tempo e o modo*. Lisboa, 1967, p. 36-49; "The weight of the past", *Daedalus*. Cambridge, primavera 1967, p. 560-579.

FREYRE, G. *Casa-grande & senzala*. 9. ed., Rio de Janeiro, Livraria José Olympio Editora, 1959 (2 vols.); *Sobrados e mocambos*. 2. ed., Rio de Janeiro, Livraria José Olympio Editora, 1951 (3 vols.).

GINSBERG, A. M. "Pesquisas sobre as atitudes de um grupo de escolares de São Paulo em relação com as crianças de cor", Unesco-

-Anhembi, *Relações entre negros e brancos em São Paulo*. São Paulo, Editora Anhembi Ltda., 1955, p. 311-361.

GUERREIRO RAMOS, A. *Cartilha brasileira do aprendiz de sociólogo*. Rio de Janeiro, Editorial Andes, 1954, p. 121-166.

HARRIS, M. *Town and country in Brazil*. Nova York, Columbia University Press, 1956, p. 112-124; *Patterns of race in the Americas*, Nova York, Walker & Co., 1964.

IANNI, O. *Raças e classes no Brasil*. Rio de Janeiro, Editora Civilização Brasileira, 1966.

LEITE, D. M. "Preconceito racial e patriotismo em seis livros didáticos brasileiros", in *Boletim de psicologia*, nº 3, São Paulo, Faculdade de Filosofia, Ciências e Letras da Universidade de São Paulo, 1950, p. 206-301.

LOBO, H. e ALOISI, I. *O negro na vida social brasileira*. São Paulo, S. E. Panorama Ltda., 1941.

LOWRIE, S. H. " O elemento negro na população de São Paulo", *Revista do Arquivo Municipal*. São Paulo, IV-XLVIII, 1938; "Origem da população da cidade de São Paulo e diferenciação das classes sociais", *Revista do Arquivo Municipal*. São Paulo, IV-XLIII, 1938.

MARTUSCELLI, C. "Uma pesquisa sobre aceitação de grupos 'raciais' e grupos regionais", *Boletim de Psicologia*, nº 3, São Paulo, Faculdade de Filosofia, Ciências e Letras da Universidade de São Paulo, 1950, p. 53-73.

MOREIRA, R. J. "Brancos em bailes de negros", *Anhembi*. São Paulo, VI-71-XXIV, 1956, p. 274-288.

NOGUEIRA, O. "Atitudes desfavoráveis de alguns anunciantes de São Paulo em relação aos empregados de cor", *Sociologia*. São Paulo, IV-4, 1942, p. 328-358; "Preconceito de marca e preconceito racial de origem", *Anais do XXXI Congresso de Americanistas*. São Paulo, Editora Anhembi Ltda., 1955, vol. I, p. 409-434; "Relações raciais no município de Itapetininga", Unesco-Anhembi, *Relações entre negros e brancos em São Paulo*. Editora Anhembi Ltda., 1955, p. 311-361.

PERDIGÃO MALHEIRO, A. M. *A escravidão no Brasil*. Rio de Janeiro, Tipografia Nacional, 1866 (3 vols.).

PIERSON, D. *Brancos e pretos na Bahia*. São Paulo, Cia. Editora Nacional, 1945.

RIBEIRO, R. *Religião e relações raciais*. Rio de Janeiro, Ministério de Educação e Cultura, 1956.

SANTANA, E. T. *Relações entre pretos e brancos em São Paulo. Preconceito de cor*, São Paulo, Edição do autor, 1951.

WAGLEY, C. com a colaboração de HUTCHINSON, H., HARRIS, M. e ZIMMERMAN, B. *Races et classes dans le Brésil rural*. Paris, Unesco, s. d.

WAGLEY, C. e HARRIS, M. *Minorities in the new world*. Nova York, Columbia University Press, 1964.

WILLEMS, E. "Race attitudes in Brazil", *The American Journal of Sociology*. LIV-5, 1949, p. 402-408.

Quadro I

População brasileira: regiões fisiográficas e a cor
(Ver capítulo 2, p. 76.)

Quadro II

População brasileira: distribuição de percentagem por grupos de cor, de acordo com as regiões fisiográficas (1950) (Ver capítulo 2, p. 77.)

Quadro III

Empregadores por grupos de cor – Brasil e Estados escolhidos (1950)*

	NÚMEROS			
Estados	*Brancos*	*Negros*	*Mulatos*	*Asiáticos***
Pará	5 089	208	3 132	88
Pernambuco	21 121	904	5 836	17
Bahia	28 178	5 295	20 837	10
Minas Gerais	85 084	3 910	15 949	107
Rio de Janeiro	46 477	447	1 283	64
São Paulo	146 145	2 561	1 396	9 179
Rio Grande do Sul	49 008	429	576	16
Mato Grosso	5 171	401	1 330	94
BRASIL	519 197	19 460	78 448	11 018

Estados	PORCENTAGEM EM CADA GRUPO DE COR			
	Brancos	Negros	Mulatos	Asiáticos**
Pará	5,4	0,9	1,4	34,2
Pernambuco	4,0	0,7	1,2	34,6
Bahia	6,8	1,6	2,8	15,6
Minas Gerais	6,4	1,0	2,5	14,6
Rio de Janeiro	8,2	0,3	0,8	12,5
São Paulo	5,1	0,8	1,2	10,1
Rio Grande do Sul	4,2	0,5	0,7	8,8
Mato Grosso	6,6	2,3	2,5	8,9
BRASIL	5,1	0,9	1,8	10,2

*   Dados do recenseamento. Omitidos os casos sem declaração de posição (excetuando-se o Pará, em que esses casos foram incluídos).

** Os asiáticos são, quase todos, japoneses.

Quadro IV

Níveis educacionais completados por negros e mulatos – Brasil e estados escolhidos (1950)*

Estados	PRIMÁRIO		SECUNDÁRIO		UNIVERSIDADE	
	Número	% do total**	Número	% do total**	Número	% do total**
Pará						
Negros	1 599	2,2	85	0,6	10	0,5
Mulatos	27 536	39,4	2 371	19,2	180	9,5
Pernambuco						
Negros	5 899	3,3	192	0,5	7	0,5
Mulatos	42 669	24,2	2 889	8,0	189	3,6
Bahia						
Negros	17 732	8,3	666	2,1	88	1,5
Mulatos	78 742	37,1	44 772	15,2	578	10,1
Minas Gerais						
Negros	36 805	5,4	471	0,4	44	0,2
Mulatos	103 082	15,3	4 757	4,6	459	2,8
Rio de Janeiro						
Negros	44 541	5,8	2 035	0,8	112	0,2
Mulatos	104 315	13,7	9 895	4,1	725	1,6
São Paulo						
Negros	76 652	4,3	1 879	0,6	95	0,2
Mulatos	31 585	1,8	1 659	0,5	170	0,4
Rio Grande do Sul						
Negros	10 091	1,9	310	0,4	14	0,1
Mulatos	11 702	2,2	775	1	74	0,6
Mato Grosso						
Negros	2 543	5,3	59	0,8	3	0,2
Mulatos	12 911	27	1 148	16,2	89	8
BRASIL						
Negros	228 890	4,2	6 794	0,6	448	0,2
Mulatos	551 410	10,2	41 410	4,2	3 568	2,2

*   Os dados do recenseamento foram omitidos no caso em que não se registraram declaração de cor nem de níveis educacionais (excetuando-se o Pará, em que só se omitiram os casos em que não houve declaração de níveis educacionais).

** Número total de pessoas que completaram o nível especificado de educação para cada Estado.

FLORESTAN FERNANDES

Quadro V

População por cor nos oito estados escolhidos (1950)*

	GRUPOS DE COR					
	Brancos	*Negros*	*Mulatos*	*Amarelos*	*Não declarados*	*Total*
Norte	325 281	59 744	734 574	875	2 799	1 123 273
Pará	28,96	5,32	65,39	0,08	0,25	100
Nordeste	1 685 028	316 122	1 386 255	83	7 697	3 395 185
Pernambuco	49, 63	9,31	40,83	0	0,22	100
Leste	1 428 685	926 075	2 467 108	156	12 551	4 834 575
Bahia	29,55	19,16	51,03	0	0,26	100
Minas Gerais	4 509 575	1 122 940	2 069 037	2 257	13 983	7 717 792
	58,43	14,55	26,81	0,03	0,18	100
Rio de Janeiro g.b.	1 660 834	292 524	415 935	1 032	7 126	2 377 451
	69,86	12,30	17,50	0,04	0,30	100
Sul	7 823 111	727 789	292 669	276 851	14 003	9 134 423
São Paulo	85,64	7,96	3,21	3,03	0,16	100
Rio Grande	3 712 239	217 520	226 174	495	8 393	4 164 821
do Sul	89,14	5,22	5,43	0,01	0,20	100
Centro-Oeste	278 378	51 089	187 365	3 649	1 563	522 044
Mato Grosso	53,22	9,79	35,89	0,70	0,30	100

*   Informações extraídas de "Estudos Demográficos, número 145" (elaborados por Remulo Coelho), Laboratório de Estatística do Instituto Brasileiro de Geografia e Estatística – Conselho Nacional de Estatística, Rio de Janeiro, 1955.

Segunda Parte

O IMPASSE RACIAL
NO BRASIL MODERNO

Capítulo IV

A Persistência do Passado*

Introdução

Na situação de contato racial imperante no Brasil evidenciam-se muitos problemas sociológicos, de grande significação humana e científica. O Brasil vive, simultaneamente, em várias "idades histórico-sociais". Conforme a região do país que se considere e o grau de desenvolvimento das comunidades da mesma região, podemos focalizar cenas que relembram os contatos dos *colonizadores* e conquistadores com os indígenas ou registrar quadros que retratam o aparecimento tumultuoso da "civilização industrial", com suas figuras típicas, nacionais ou adventícias. Presente, passado e futuro entrecruzam-se e confundem-se de tal maneira que se pode passar de um estágio histórico a outro pelo expediente mais simples: o deslocamento no espaço.

---

*   Trabalho apresentado à *Conference on Race and Color,* organizado por The American Academy of Arts and Science e The Congress for Cultural Freedom; e realizado em Copenhagen, entre 6 e 11 de setembro de 1965. Publicação prévia pelos organizadores da conferência em inglês e francês. Publicação definitiva in John Hope Franklin (org.), *Color and race,* Boston, Houghton Mifflin Company, 1968, p. 282-301.

Ora, a cada estágio histórico corresponde uma situação humana. O observador ingênuo pensa estar num mundo culturalmente homogêneo. E, de fato, certos polarizadores impregnam as situações mais contrastantes de um substrato psicossocial e sociocultural comum. Mas, na realidade, cada situação humana organiza-se, estrutural e dinamicamente, como um mundo material e moral com sua feição própria. Sem dúvida, as várias situações humanas possíveis põem à luz, no conjunto, os diferentes padrões de integração sociocultural da *sociedade brasileira*, ao longo de sua formação e de sua evolução no tempo e no espaço. Mas cada uma delas, de *per si*, só pode ser compreendida e explicada pelo próprio padrão de integração sociocultural e pelo modo dele vincular-se com as tendências atuantes de modernização daquela sociedade.

Projetadas contra esse pano de fundo, as relações étnicas e raciais e o significado da cor na vida humana apresentam-se sob diversas facetas. Escolhemos, para debater neste trabalho, o exemplo que nos parece ser o mais indicado para uma caracterização sucinta do que se poderia entender como o *dilema racial brasileiro*. Trata-se da situação do negro e do mulato na cidade de São Paulo. Esta cidade não se singulariza pela alta proporção de negros ou de mestiços de negros e brancos na população global. Ao contrário, sob esse aspecto conta entre as comunidades urbanas brasileiras em que essa proporção é relativamente baixa. Ela é significativa por outros motivos. De um lado, porque se inclui na última região do Brasil em que a escravidão desempenhou funções construtivas, como alavanca e ponto de partida de um longo ciclo de prosperidade econômica, que se iniciou com a produção e a exportação de café. De outro lado, porque foi a primeira cidade brasileira que expôs o negro e o mulato às contingências típicas e inexoráveis de uma economia competitiva em expansão. Em consequência, ela permite analisar, com objetividade e em condições quase ideais, como e por que a velha ordem racial não desapareceu com a Abolição e o término legal do regime de castas, prolongando-se no presente e ramificando-se pelas estruturas sociais criadas graças à universalização do trabalho livre.

Desigualdade Racial e Estratificação Social

O dilema racial brasileiro, na forma em que ele se manifesta na cidade de São Paulo, lança suas raízes em fenômenos de estratificação social. Tendo-se em vista a estrutura social da comunidade como um todo, pode-se afirmar que, desde o último quartel do século XIX até hoje, as grandes transformações histórico-sociais não produziram os mesmos proventos para todos os setores da população. De fato, o conjunto de transformações que deu origem à "revolução burguesa", fomentando a universalização, a consolidação e a expansão da ordem social competitiva, apenas beneficiou, coletivamente, os segmentos brancos da população. Tudo se passou, historicamente, como se existissem dois mundos humanos contínuos, mas estanques e com destinos opostos. O *mundo dos brancos* foi profundamente alterado pelo surto econômico e pelo desenvolvimento social, ligados à produção e à exportação do café, no início, e à urbanização acelerada e à industrialização, em seguida. O *mundo dos negros* ficou praticamente à margem desses processos socioeconômicos, como se ele estivesse dentro dos muros da cidade, mas não participasse coletivamente de sua vida econômica, social e política. Portanto, a desagregação e a extinção do regime servil não significou, de imediato e a curto prazo, modificação das posições relativas dos estoques raciais em presença na estrutura social da comunidade. O sistema de castas foi abolido legalmente. Na prática, porém, a população negra e mulata continuou reduzida a uma condição social análoga à preexistente. Em vez de ser projetada, em massa, nas classes sociais em formação e em diferenciação, viu-se incorporada à "plebe", como se devesse converter-se numa camada social dependente e tivesse de compartilhar de uma "situação de casta" disfarçada. Daí resulta que a desigualdade racial manteve-se inalterável, nos termos da ordem racial inerente à organização social desaparecida legalmente, e que o padrão assimétrico de relação racial tradicionalista (que conferia ao "branco" supremacia quase total e compelia o "negro" à obediência e à submissão) encontrou condições materiais e morais para se preservar em bloco.

Os fatores principais desse processo de demora sociocultural já são bem conhecidos. Numa visão retrospectiva e sintética, os aludidos fatores podem ser agrupados em quatro constelações histórico-sociais sucessivas (mas interdependentes): 1º) as tendências assumidas pela transformação global da comunidade; 2º) caráter sociopático das motivações que orientaram o ajustamento do "negro" à vida na cidade e à natureza anômica das formas de associação que puderam desenvolver;

3º) inocuidade da reação direta do negro e do mulato contra a "marginalização da gente negra"; 4º) aparecimento tardio e débil de correções propriamente estruturais do padrão herdado de desigualdade racial.

Na primeira constelação, devemos considerar três grupos de fatores histórico-sociais. Primeiro, a cidade de São Paulo não repete o padrão tradicional de desenvolvimento geográfico e socioeconômico de outras cidades brasileiras, que se expandiram sob a égide da exploração do trabalho escravo. A inclusão de São Paulo na órbita da economia colonial brasileira (baseada na exportação de produtos tropicais) ocorreu tardiamente. Só com a produção de café no "Oeste Paulista" e graças à intensificação progressiva da exportação desse produto ganhou a cidade condições para deixar de ser um burgo rústico e para contar com fontes regulares de prosperidade econômica. Por isso, somente a partir do último quartel do século XIX ela sofre modificações que a convertem propriamente em cidade, ao estilo de outros agregados urbanos da época. Esse fator tem grande importância. Os centros urbanos provocavam certas necessidades especiais que ampliavam a divisão do trabalho social. Neles surgiam ocupações e serviços que alargavam a área de atividade construtiva do escravo e, especialmente, que não podiam ser exercidos nem pelo escravo nem pelo homem livre. O liberto desfrutava, assim, algumas oportunidades econômicas que lhe permitiam integrar-se na estrutura ocupacional das cidades e que forçavam os brancos a terem interesse pelo seu adestramento e aproveitamento em tal área. Pode-se verificar como esse mecanismo se manifestava em cidades como São Salvador, Recife ou Rio de Janeiro, nas quais a população negra e, principalmente, mestiça logravam a aquisição de um nicho relativamente vantajoso na organização ecológica e econômica daquelas comunidades. A inclusão tardia da cidade de São Paulo no núcleo da economia colonial brasileira representou uma desvantagem para a população negra e mestiça dessa cidade, tanto escrava quanto liberta. Isso porque o início da expansão econômica coincide com a concentração crescente de imigrantes de origem europeia e com a crise do próprio regime servil. Poucos negros e mulatos puderam aproveitar as oportunidades com que contariam em outras circunstâncias, e que lhes permitiriam converter-se em artesãos, pequenos comerciantes etc. Ao eclodir a Abolição, estavam distribuídos nas ocupações menos desejáveis e compensadoras, pois as oportunidades melhores haviam sido monopolizadas e absorvidas pelos imigrantes. Segundo, o movimento abolicionista e todo o processo de desagregação do regime servil assumiram, como teria de acontecer fatalmente, o caráter de uma insurreição dos próprios brancos contra a ordem escravocrata e senhorial. Esta embaraçava o desenvolvimento socioeconômico das regiões prósperas do país e sufocava a expansão do capitalismo. Ainda que o abolicionismo adquirisse o teor de um movimento humanitário, sua mola revolucionária residia nos interesses e valores sociais prejudicados por causa da vigência da escravidão. Doutro lado, os negros e os mulatos se inseriam nessa insurreição como "objeto" e mera "massa de manobra". Eles não puderam projetar nela os seus anseios ou necessidades mais diretas e, com raras exceções, ficaram relegados aos papéis secundários. Assim, o que se poderia chamar de uma "consciência abolicionista" era antes um patrimônio dos próprios brancos, que lideravam, organizavam e ao mesmo tempo continham a insurreição dentro de limites que convinham à "raça dominante". Esse quadro geral produziu dois efeitos negativos ou limitativos. Quanto aos brancos, favoreceu um processo paradoxal: na fase aguda das transformações, a liderança do processo passou para as mãos dos círculos mais conservadores, empenhados em atender aos interesses sociais, econômicos e políticos dos grandes fazendeiros. Embora se negassem a conceder aos fazendeiros qualquer indenização pelas perdas financeiras, decorrentes da Abolição, ignoraram por completo a necessidade de pôr em prática medidas que assegurassem um mínimo de proteção ao escravo ou ao liberto e concentraram todo o esforço construtivo numa política que garantisse a rápida substituição da mão de obra escrava. Por essa razão, no fim do Império e no início da República, o principal traço da política governamental provinha do fomento da imigração por todos os meios viáveis. Quanto ao negro, com a Abolição ele perdeu os liames humanitários que o prendiam aos brancos radicais ou inconformistas e deixou de formar uma consciência social própria da situação. Como foi mais tutelado que agente do processo revolucionário, não tinha uma visão objetiva e autônoma dos seus interesses e possibilidades. Converteu a liberdade em um fim em si e para si, sofrendo com a destituição uma autêntica espoliação – a última pela qual a escravidão ainda seria responsável. A "explosão de alegria" logo iria ter um travo de fel; mas a dignidade do "homem livre" parecia valer mais que qualquer outra coisa e, de imediato, o "negro" dedicou-se intensamente ao afã de usufruir um dom que, no passado, o excluíra da condição humana. Terceiro, a "revolução burguesa" praticamente baniu o "negro" da cena histórica. Ela se desenvolveu em torno de duas figuras: o fazendeiro de café, que viu seus papéis sociais e econômicos se diferenciarem graças ao crescimento econômico provocado pelos "negócios do café" e à expansão urbana; e o imigrante, que se apropriava tenazmente de todas as oportunidades novas, ao mesmo tempo que eliminava o "negro" das poucas posições compensadoras que ele alcançara no artesanato e em alguns ramos do pequeno comércio. Por isso, "o negro" não ficou apenas à margem dessa revolução. Ele foi selecionado negativamente, precisando contentar-se com aquilo que, daí por diante, seria conhecido como "serviço de negro": trabalhos incertos ou brutos, tão penosos quão mal remunerados. Em consequência, achou-se numa estranha situação. Enquanto a prosperidade bafejava todas as demais camadas da população, o "negro" sentiu-se em apuros até para manter ou conquistar as fontes estáveis de ganho mais humildes e relegadas.

Quanto à segunda constelação, devemos considerar cinco grupos de fatores mais significativos. Primeiro, o negro não fora adestrado previamente, como *escravo* ou *liberto*, para os papéis socioeconômicos do trabalhador livre. Por isso, ele não possuía nem o treino técnico, nem a mentalidade, nem a autodisciplina do assalariado. Ao ver-se e sentir-se *livre*, queria ser literalmente tratado como *HOMEM*, ou seja, como "alguém que é senhor do seu nariz". Tais disposições redundaram em desajustamentos fatais para o negro e o mulato. De um lado, os empregadores brancos se irritaram sobremaneira com as atitudes e os comportamentos dos ex-escravos. Estes usaram predatoriamente a liberdade. Supunham que, se eram "livres", podiam trabalhar como, quando e onde preferissem. Tendiam a afastar-se dos encargos do trabalho quando dispunham de recursos suficientes para se manterem em ociosidade temporária; e, em particular, mostravam-se muito ciosos diante de admoestações, advertências ou reprimendas. Alegando que "eram livres" (ou que "o tempo de escravidão já acabou"), pretendiam uma autonomia que se chocava, fundamentalmente, com o regime de trabalho assalariado. Esses desentendimentos seriam, naturalmente, transitórios. Mas, como havia relativa abundância de mão de obra, em virtude do volume atingido pela imigração, os empregadores agiram de forma intolerante, demonstrando notável incompreensão diante do negro e do mulato.

Parecia-lhes que estes evidenciavam "falta de responsabilidade" e que os negros seriam "imprestáveis" ou "intratáveis", fora do "jugo da escravidão". De outro lado, o próprio negro pôs a liberdade acima de tudo, como se ela fosse um valor intocável e absoluto. Por falta de socialização prévia, não sabia avaliar corretamente a natureza e os limites das obrigações decorrentes do contrato de trabalho. Este era visto como se perpetuasse a escravidão por outros meios e como se, ao vender sua força de trabalho, o trabalhador vendesse, simultaneamente, a sua pessoa. Daí resultou um desajustamento verdadeiramente estrutural, agravado pelo fato de suas oportunidades de trabalho serem as piores e de existir dois níveis de retribuição, com o que se degradava o salário do trabalhador negro. Segundo, a abundância de mão de obra com melhor qualificação, como produto da imigração intensiva, concorreu para modificar rapidamente a mentalidade dos empregadores e suas propensões, mesmo a respeito da seleção dos trabalhadores agrícolas. Antes, o negro era representado como o único agente de trabalho possível, pelo menos com relação aos serviços degradados pela escravidão. Havia, por isso, relativa tolerância diante de suas deficiências e real preocupação em corrigi-las, como fosse possível. Ao se evidenciar que ele podia ser substituído, inclusive com alguma facilidade nas regiões prósperas, e que seu substituto era "mais inteligente", "mais eficiente" e "mais laborioso" (ou "industrioso"), aquelas disposições desapareceram. Portanto, de uma hora para outra o negro viu-se condenado como agente de trabalho, passando da categoria de agente privilegiado para a de agente refugado, num momento em que ele próprio elevava suas exigências morais e se tornava intransigente. De maneira quase automática, foi confinado à periferia do sistema de produção, às ocupações indesejáveis, mal retribuídas e socialmente degradadas. Terceiro, a escravidão despojou o negro de quase toda sua herança cultural e socializou-o tão-somente para papéis sociais confinados, nos quais se realizava o desenvolvimento da personalidade do escravo e do liberto. Como consequência a Abolição projetou-o na esfera dos "homens livres" sem que ele dispusesse de recursos psicossociais e institucionais para se ajustar à nova posição na sociedade. Não conhecia nem podia pôr em prática nenhuma das formas sociais de vida organizada de que desfrutavam os brancos normalmente (inclusive a família e os tipos de cooperação ou de solidariedade que ela condicionava socialmente). Para usufruir os direitos do *Homem*

Livre precisava despojar-se de sua segunda natureza, constituída enquanto e como escravo ou liberto, e absorver as técnicas sociais que faziam parte do "mundo dos brancos". Fixando-se na cidade de São Paulo, onde a urbanização rápida e o crescimento industrial acelerado provocaram a expansão intensa da ordem social competitiva, essa lacuna de origem especificamente sociocultural iria erigir-se numa barreira intransponível. A incapacidade de lidar eficazmente (ou de qualquer modo) com as referidas técnicas sociais impediu o ajustamento às condições de vida imperantes na cidade, colocando o negro à margem da história, como se lhe fossem vedadas as oportunidades crescentes, sofregamente aproveitadas pelos imigrantes e pelo trabalhador branco de extração nacional. Quarto, em seguida à Abolição, a população negra converteu-se numa população altamente móvel. Muitos componentes dessa população, mais ou menos ajustados à vida na cidade, deslocaram-se para o interior de São Paulo ou refluíram para outras regiões do país (o Nordeste e o Norte principalmente, de onde procediam). Ao mesmo tempo, levas sucessivas de negros e mulatos aninhavam-se como podiam nos porões e nos cortiços da capital. No conjunto, as perdas foram amplamente compensadas pelos ganhos, mas com nítida concentração de pessoas rústicas num ambiente que exigia certas qualidades intelectuais e morais, requeridas pelo trabalho assalariado e pela competição econômica. De *per si* desajustada, essa população tinha de viver de expedientes, de salários insuficientes e apinhada em alojamentos (que outra coisa não eram os porões e cortiços em que habitavam) que não comportavam os moradores. O único elemento dessa população que contava com emprego assalariado mais ou menos certo era a mulher, que podia dedicar-se aos serviços domésticos. De modo que ela se tornou, rapidamente, o esteio dos agrupamentos domésticos, já que dela provinha o sustento parcial ou total da casa, a roupa e a comida do marido ou do amásio e até o dinheiro com que estes enfrentavam as pequenas despesas. O ócio do homem, que de início era um produto da contingência e um protesto digno, transformou-se bem depressa, em proporções consideráveis, em uma forma cavilosa e sociopática de exploração de um ser humano por outro. Além disso, três quartas partes da população negra e mestiça da cidade submergiram numa dolorosa era de miséria coletiva, de degradação moral e de vida social desorganizada. O abandono do menor, do doente ou do velho, a "mãe solteira", o alcoolismo, a vadiagem, a prostituição, a criminalidade ocasional ou sistemática repontaram como dimensões normais de um drama humano sem precedentes na história social do Brasil. Nessas condições, o negro não tinha elementos para cultivar ilusões sobre o presente ou sobre o futuro. E ainda acumulava pontos negativos, pois o branco percebia e explicava etnocentricamente os aspectos dessa situação de que tomava conhecimento, através de cenas deprimentes, ou do noticiário dos jornais, imputando ao próprio negro a "culpa" pelo que ocorria (como se o negro "não tivesse ambição", "não gostasse de trabalhar", "fosse bêbedo inveterado", "tivesse propensão para o crime e a prostituição", e "não fosse capaz de dirigir sua vida sem a direção e o jugo do branco"). Contudo, o drama em si mesmo não comoveu os brancos nem foi submetido a controle social direto ou indireto; só serviu para degradar ainda mais a sua vítima no consenso geral. Quinto, o negro e o mulato não dispunham de técnicas sociais que lhes facultassem o controle eficiente de seus dilemas e a superação rápida dessa fase de vida social anômica. Por sua vez, as demais camadas da comunidade não revelaram nenhuma espécie de piedade ou de solidariedade diante do drama material e moral do negro, enquanto a própria comunidade como um todo nada podia fazer, já que não dispunha de uma rede de serviços sociais suficientemente complexos para resolver problemas humanos tão graves. A miséria associou-se à anomia social, formando uma cadeia de ferro que prendia o negro, coletivamente, a um destino inexorável. À degradação material correspondia a desmoralização: o negro entregava-se a esse destino, sob profunda frustração e insuperável apatia. Logo se difundiu e implantou um estado de espírito derrotista, segundo o qual "o negro nasceu para sofrer", "vida de negro é assim mesmo", "não adianta fazer nada" etc. O único ponto em que o negro não cedia relacionava-se com a teimosa permanência na cidade. Como se fosse um pária da era moderna, aceitava passiva e conformadamente o peso da desgraça e os dias incertos que o futuro lhe reservasse.

Na terceira constelação, devemos considerar as causas e os efeitos dos movimentos sociais, que se constituíram no meio negro de São Paulo. Nenhum agregado humano poderia suportar, de modo totalmente inerte, uma situação como a que a população negra e mulata enfrentou naquela cidade. Aos poucos, foram-se esboçando e criando força algumas tímidas tentativas de crítica e de autodefesa. Entre 1925 e

1930, essas tentativas tomaram corpo e produziram seus primeiros frutos maduros, expressos numa imprensa negra, empenhada em difundir formas de autoconsciência da situação racial brasileira e do "abandono do negro", e também em organizações dispostas a levar o "protesto da gente negra" ao terreno prático. Pela primeira vez na história social da cidade, negros e mulatos coligavam-se para defender os interesses econômicos, sociais e culturais da "raça", buscando formas de solidariedade e de atuação social organizada que redundassem em benefício da reeducação do negro, na elevação progressiva de sua participação no nível de renda, no estilo de vida e nas atividades políticas da coletividade e, por conseguinte, de sua capacidade em converter-se em *cidadão*, segundo os modelos impostos pela sociedade inclusiva. No entanto, os movimentos sociais só conseguiram atrair pequenas parcelas da população negra e mulata da capital. Mau grado seu alcance construtivo, o conformismo, a apatia e a dependência em relação aos brancos bloquearam esse caminho de afirmação autônoma. Embora chegassem a abranger parcelas de militantes encaradas como alarmantes pelos brancos, os movimentos não serviram senão para criar um marco histórico e redefinir as atitudes ou os comportamentos de negros e mulatos. Desmascarando a ideologia racial dominante, eles elaboraram uma contraideologia racial que aumentou a área de percepção e de consciência da realidade racial brasileira por parte do negro. Doutro lado, acentuando certas tendências igualitárias fundamentais, levaram o negro a empunhar a bandeira da democracia racial, exigindo para si condições equitativas de participação do nível de renda, do estilo de vida e das prerrogativas sociais das outras camadas da comunidade. Como as reivindicações eclodiam de forma pacífica, elas não germinaram disposições de segregação racial e não alimentaram tensões ou conflitos de caráter racial. Nesse sentido, eles foram socialmente construtivos, difundindo novas imagens do negro, recalibrando sua maneira de resolver seus problemas e tentando absorver as técnicas sociais e aproveitar as oportunidades econômicas de que desfrutavam os brancos. Responderam literalmente às exigências da ordem social competitiva, afirmando-se como o único processo pelo qual a população negra da capital tentou ajustar-se, coletivamente, às exigências histórico-sociais do presente. Não obstante, tais movimentos, com os objetivos que eles colimavam, não repercutiram construtivamente entre os brancos. Estes se mantiveram indiferentes diante deles, erguendo um muro de indiferença e de incompreensão, que anulou sua eficácia prática, impedindo que eles contribuíssem, de fato, para ajustar o sistema de relações raciais à ordem social competitiva. Além disso, os círculos mais influentes, imbuídos de atitudes e avaliações tradicionalistas, reinterpretaram os movimentos sociais surgidos no meio negro como um "perigo" e como uma "ameaça" (como se eles "introduzissem o *problema racial* no país"). Alguns defendiam o ponto de vista de que, se "a negralhada ficasse à vontade", depois "ninguém conseguiria conter essa gente". Por volta do Estado Novo, os movimentos foram proscritos legalmente, sendo fechada a Frente Negra Brasileira, a principal organização aparecida nesse período. Esboçaram-se, com a extinção do Estado Novo, entre 1945 e 1948, algumas tentativas de reorganização daqueles movimentos. Mas todas elas falharam redondamente, pois os negros e mulatos em ascensão social passaram a dar preferência a uma estratégia estreitamente egoísta e individualista de "solução do problema do negro". No fundo, a inexistência de mecanismos de solidariedade racial privou o meio negro da lealdade e da colaboração altruística das ralas elites que saíram de seus quadros humanos. Em um plano mais geral, porém, isso significa que a contribuição que os movimentos sociais poderiam dar à modernização do sistema tradicional de relações raciais ficou comprometida e neutralizada. A adaptação daquele sistema à situação histórico-social imperante na cidade depende, agora, se não surgirem alterações, dos efeitos lentos e indiretos da absorção gradual do negro e do mulato à ordem social vigente.

Na quarta constelação, devemos considerar como a expansão da ordem social competitiva repercutiu, a curto termo, na graduação das oportunidades econômicas conferidas aos negros e mulatos. No período imediatamente posterior à Abolição, as oportunidades foram monopolizadas pelos brancos das antigas camadas dominantes e pelos imigrantes. Um levantamento estatístico, realizado na cidade de 1893, indica de modo bem claro essa tendência. Assim, sobre 170 capitalistas, 137 eram nacionais (80,5%) e 33 estrangeiros (19,4%). Sobre 740 proprietários, 509 eram nacionais (69%) e 231 estrangeiros (31%). Em certas profissões conspícuas, tradicionalmente controladas pelas elites locais, o estrangeiro só aparece esporadicamente. Isso acontecia, por exemplo, com a magistratura e a advocacia. Mas, em outras profissões, mais ligadas ao progresso técnico, os estrangeiros repontam em proporções significativas. É o que se pode inferir, por exemplo, de profissões como a de engenheiros (127 nacionais para 105 estrangeiros), de arquitetura (23 nacionais para 34 estrangeiros), de agrimensores (10 nacionais para 11 estrangeiros), de professores (274 nacionais para 129 estrangeiros) etc. Entre o chamado "pessoal das indústrias", o imigrante aparece praticamente como o agente privilegiado. Excetuando-se as ocupações agrícolas, nas quais o elemento nacional predominava (pois entrava com 1 673, ou 68%, contra 783 estrangeiros, ou 32%), nas demais áreas urbanização equivalia, de fato, a europeização. Eis os exemplos mais relevantes: serviços domésticos, 5 878 nacionais (41,6%) para 8 226 estrangeiros (58,3%); atividades manufatureiras, 774 nacionais (21%) para 2 893 estrangeiros (79%); trabalhos de artesãos e artífices, 1 481 nacionais (14,4%) para 8 760 estrangeiros (85,5%); atividades de transportes e conexos, 1 998 nacionais (18,9%) para 8 527 estrangeiros (81%); atividades comerciais, 2 680 nacionais (28,3%) para 6 776 estrangeiros (71,6%). Tendo-se em vista tais atividades, em média 71,2% das ocupações estavam sob controle dos estrangeiros. Como, por outras informações esparsas, fica-se sabendo que era mínima a participação do negro nesse quadro ocupacional, especialmente nos trabalhos qualificados e semiqualificados, tem-se por aí uma pista indireta muito significativa. O desenvolvimento econômico posterior da cidade corrigiu essa situação, mas de maneira quase insignificante. De fato, só posteriormente a 1935, com a intensificação das migrações internas, a "fome de braços" aumentou acentuadamente as oportunidades ocupacionais da população negra e mulata. A modificação foi, entretanto, mais quantitativa que qualitativa. Um maior número de pessoas daquela população passou a ter alguma facilidade na obtenção de fontes estáveis de ganho, embora tal coisa continue a dar-se, predominantemente, na esfera dos serviços menos qualificados e mal pagos. Um levantamento que fizemos em 1951 revela que o negro está encontrando, em nossos dias, o ponto de partida que poderia desfrutar no período da desagregação do regime servil, se não esbarrasse na competição do imigrante. Na amostra estudada, escolhida ao acaso entre homens e mulheres, descobrimos que 29% dos negros e mulatos distribuíam-se por ocupações artesanais; e 21% empregavam-se em serviços domésticos. Quanto a outras atividades, as seguintes indicações podem dar uma clara ideia da situação: em serviços públicos, como bedéis, serventes e escriturários, predominantemente,

9%; na indústria, boa parte como encarregados de serviços brutos ou semiqualificados, 8%; em serviços de escritórios, poucos datilógrafos, correspondentes ou contadores, 7%; no comércio, e apenas alguns como balconistas ou chefes de seção, 4% etc. Em suma, o quadro se alterou, mas muito pouco. O negro ainda se acha numa posição muito desvantajosa na pirâmide ocupacional e possui fracas possibilidades de corrigir essa situação no futuro próximo. Aliás, a esse respeito os dados do censo de 1940 também deveriam ser levados em conta. Reunindo-se só as indicações mais significativas, poderíamos elaborar o seguinte quadro:

Distribuição dos homens e mulheres de 10 anos e mais, segundo a posição em algumas ocupações – Município de São Paulo (censo de 1940)

Posição na ocupação	Brancos	Pretos	Pardos	Amarelos	Totais
Empregador	15 261	51	72	342	15 726
	97,04%	0,32%	0,45%	2,17%	100%
Empregado	323 997	15 114	10 925	2 317	352 353
	91,95%	4,28%	3,1%	0,65%	100%
Autônomo	74 448	2 051	1 595	1 577	79 671
	93,44%	2,57%	2%	1,98%	100%
Membro da família	4 644	80	56	565	5 345
	86,88%	1,5%	1,04%	10,57%	100%
Posição ignorada	4 393	356	325	44	5 118
	85,83%	6,96%	6,35%	0,86%	100%
Participação na população	1 203 111	63 546	45 136	14 074	1 326 621*
	90,72%	4,79%	3,4%	1,06%	100%

* Incluindo-se 394 indivíduos de cor não declarada.

Não obstante o caráter pessimista das conclusões que tais dados possibilitam, em conjunto, as alterações decorrentes são de grande significação. A aquisição de fontes estáveis de ganho, não importa em que condição, ofereceu ao negro e ao mulato meios de integração da estrutura ocupacional e, em consequência, uma situação favorável à absorção gradativa das técnicas sociais anteriormente monopolizadas pelo branco. Doutro lado, conquistaram simultaneamente um patamar para a classificação ocupacional e a competição com o branco, que abre alguns canais de mobilidade social vertical à população negra e mestiça. Não só os negros e os mulatos podem "pertencer ao sistema"; também já podem "lutar para subir", ou seja, para "melhorar a posição no sistema". Por ralas e débeis que sejam, as "elites de cor" ou as "classes médias de cor" aparecem como uma realidade nova e terão chances de aumentar continuamente, mantidas as atuais condições socioeconômicas.

As quatro constelações de fatores atuam na mesma direção e produzem efeitos sociodinâmicos da mesma natureza. Eles mantêm a desigualdade racial em níveis e segundo um padrão sociocultural estranho à ordem social competitiva e a uma sociedade multirracial democrática. Como se o passado se reproduzisse continuamente no presente, a concentração racial da renda, do prestígio social e do poder engendra um arcabouço social que nada (ou muito pouco) ostenta de competitivo, de igualitário e de democrático em suas linhas raciais. Os brancos desfrutam de uma hegemonia completa e total, como se a ordem social vigente fosse, literalmente, uma combinação híbrida do regime de castas e do regime de classe. No que diz respeito à integração do branco ao sistema de relações sociais, só o último regime possui vigência plena. Quando se trata do negro ou do mulato, porém, os dois regimes se combinam de formas variáveis, sempre fazendo com que influências arcaicas operem livremente, revitalizando de modo extenso e profundo uma ordem racial que já deveria ser uma relíquia histórica.

Preconceito e discriminação nas relações raciais

Esse pano de fundo pode passar por um "fenômeno natural". Ocorre, porém, que ele favorece a perpetuação e, sob certos aspectos, a revitalização do padrão tradicionalista e assimétrico de relações raciais.

Esse padrão manteve-se por assim dizer intato até 1930, aproximadamente, ou seja, meio século após a Abolição! E, ainda hoje, não se poderia dizer que ele tenha entrado em crise irreversível ou que esteja em vias de superação. Ele se preserva parcialmente, mas encontra reforços contínuos na extrema desigualdade da situação econômica e do destino social dos dois estoques "raciais" em presença. A alternativa do desaparecimento final desse padrão de relação racial só se concretizará historicamente a partir do momento em que a população negra e mestiça da cidade consiga, em bloco, situações de classe equivalentes às que são desfrutadas pela população branca. O que significa o mesmo que admitir que isso sucederá quando a ordem social competitiva estiver despojada das inconsistências econômicas, sociais e culturais que se objetivam em torno das tendências de concentração racial da renda, do prestígio social e do poder.

Em termos gerais, o busílis do "dilema racial brasileiro" – tal como ele pode ser caracterizado sociologicamente através de uma situação histórico-social de contato como a que predomina na cidade de São Paulo – reside mais no desequilíbrio existente entre a estratificação racial e a ordem social vigente que em influências etnocêntricas específicas e irredutíveis. No entanto, o padrão de relação racial tradicionalista continha influências sociodinâmicas etnocêntricas. E elas não desapareceram. Continuam fortes e atuantes graças ao arcabouço social que preserva uma concentração racial da renda, do prestígio social e do poder mais representativo de uma "sociedade de castas" que de uma "sociedade de classes".

Para os fins desta exposição, bastaria considerar alguns aspectos cruciais dessa complexa situação. O preconceito e a discriminação surgiram na sociedade brasileira como uma contingência inelutável da escravidão. Os mores católicos proscreviam a escravidão do homem pelo homem. Além disso, impunham ao senhor, como obrigação fundamental, o dever de levar sua fé e a salvação ao escravo, o que os igualaria perante Deus. Para evadir-se de tais obrigações ou torná-las inócuas, apelou-se para um processo aberrante de racionalização sociocultural, que converteu a própria escravidão numa relação aparentemente piedosa e misericordiosa. O escravo seria um *bruto*, um ser entre as fronteiras do paganismo e da animalidade, cuja existência e sobrevivência resultavam de uma responsabilidade assumida generosamente pelo senhor. Por conseguinte, à condição de escravo seria inerente uma degradação total, que afetaria por completo sua natureza biológica e psicológica. Como criatura "subumana", aparecia como "inferior" e "dependente", impondo-se correlatamente a condição social de senhor como um encargo material e moral. Tais racionalizações, penosamente requeridas pelos mores religiosos, eram duramente reforçadas por instituições tomadas ao direito romano, que excluíam o escravo da condição de pessoa e conferiam ao senhor um poder quase ilimitado. Nessa conexão de sentido, o preconceito contra o negro e o seu descendente mestiço (pois a condição de coisa se transmitia pela mãe: *partus sequitur ventrem*) configurava-se, socialmente, como uma entidade moral. As marcas raciais possuíam, nesse contexto, um papel secundário ou adjetivo, porque elas apenas serviam para indicar ostensivamente, como se fossem um ferrete, os portadores da condição degradante e infamante de escravo e, mais tarde, de liberto. No fundo, portanto, o preconceito, que se tornava racial por uma contingência das origens biológicas dos escravos, preenchia uma função racionalizadora. Cabia-lhe legitimar o que era socialmente ilegitimável. Graças a ele, o senhor podia lidar liberalmente com os *mores* de sua cultura e justificar-se moralmente, perante a sua consciência religiosa e o consenso geral.

A discriminação, por sua vez, emergia e objetivava-se socialmente como requisito institucional da relação senhor–escravo e da ordem social correspondente. Como o fundamento da distinção entre o senhor e o escravo procedia de sua condição social (e, portanto, de sua posição recíproca), a discriminação se elaborou, primariamente, como um recurso para distanciar socialmente categorias raciais coexistentes e como um meio para ritualizar as relações ou o convívio entre o senhor e o escravo. Palavras, gestos, roupas, alojamento, alimentação, ocupações, recreação, ações, aspirações, direitos e deveres, tudo caiu no âmbito desse processo, que projetou a convivência e a coexistência numa separação extrema, rígida e irremediável de duas categorias sociais que eram, ao mesmo tempo, dois estoques raciais. Além disso, os escravos formavam a massa da população, uma maioria potencialmente perigosa e, se pudesse explodir, incontrolável. Eram, assim, percebidos e representados como "inimigos da ordem" pública e privada. Para mantê-los sob o jugo senhorial e na condição de escravo, acrescentava-se a violência como meio normal de repressão, de disciplina e de controle. Nesse amplo contexto, não só as dimensões humanas do escravo como "pessoa" foram ignoradas. Firmou-se o hábito inflexível de colocá-lo e de mantê-lo em seu lugar, de forçá-lo violenta ou brandamente à obediência e à passividade. Em suma, diferenciaram-se dois mundos sociais distintos e opostos, entre dois estoques raciais que partilhavam de culturas diferentes e possuíam destinos sociais antagônicos. Esses pontos precisam ser retidos claramente, se se quiser entender a situação de contato racial imperante no Brasil. As fontes de distinção e de separação não eram primariamente raciais. Mas convertiam-se em tal, na medida em que atrás do *senhor* estava o "branco" e, por trás do *escravo*, ocultava-se o "negro" ou o "mestiço".

É importantíssimo mencionar esses fatos. De um lado, porque eles esclarecem as origens sociais remotas do preconceito e da discriminação raciais no Brasil. De outro, porque eles delimitam as funções sociais e que o preconceito e a discriminação raciais preenchiam na sociedade brasileira do passado. Um servia para legitimar comportamentos e instituições moralmente proscritos. Outro, para regular o convívio inter-racial, submetendo todas as suas manifestações, mesmo as mais íntimas, a um código ético verdadeiramente inflexível na preservação da distância econômica, social e cultural existente entre o senhor e o escravo. Isso sugere que, a partir de suas origens mais longínquas, o preconceito e a discriminação possuem duas facetas. Uma, evidente, é estrutural e dinamicamente social. O senhor e o escravo relacionam-se e opõem-se como categorias sociais. Tanto o preconceito quanto a discriminação vinculam-se, fundamentalmente, com a estrutura e o funcionamento de uma sociedade de castas, na qual a estratificação racial respondia aos princípios de integração econômica e sociocultural da organização social. Outra, menos aparente e dissimulada, é de cunho racial. Os senhores eram extraídos do estoque racial branco e, em nome de seus interesses e valores sociais, exerciam uma dominação social. O mesmo acontecia com os escravos, selecionados no estoque racial negro ou entre mestiços, sem interesses sociais autônomos e sujeitos a uma dominação social que era, ao mesmo tempo, uma dominação racial.

A estratificação social pressupunha, pois, uma estratificação racial e a ocultava. Como uma era inerente a outra, pode-se admitir a existência de um paralelismo fundamental entre "cor" e "posição social". No limite histórico extremo, fornecido pela ordem social escravocrata e senhorial, os princípios raciais como que se diluíam e desapareciam por trás dos princípios sociais de integração da ordem social. Mas a análise pode desfazer essa aparência, evidenciando as duas facetas da correlação entre "estrutura social" e "estrutura racial" da sociedade. Doutro lado, em outras polarizações esse paralelismo deixa de ser tão completo e as coisas ficam evidentes por si mesmas. A importância da cidade de São Paulo, como caso crucial para estudo do tema, consiste em que ela permite observar as várias polarizações sucessivas desse paralelismo, desde a desagregação final do *antigo regime* até a formação da sociedade de classes.

Pondo-se de lado a era da escravidão, que não nos interessa de imediato nesta discussão, temos diante de nós três problemas marcantes. O primeiro diz respeito à fase de transição, em que o padrão tradicionalista e assimétrico de relação racial subsiste inalterado. O segundo refere-se ao que acontece quando a ascensão social do negro provoca alguma espécie de ruptura no paralelismo entre "cor" e "posição social". O terceiro relaciona-se com a existência ou não de probabilidades de incorporação do referido paralelismo ao regime de classes sociais, o que redundaria na absorção da desigualdade racial pela ordem social competitiva em expansão.

O primeiro problema pode ser ilustrado com o que ocorreu em São Paulo entre 1888, data da Abolição, e 1930, aproximadamente. Nas condições apontadas anteriormente, de exclusão quase completa da vida econômica ativa, de desorganização social e de apatia, a população negra e mestiça praticamente permaneceu num *status* equivalente ao do liberto na ordem social escravocrata e senhorial. O padrão tradicionalista e assimétrico de relação racial foi transferido em sua quase totalidade para a nova situação histórico-social como se a alteração do estatuto jurídico do negro e do mulato não se refletisse em suas prerrogativas sociais. Por sua vez, eles se acomodavam passivamente às atitudes e aos comportamentos preconceituosos ou discriminativos do branco, chegando, até, a se desorientarem quando este agisse de forma diversa (digamos: "igualitária" ou "democrática"). Ao mesmo tempo, os brancos, principalmente das camadas altas ou em ascensão social, toleravam muito mal outro tipo de reação por parte do negro e do mulato. Revelavam notável incompreensão e extrema intransigência diante daqueles que "saíssem da linha", pretendendo tratar os brancos como se "fossem gente de sua laia". Portanto, não era só o padrão tradicionalista de relação racial que se mantinha em vigor. Toda a estrutura social que o suportava, a ideologia racial que lhe dava sentido e as funções sociais que ele preenchia preservavam-se com plena vitalidade no plano das acomodações raciais.

Esses fatos são deveras significativos do ponto de vista sociológico. Eles indicam duas coisas essenciais. Primeiro, que as inovações que afetam o padrão de integração da ordem social nem por isso repercutem, de modo direto, imediato e profundo, na ordenação das relações raciais. Onde persiste o mundo tradicionalista brasileiro, é inevitável que sobreviva, mais ou menos forte, o paralelismo entre "cor" e "posição social", ainda que os agentes humanos envolvidos neguem essa realidade. Segundo, o preconceito e a discriminação raciais não emergem como subprodutos históricos da alteração legal do *status* social do negro e do mulato. Ao contrário, a persistência de ambos constitui um fenômeno de demora cultural: atitudes, comportamentos e valores do regime social anterior são transferidos e mantidos, na esfera das relações raciais, em situações histórico-sociais em que eles entram em choque aberto com os fundamentos econômicos, jurídicos e morais da ordem social vigente. É preciso que se note, neste passo, que as manifestações de preconceito e de discriminação raciais nada têm que ver com ameaças por-ventura criadas pela concorrência ou pela competição do negro com o branco, nem com o agravamento real ou potencial das tensões raciais. Elas são expressões puras e simples de mecanismos que mantiveram, literalmente, o passado no presente, preservando a desigualdade racial ao estilo da que imperava no regime de castas. Isso significa, naturalmente, que onde o tradicionalismo se perpetua incólume, na esfera das relações raciais – por mais que se propale o contrário – ele acarreta a sobrevivência tácita do paralelismo entre "cor" e "posição social".

O segundo problema merece maior atenção. Em dadas circunstâncias, o negro e o mulato podiam sair da própria pele na ordem social escravocrata e senhorial. Todavia, sob a condição de que se incorporassem ao núcleo legal da família branca de prol ou que fossem aceitos como seus prepostos, apaniguados, protegidos etc. Nesse caso, o indivíduo como que perdia, parcialmente, sua identidade racial, e como que adquiria, também parcialmente, a identidade social da família a que passava a dever sua lealdade. Não se pode afirmar, como pensam muitos, que semelhante alternativa acarretasse uma correção completa e definitiva da "cor" pela "posição social". Ao que parece, alargava-se, algumas vezes consideravelmente, o âmbito de aceitação e de atuação social da "pessoa de cor" no meio branco. Contudo, para muitos efeitos, o indivíduo precisava saber guardar as aparências, mantendo-se "em seu lugar" quando fosse necessário e desenvolvendo uma verdadeira política de sedução sistemática dos ânimos daqueles brancos diante dos quais devia transigir incondicionalmente. Aí se equaciona um tipo de ascensão social, que se poderia chamar de infiltração social propriamente dita. Através dele, abria-se uma válvula de mobilidade vertical que, ao premiar o "mulato de talento" ou o "negro notável", produzia uma contínua e inexorável acefalização no seio da "população de cor". Tal mecanismo, não obstante, além de abranger números reduzidos de personalidades, em nada contribuía para alterar a situação racial ou para modificar a imagem do negro feita pelo branco. Os personagens, selecionados por seus dotes singulares, eram manipulados como "a exceção" que confirma a regra. O que eles fizessem de excepcional não beneficiava a sua "raça"; era tido como algo que traía a influência ou a herança psicobiológica e social do branco. Dizia-se, a respeito deles: "negro de alma branca", "negro só por fora", "é branco por dentro", "nem parece negro" etc. Simultaneamente, se falhassem diante de alguma expectativa, frisava-se: "logo se vê, negro quando não suja na entrada, suja na saída", "não se pode esperar outra coisa de um negro", "é negro mesmo" etc. Ora, o aparecimento de oportunidades estáveis de emprego e de ganho, bem como de certas possibilidades de ascensão social, abertas pela ordem social competitiva (especialmente nos últimos vinte anos), fizeram com que larga parte das chamadas "elites de cor" ou "classes médias de cor" se classificasse socialmente sem o bafejo do paternalismo do branco e sob relativa independência dessa forma espúria de mobilidade social vertical.

Diante desse "*novo negro*", o branco vê-se numa posição confusa e residualmente ambivalente. O "novo negro" já é, em si mesmo, um tipo humano relativamente complicado: possui uma mentalidade mais secularizada e urbanizada, não teme a livre competição com o branco e, sobretudo, pretende "vencer na vida" a todo custo. Rompe os cordões materiais ou morais com seu "ambiente de origem", negando-se a conviver com os "negros pobres", a respeitar a solidariedade agreste, que torna o "negro rico" uma vítima indefesa dos amigos ou parentes "em necessidade", e a manter um nível de vida modesto. Refuga o "negro desleixado", que seria o fator da eterna degradação do negro pelo branco; e combate os movimentos sociais de cunho racial, assoalhando que o "problema não é esse" e que eles podem se tornar contraproducentes, ao despertar ilusões entre os próprios negros e ao fomentar a animosidade do branco. Absorve e exagera a mentalidade do branco, que toma como modelo de suas realizações, e põe em prática um puritanismo ingênuo, mas duro, que o eximiria de qualquer crítica e o purificaria de qualquer fonte extrapessoal de degradação moral. Cultiva a delicadeza e a afabilidade, como técnica de suavização de suas atitudes autoafirmativas, mas também como expressão do seu modo de ser, de pensar e de medir a grandeza humana. Por fim, é intransigente diante dos brancos que pretendam congelá-lo, aplicando-lhes o padrão tradicionalista de relação racial, pois as anuências nessa esfera redundariam em perda dos proventos esperados – a conquista do "lugar a que faça jus". Visto em conjunto, ele se apresenta como o principal agente humano de modernização das relações raciais na cidade. Pois objetiva uma forma ativa e constante de repulsa às manifestações tradicionais do preconceito e da discriminação raciais.

Através desse tipo humano, evidenciam-se três dados essenciais. Primeiro, no momento em que o negro rompe com os estereótipos e com as conveniências dissimuladas, impondo-se socialmente por seus méritos pessoais, por sua riqueza e por seu prestígio, quebra-se inevitavelmente uma das polarizações que permitia disfarçar o paralelismo entre "cor" e "posição social". Então, as linhas de resistência à cor se manifestam com relativa clareza. O preconceito e a discriminação raciais sobem à tona sem máscara. Não só algumas das restrições, que pareciam confusamente associadas à posição social, precisam ser postas a nu em termos de cor. Como, ainda, em situações competitivas o branco acaba tendo de apelar, de modo mais ou menos aberto, para atitudes ou comportamentos que se chocam com a tradição de decoro e envolvem o apelo ao etnocentrismo como recurso de autodefesa. Segundo, algo oposto também se evidencia com nitidez, embora de forma aparentemente menos extensa e intensa. Os brancos de propensão realmente tolerante e igualitária procuram amparar esse "novo negro", resguardando-o dos efeitos da pressão indireta e estimulando-o a prosseguir em suas ambições. Mau grado certo grau variável de ambivalência de atitudes e uma consciência deformada da realidade racial, tais brancos hostilizam o farisaísmo do preconceito e da discriminação raciais dissimuladas, ao mesmo tempo que procuram, embora por vezes insatisfatoriamente, "dar a mão ao negro que merece". Por isso, como produto reativo da emergência do "novo negro" e pelo impacto de sua personalidade ou de seu sucesso, alguns círculos da população branca também se envolvem de maneira mais profunda na modernização dos padrões vigentes de relações raciais. Terceiro, o meio negro propriamente dito não reage uniformemente ao êxito do "novo negro". Amigos e parentes do mesmo nível social podem ficar entusiasmados e oferecer uma base emocional e moral, que serve como uma espécie de caixa de ressonância e de fonte de estímulos às pessoas em causa. No entanto, mesmo no próprio nível social surgem apreciações mais ou menos malévolas, que minimizam ou ridicularizam as pretensões e as realizações do herói. Nos demais círculos de suas relações no meio negro, principalmente abaixo do nível social adquirido, a reação dominante combina ressentimento com satisfação. O êxito acaba levando à ascensão social e esta converte-se em ruptura. Por isso, os antigos amigos e parentes ficam ansiosos; numa estranha reação amorosa, condenam aqueles a quem amam. Fora e acima das relações de caráter pessoal, porém, o êxito é enfatizado com entusiasmo. Prevalece a ideia de que aquilo que um negro pode fazer outro também pode. Forma-se, assim, um folclore do negro em ascensão, que serve de estímulo aos que aspiram idênticos objetivos. Os próprios heróis desse folclore, contudo, afastam-se do "antigo ambiente", isolando-se do seu meio originário e procurando construir, laboriosamente, o prestígio do "negro direito", de "posição social" e que "é gente". Esta reação, mais ou menos típica, divorcia o principal elemento humano do meio negro das grandes "massas de cor", impelindo-o a ignorar a importância vital de movimentos que poderiam redundar na aceleração da democratização das relações raciais.

O terceiro problema coloca-nos diante de um enigma. É impossível prever o que vai acontecer no futuro remoto, em matéria de relações raciais. Parece provável que as tendências dominantes levem, a longo termo, à implantação de uma autêntica democracia racial. De imediato, porém, certas ocorrências repetidas fazem temer pelo desfecho dessas tendências. Pelo que vimos, o fator verdadeiramente profundo, que produziu algumas alterações significativas no contexto histórico-social das relações raciais, vem a ser o desenvolvimento socioeconômico espontâneo. Ora, ele foi evidentemente insuficiente, até hoje, para promover o reajustamento da ordem racial herdada do passado aos requisitos da sociedade de classes. A tal ponto isso é verdadeiro, que em muitos círculos sociais e, simultaneamente, nos diversos grupos étnicos ou nacionais que o compõem existe nítida propensão a dar acolhida e a pôr em prática velhos procedimentos preconceituosos e discriminativos. Há quem tenha medo de perder prestígio social "aceitando o negro"; há também os que só aceitam o negro na órbita do convencional, afastando-se deles na área da verdadeira amizade e da comunhão afetiva; há, por fim, os que sustentam a todo custo certas representações arcaicas, repudiando qualquer possibilidade de incluir-se o negro em posições que envolvam o exercício de liderança e de dominação. Deixando-se de lado a questão do intercasamento, que esbarra com resistências e avaliações quase incontornáveis na presente conjuntura, dados como esses sugerem o tipo de risco que sobe à tona. A concentração racial da renda, do prestígio social e do poder, as tendências muito débeis de correção dos efeitos negativos que ela provoca inexoravelmente e as propensões etnocêntricas e discriminativas poderão facilitar a absorção gradual do paralelismo entre "cor" e "posição social" pelo regime de classes. Parece indubitável que essa ameaça existe. O pior é que ela constitui uma realidade que só pode ser combatida de forma consciente e organizada. E não parece que, mantidas as condições atuais, tal tipo de reação societária encontre viabilidade histórica. Para os segmentos brancos da sociedade, o que importa, vitalmente, não é o destino da democracia racial, mas a continuidade e o ritmo de expansão da ordem social competitiva. Mesmo o problema da democracia em nível político não se coloca como um dilema para esses círculos humanos. Os segmentos negros e mulatos da sociedade, por sua vez, não possuem elementos para desencadear e generalizar o estado de espírito por uma defesa consciente, sistemática e organizada da democracia racial. Os seus setores pobres, por absoluta falta de meios apropriados; as chamadas "elites de cor", porque elas não percebem ou se percebem não acham vantajoso comprometerem-se diante de semelhantes objetos que afetam mais o futuro da comunidade que o presente delas próprias. Por conseguinte, a democracia racial fica entregue ao seu destino, sem ter campeões que a defendam como um valor absoluto. Se a formação e o desenvolvimento espontâneo das classes sociais enredarem a desigualdade racial na desigualdade inerente à ordem social competitiva, então ela estará fatalmente condenada. Continuará a ser um belo mito, como se dá na atualidade.

As considerações expostas apanham apenas alguns aspectos das manifestações e dos efeitos do preconceito e da discriminação nas relações raciais. Mas esses aspectos são suficientes para atestar o que pretendíamos: como e por que a ordem social competitiva não absorveu e eliminou, rápida e definitivamente, o padrão de relação racial herdado do passado senhorial e da escravidão. É que os homens e as sociedades que eles formam nem sempre se modernizam por inteiro. Às vezes, elementos e fatores arcaicos continuam a existir e a operar além de sua era histórica, exercendo influências negativas na evolução da personalidade, da cultura e da própria sociedade. Esse parece ser o caso de São Paulo, embora ela seja a cidade mais moderna e desenvolvida do Brasil. Na esfera das relações raciais, ela ainda está muito comprometida com o passado, indecisamente imersa num período de transição que se prolonga indefinidamente, como se os negros devessem aguardar para se igualarem aos brancos, o advento espontâneo de uma *Segunda Abolição**.

Conclusões

Os resultados da presente análise são óbvios. Eles mostram-nos, de um lado, que existe um *dilema racial brasileiro* e que ele possui um caráter estrutural. Para enfrentá-lo e corrigi-lo, seria preciso mudar a estrutura da distribuição da renda, do prestígio social e do poder, estabelecendo-se um mínimo de equidade econômica, social e cultural entre "brancos", "negros" e "mulatos". Também revelam, de outro lado, que a emergência e o desenvolvimento de uma ordem social competitiva não constituem, em si mesmos, garantia de uma democratização homogênea da renda, do prestígio social e do poder. As oportunidades que os dois processos histórico-sociais criam são aproveitadas de forma desigual pelas diversas categorias sociais e raciais em presença. A expe-

---

* Expressão tomada de manifestações de intelectuais negros racialmente inconformistas.

riência histórica analisada comprova que as categorias sociais melhor localizadas na estrutura econômica, social e de poder tendem a monopolizar as vantagens reais e a capitalizar os proventos verdadeiramente compensadores da mudança social. Em consequência, a democratização inerente aos dois processos contêm duas faces. Uma delas deixa patente que as grandes massas têm acesso a certos benefícios gerais, que *melhoram* sua participação em nível médio de renda, de padrão de vida ou de uso do poder político. Outra deixa patente que pequenos grupos se inserem mais ou menos privilegiadamente nesse processo, mantendo ou alcançando níveis de participação da renda, do padrão de vida ou de uso do poder político que ultrapassam as proporções médias. Nesse sentido, nas fases de formação e de expansão inicial da ordem social competitiva surgem tendências muito fortes de agravamento das desigualdades econômicas, sociais e políticas, em termos de *classe*, de *raça* ou de *região*. A persistência ou a eliminação gradual dessas desigualdades passam a depender do modo pelo qual as demais categorias sociais reagem, coletivamente, às deformações que assim se introduzem no padrão de integração, de funcionamento e de evolução da ordem social competitiva.

Esses aspectos da realidade sugerem, queiramos ou não, um quadro realmente complexo, no qual se elevam dois problemas centrais. Um deles diz respeito aos tipos de homens que "fazem a história". De que camadas sociais eles são extraídos, o que eles representam em termos de interesses econômicos, sociais ou políticos e de identidades ideológicas, nacionais ou raciais? No caso em apreço, tais homens provinham de categorias sociais muito diversas – representantes das antigas elites ou seus descendentes, imigrantes ou seus descendentes, elementos selecionados em populações nacionais migrantes etc. Todos tinham em comum a ânsia do enriquecimento, da conquista do êxito e do exercício do poder. Para eles, os valores ideais da ordem social competitiva não possuíam nenhuma sedução. Limitavam-se a manipulá-la como um meio para atingir aqueles fins de forma racional, rápida e segura. Portanto, eles "fizeram história", mas ignorando a coletividade e os seus problemas humanos. Expurgaram a equidade de seu horizonte cultural e, com isso, não tinham perspectiva para aquilatar o drama humano do negro (ou outros dramas igualmente pungentes e dignos da "ação histórica"). Desse ângulo, verifica-se não só que o negro deixou de contar no processo histórico, como se fosse banido da vida social comum.

Descobre-se algo pior: a democracia, que fornece ao mesmo tempo o suporte jurídico-político da ordem social competitiva e sua única fonte de controle moral, deixou de inspirar exatamente àqueles que "faziam a história".

Outro problema refere-se à modernização (e, em particular, às suas repercussões no plano das acomodações raciais). É difícil que a modernização possa alcançar proporções equilibradas, igualmente extensas e profundas em todos os níveis da vida social organizada. Ela acompanha o poder relativo e a vitalidade dos grupos interessados em determinadas mudanças socioculturais e progride em virtude da capacidade que eles logram de concretizá-las historicamente. Por isso, a cidade de São Paulo conheceu uma rápida transformação de sua fisionomia urbana e de sua organização econômica, enquanto ficou variavelmente presa ao passado em outras esferas das relações humanas ou do desenvolvimento institucional. As relações raciais se incluíram neste último setor, apresentando um índice de estagnação surpreendente e perigoso. Para que semelhante situação se altere, é preciso que ocorra, com elas, o mesmo que sucedeu em face de outras esferas da vida social que se modernizaram rapidamente: os grupos humanos diretamente afetados (ou interessados) devem tomar consciência social dessa situação e tentar modificá-la de forma organizada. Isso significa, em outras palavras, que é do próprio negro que deveria partir a resposta inicial ao desafio imposto pelo dilema racial brasileiro. Ele precisa mobilizar-se para defender alvos imediatos: uma participação mais equitativa nos proventos da ordem social competitiva; e para visar alvos remotos: a implantação de uma autêntica democracia racial na comunidade. Agindo socialmente nessa direção, ele despertaria os brancos, dos diferentes níveis sociais, para o alcance de uma causa da qual depende, de maneira notória, o funcionamento e o desenvolvimento balanceados da ordem social competitiva.

Desta perspectiva, compreende-se melhor o quanto a modernização das relações raciais depende do grau de racionalidade e da capacidade de atuação social de certos grupos humanos. Bloqueado pela ideologia racial elaborada pelos brancos e seduzido pelo afã de "pertencer ao sistema" – isto é, de identificar-se como possível ao próprio branco – o negro permanece historicamente neutro, negando-se como fator humano de mudanças socioculturais que tem de gravitar, fatalmente, em torno de suas insatisfações e aspirações histórico-sociais. Assim, ele aparece como a principal vítima da cadeia invisível, resultante da persistência do passado. Torna-se incapaz de interagir socialmente, de maneira positiva, com as exigências do presente e deixa de afirmar-se, na medida do possível, em defesa e na construção do seu futuro humano.

Referências bibliográficas

O leitor interessado encontrará, nas duas obras seguintes, fundamentação empírica e interpretativa para as considerações sociológicas expendidas neste trabalho, bem como referências bibliográficas sobre outras publicações, pertinentes ao assunto: Roger Bastide e Florestan Fernandes, *Brancos e negros em São Paulo* (2. ed., São Paulo, Cia. Editora Nacional, 1959; 1. ed., 1955); Florestan Fernandes, *A integração do negro à sociedade de classes* (São Paulo, Faculdade de Filosofia, Ciências e Letras da Universidade de São Paulo, 1964).

Capítulo V

Imigração e Relações Raciais*

Os estudiosos estão acostumados com um duplo contraste. A escravidão é geralmente apontada como um obstáculo à imigração; e esta é geralmente representada como um fator de expansão do trabalho livre e do capitalismo. Por isso, é bem conhecida e tem sido muito enfatizada sua relação com a crise do sistema de produção escravista que ela precipitou.

Neste trabalho, o autor não pretende cogitar desses problemas. Tomando a cidade de São Paulo como fonte de suas indagações empíricas, apenas quer responder a certas perguntas, que tomam por objeto o passado recente e o presente. O que representou a imigração, entendida

---

* Trabalho apresentado a *The Conference on Race and Class in Latin America During The National Period*, organizado pelo dr. Magnus Mörner sob o patrocínio de Cornell University e Columbia University, através do Institute of Latin American Studies; realizado em Nova York, entre 16 e 18 de dezembro de 1965. Publicação prévia em inglês, M. Mörner, *Race and Class in Latin American*, Nova York, Columbia University Press, 1970, p. 122-142; em português, pela *Revista Civilização Brasileira* (nº 8, 1966, p. 75-95).

sociologicamente como fator estrutural e dinâmico, para a perpetuação ou a alteração das acomodações raciais? Doutro lado, ela contribuiu ou não, assim entendida, para alterar os padrões de relações raciais propriamente ditos?

Portanto, o plano a ser seguido na exposição é simples e direto. Ele gira em torno de três questões básicas, decorrentes daquelas perguntas: 1) como a imigração interferiu nas formas preexistentes de acomodação do negro e do mulato à estrutura econômica da comunidade; 2) como o negro e o mulato reagiram à presença e às influências perceptíveis dos imigrantes ou de seus descendentes das primeiras gerações; 3) o que a imigração representou para a persistência ou a alteração do sistema de relações raciais. Em nenhum ponto as conclusões puderam ser aprofundadas, desenvolvidas ou fundamentadas empiricamente. No entanto, elas demonstram algo de relativo interesse teórico e prático. A imigração se adaptou às inconsistências do sistema brasileiro de relações raciais. Por conseguinte, não concorreu sequer para eliminar ou modificar os elementos arcaicos ou arcaizantes que impedem a inclusão dessas relações nos processos socioeconômicos e culturais que estão produzindo a modernização da comunidade. Se ela possui algum significado maior a esse respeito, isso se deve ao fato de ter contribuído poderosamente para criar um fundo no qual a livre competição e a democracia tendem a se converter em valores sociais. Este aspecto, porém, é demasiado amplo e ao mesmo tempo demasiado evidente para ser submetido proveitosamente à discussão.

O desalojamento das populações negras

A aceleração da imigração constitui, no início, uma função da desagregação do regime servil. Assim quando se evidencia que o trabalho escravo devia ser substituído pelo trabalho livre, o volume da imigração sofre uma alta brusca considerável. O montante de imigrantes entrados em São Paulo nos últimos cinco anos do século XIX equivale a mais de quatro vezes e meia o total de imigrantes entrados ente 1827 e 1884! Em seguida, essa aceleração atinge o seu ponto culminante na história da imigração em São Paulo como função dos requisitos humanos da reorganização do sistema de trabalho. Por causa das exigências de mão de obra da lavoura, os efeitos de tal reorganização se fizeram sentir agudamente nos anos subsequentes à Abolição (de 1889 a 1899). Mas todo o período que vai do último quinquênio do século XIX até 1930, aproximadamente, constitui um período de substituição rápida dos padrões de organização das atividades econômicas ou de introdução, consolidação e expansão da economia baseada no trabalho livre. Os seguintes dados indicam as tendências desse movimento imigratório:[1]

Anos	Entradas	Saídas
1827-1884	37 481	–
1885-1889	168 127	–
1890-1899	735 076	–
1900-1909	388 708	65 262 (1908-1909)
1910-1919	480 509	247 927
1920-1929	712 436	234 342
TOTAL	2 522 337	547 531

Os estudos demográficos feitos por Samuel Lowrie mostram que não houve, *strictu sensu*, substituição populacional de nativos por imigrantes. Não obstante, principalmente no que concerne à cidade de São Paulo (e não ao Estado de São Paulo, em geral), a urbanização também significou, de modo extenso e profundo, europeização. E parece fora de dúvidas que, com relação aos segmentos negro e mulato da população urbana, ocorreu de fato substituição populacional propriamente dita. As aparências do fenômeno foram disfarçadas pela intensa mobilidade da "população de cor" e pelos acréscimos resultantes do excesso de entradas sobre as saídas, os quais caracterizam as migrações internas do negro e do mulato nesse período.[2] Para os fins da presente análise é sufi-

---

1 "Movimento migratório no estado de São Paulo", São Paulo, 1937, *Boletim da Diretoria de Terras, Colonização e Imigração*, p. 29-75.

2 Sobre os fenômenos em questão: Roger Bastide e Florestan Fernandes, *Brancos e negros em São Paulo*, cap. 1; Florestan Fernandes, *A integração do negro à sociedade de classes*, cap. 1.

ciente pôr em relevo os processos histórico-sociais de significação estrutural. Dessa perspectiva, seria preciso distinguir três grandes tendências globais que revelam que o impacto da imigração sobre os segmentos negro e mulato da população paulistana varia com o período histórico que se considere.

Há, em *primeiro lugar*, a longa fase (aproximadamente de 1827 a 1885), em que a imigração foi sufocada pelas contingências socioeconômicas do regime servil. Nessa fase, o imigrante não ameaça os padrões de acomodação racial decorrentes da escravidão. Como sugere com razão Couty,[3] o trabalho escravo eliminava, economicamente, o trabalho livre. Enquanto possuísse o escravo, o senhor tinha o maior empenho em explorá-lo tão intensa e extensamente quanto lhe fosse possível. Todavia, a presença do imigrante não foi totalmente neutra. Em todo o Brasil, o desenvolvimento econômico da agricultura, sob o regime servil, provocava e condicionava a formação de núcleos urbanos e, dentro destes, determinava certa diferenciação do sistema ocupacional. São Paulo não constituiu exceção a essa tendência. Mas atravessou-a sob condições histórico-sociais peculiares. Enquanto cidades como o Recife, São Salvador e mesmo Rio de Janeiro ofereceram oportunidades de reabsorção do ex-agente de trabalho escravo como liberto, em pleno regime da escravidão, nos diferentes setores dos serviços urbanos, das ocupações artesanais ou do pequeno comércio, em São Paulo se estabeleceu precocemente a tendência a canalizar tais oportunidades na direção dos imigrantes.

Por conseguinte, embora a população da cidade abrigasse grande número de libertos,[4] estes não lograram aproveitar as oportunidades de trabalho livre inerentes à ordem social escravocrata e senhorial de maneira vantajosa. Ao contrário, como mostram os anuários e as estatísticas, os imigrantes concentrados na cidade absorveram as oportunidades ocupacionais de maior interesse econômico. Em consequência, o número de libertos que lograram conquistar um nicho vantajoso na estrutura socioeconômica da cidade foi relativamente pequeno,[5] em

---

3   Cf. *Le Brésil en 1884* e, principalmente, *L'esclavage au Brésil*, passim.
4   Cf. R. Bastide e F. Fernandes, loc. cit.
5   Cf., a respeito, Ernani da Silva Bruno, *História e tradições da cidade de São Paulo*, e Richard Morse, *Formação histórica de São Paulo*.

contraste com o que sucedeu em outras cidades brasileiras, nas quais os "mestiços" chegaram a ser considerados, por isso, os elementos demográfica e economicamente mais importantes para o futuro do Brasil. Portanto, antes do colapso do regime servil, o negro e o mulato sofreram de maneira bem definida os efeitos negativos da concorrência com os imigrantes. Perderam as únicas vias acessíveis de classificação estável e garantida no conjunto de ocupações livres vinculado à estrutura e ao funcionamento da economia escravista. Esse fato teve uma significação dinâmica específica, pois a ele se prende o caráter implacavelmente devastador que a imigração iria assumir para os diferentes estratos da "população de cor".

Em *segundo lugar*, deve-se considerar a fase de consolidação e de rápida expansão da ordem social competitiva, que vai, aproximadamente, de 1885 a 1930. Nesse período, embora sem operar como um fator direto, exclusivo ou dominante, a imigração adquire o significado e as proporções de uma calamidade social para o negro e o mulato. A escravidão não prepara o seu agente de trabalho senão para os papéis socioeconômicos do escravo e do liberto no seio da ordem social escravocrata. Quando esta entra em crise e se desintegra, com ela também desaparecem as únicas condições econômicas e socioculturais que protegiam e garantiam os ajustamentos socioeconômicos do "negro" ao sistema de trabalho. De repente, e sem estar preparado para os papéis socioeconômicos do *homem livre*, o "negro" viu-se numa cidade que se torna, rapidamente, a principal cidadela da revolução burguesa no Brasil. Em consequência, sua falta de aptidão para o trabalho livre, a competição inter-racial e o estilo urbano de vida é agravada pela presença de massas de estrangeiros, ávidos por absorverem as oportunidades econômicas existentes (ou em emergência) e totalmente preferidos no mercado de trabalho. Acresce que o próprio "negro" tinha de aprender a agir socialmente como trabalhador livre e a lidar com o mundo da economia urbana sem ter tempo para isso. As coisas caminharam depressa demais. De modo que o desajustamento do "negro", que poderia ser um fenômeno transitório, converteu-se em desajustamento estrutural. Em vez de ser reabsorvido pelo sistema de trabalho urbano e pela ordem social competitiva, ele foi repelido para as esferas marginais desse sistema, nas quais se concentravam as ocupações irregulares e degradadas, tanto econômica quanto socialmente.

Dentro de tal contexto, pois, o termo "desalojamento das populações negras" não significa que o imigrante tenha absorvido ocupações ou posições econômicas antes pertencentes ao "elemento negro". Semelhante afirmação não possuiria significação histórica precisa, já que no período de transição se alteraram os padrões de relações de trabalho e os padrões de organização do sistema de produção. "Desalojamento", no caso, quer dizer pura e simplesmente que, no decorrer das transformações ocorridas, o "elemento negro" perdeu a situação de mão de obra *privilegiada* (ou inevitável) em diversos tipos de trabalho manual e artesanal ou de atividades econômicas (em regra, associadas com os serviços urbanos e com o pequeno comércio). Tal situação, como consequência fundamental da Abolição, transferiu-se para o "branco", o que queria dizer, naquele contexto, sensivelmente para o "branco estrangeiro". Alguns dados são suficientes para indicar a natureza e o sentido do referido processo. Em 1893, por exemplo, os imigrantes entravam com 79% do pessoal ocupado nas atividades manufatureiras; com 85,5% do pessoal ocupado nas atividades artesanais; com 81% do pessoal ocupado nas atividades de transporte e conexas; com 71,6% do pessoal ocupado nas atividades comerciais. Sua participação nos estratos mais altos da estrutura ocupacional ainda era pequena (pois só 31% dos proprietários e 19,4% dos *capitalistas* eram estrangeiros). Contudo, achavam-se incluídos nessa esfera, ao contrário do que sucedia com o negro e o mulato. Mesmo na área dos serviços menos compensadores, eles compareciam com cotas altas (eram estrangeiros 58,3% do pessoal ocupado nos serviços domésticos; e 32% do pessoal ocupado nos serviços agrícolas). Em conjunto, 71,2% do pessoal absorvido na estrutura ocupacional da cidade eram estrangeiros.[6] Embora a concorrência do imigrante afetasse toda a população nativa, somente os negros e os mulatos sofreram o impacto como uma espécie de cataclisma social. Eliminados do mercado de trabalho ou expulsos para a sua periferia, os "homens de cor" viam-se condenados ao desemprego sistemático, ao trabalho ocasional

---

6   Relatório apresentado ao cidadão dr. Cesário Motta Júnior, Secretário dos Negócios do Interior do Estado de São Paulo pelo diretor da Repartição da Estatística e Arquivo Dr. Antonio de Toledo Piza, em 31 de julho de 1894, p. 68 e 71-72.

ou à retribuição degradada, tendo de se acomodar a um estilo de vida que associava, inexoravelmente, a miséria à desorganização social.[7]

Em *terceiro lugar*, deve-se considerar a fase que se consolida depois de 1935, em que as migrações internas adquirem maior importância como fonte de mão de obra. Nessa fase, a aceleração do crescimento econômico deu origem a novas oportunidades ocupacionais, largamente aproveitadas por elementos nativos. A conquista de uma ocupação permanente e, de modo correlato, de uma fonte estável de ganho (ou de renda) deixou de ser algo tão problemático para o negro e o mulato. Inaugura-se, então, uma tendência mais definida no sentido da absorção da "população de cor" pelo sistema de ocupações instituído pela universalização do trabalho livre. Todavia, as oportunidades concentram-se na esfera dos serviços menos valorizados e menos compensadores numa economia urbana. Ainda assim, com mais de cinquenta anos de atraso, o negro e o mulato transpassam o umbral da nova era, começando a participar normalmente das garantias econômicas asseguradas pela ordem social competitiva. Os resultados de um levantamento, feito em 1951, indicam como se manifesta essa tendência (na amostra considerada): no artesanato, 29,39%; nos serviços domésticos, 20,76%; no funcionalismo público, 9,18%; na indústria (como operários qualificados ou semiqualificados), 8,13%; nos serviços de escritório, 7,08%; no comércio (como balconistas, pracistas etc.), 4,46%; em serviços oscilantes ou ocasionais, 3,93%; em atividades de horticultura e jardinagem, 2,33%; em outras ocupações, 14,69%.[8] Isso evidencia que mesmo a proletarização, no seio da "população de cor", vem a ser fenômeno incipiente. Aliás, os dados do censo de 1940 indicam algo análogo (embora indiretamente), pois para 15 261 empregadores "brancos" (97,04%) existiam 123 empregadores "pretos" ou "pardos" (0,78%). Para ser equiparável às proporções demográficas assináveis pelo mesmo censo, este número deveria ser 13,5 vezes maior! Não obstante, proletarização incipiente e emergência de "famílias negras de classe média" traduzem uma realidade nova, que assinala a cessação dos efeitos inibidores da imigração sobre os processos de absorção ocupacional e de classificação social sobre o negro e o mulato.

---

7 Cf. F. Fernandes, *A integração do negro à sociedade de classes*, cap. 2.
8 Idem, p. 426.

Esse rápido escorço suscita duas ponderações. Primeiro, é inegável que a imigração constituía uma força revolucionária de alto teor construtivo. Se ela produziu efeitos negativos ou mesmo destrutivos para as populações negras, isso se deve às peculiaridades que cercam a destituição do cativo e a formação da ordem social competitiva. Segundo, as condições de formação, consolidação e desenvolvimento da ordem social competitiva não favoreceram a rápida neutralização do impacto negativo ou destrutivo da imigração sobre os ajustamentos socioeconômicos das populações negras. Ao contrário, elas engendraram um contexto econômico, sociocultural e político que prolongou a duração e ampliou a intensidade do referido impacto. Essas conclusões comprovam, mais uma vez, que as influências sociodinâmicas da imigração dependem, estrutural e funcionalmente, da organização do meio social. Não é a imigração, em si mesma, que produz esta ou aquela consequência, mas o modo pelo qual é convertida em fator histórico-social que determina a natureza, a variedade e o grau de persistência dos seus efeitos diretos ou indiretos.

A reação do negro e do mulato

A reação do negro e do mulato à presença do imigrante varia ao longo do tempo. Movidos por disposições de integração social e com frequência postos à margem das relações de competição, mais ou menos confinadas ao *mundo dos brancos*, o negro e o mulato tendem a dar vazão aos seus ressentimentos a partir das frustrações sofridas nas duas esferas. Por isso, o caráter das reações variam historicamente, em virtude do modo pelo qual as possibilidades de integração social e de competição inter-racial se configuraram socialmente. *Grosso modo*, é possível distinguir-se quatro polarizações reativas características.

No período escravista, a presença do imigrante introduziu um elemento perturbador no horizonte cultural do escravo e, de maneira geral, nas autoavaliações do "negro". Tanto para o senhor quanto para o escravo ou o liberto, o imigrante se define, inicialmente, como equivalente humano do trabalhador servil. O imigrante repudiou essa classificação, favorecido por duas pressões concomitantes: 1) a crise progressiva do mercado de trabalho; 2) a impulsão para a implantação e a universalização do trabalho livre. Doutro lado, suas tradições culturais e aspirações sociais amparavam-no contra o autoritarismo ou mandonismo dos senhores. Estes se viram compelidos a rever suas atitudes e comportamentos, pois os imigrantes cingiam-se às obrigações contratuais e exigiam o seu cumprimento, com apoio na ação dos consulados. Em consequência, antes da desagregação completa da ordem social escravocrata e senhorial, o imigrante desfrutava de posições e de papéis econômicos, sociais e legais típicos de uma estrutura competitiva. Isso representava salário no nível do trabalho livremente contratado, respeito humano mínimo e garantias sociais de autonomia da pessoa do trabalhador ou dos membros de seu grupo doméstico. O escravo, por ser privado quase totalmente dessas vantagens ou por gozá-las de forma atenuada, e o liberto, por ser atingido pela degradação social e econômica dos *trabalhos de negro*, reagiam a essa situação de maneira tosca, mas violenta. A seguinte frase, colocada pelo comentarista na boca de um escravo, dá uma ideia da natureza e do sentido do inconformismo em questão: "Senhor é bom, não nos maltrata, mas senhor que ficou rico e feliz, dá terra ao estrangeiro, paga-lhe o serviço e deixa-nos como dantes".[9] Tratava-se de um inconformismo, porém, que não lançava o escravo contra o imigrante. Ele passava a repudiar a condição que o tornava vítima da espoliação escravista e pretendia exigir tratamento análogo ao dispensado ao "estrangeiro". Eis como dois comentários da época focalizam tal tendência: "O escravo, por força das circunstâncias, compara-se com o trabalhador livre; mede a distância profunda que o afasta dele; compreende, então, a humildade de sua posição, sem que lhe sorria ao longe a esperança de melhores dias; e dessa sua situação desanimadora nascem todos os desatinos de que é capaz uma organização grosseira, todas as reações de que pode lançar mão um homem que se sente vilipendiado por uma sorte inflexível. Isto significa claramente que, ao pé do trabalhador livre e remunerado, ao pé do imigrante, é impossível o trabalho gratuito, o trabalho escravo, feito para gozo exclusivo dos proprietários; que a imigração, como instituição social, repele irresistivelmente a instituição servil; que aquele grande fator do nosso progresso torna impossível o escravo".[10]

---

9 *A Província de São Paulo*, 9/11/1887.

[Os escravos] "fogem e abandonam os estabelecimentos agrícolas, porque seu espírito, que também acompanha a evolução, já não compreende trabalho sem remuneração; porque sabe que o colono, que não tem mais força muscular nem mais aptidão que ele para o serviço da lavoura, forma pecúlio, tem gozos e vive muito melhor (...) A raça negra é capaz de todos os sentimentos nobres, como as raças civilizadas".[11]

No período que vai da Abolição (1888) ao fim da Primeira República (revolução de 1930), o "negro" enfrentou em São Paulo as piores vicissitudes que se poderiam imaginar.[12] Nesse período, devem-se ressaltar duas coisas. De um lado, a propensão do negro para lidar com a liberdade de forma que envolvia extrema irracionalidade. Representando-se como "dono de seu nariz", pôs em prática ajustamentos que colidiam com a natureza do trabalho livre, da relação contratual e com as bases competitivas da nova estrutura social. Daí resultou um desajustamento estrutural profundo, que concorreu severamente para eliminá-lo do mercado de trabalho, mesmo na área dos "trabalhos de negro". De outro lado, a intensificação das tendências de concentração racial da renda, do prestígio social e do poder. O abolicionismo faz parte de uma revolução social tipicamente do branco e para o branco. Em consequência, a ordem social competitiva não concretizou, de imediato, nenhuma das esperanças de correção das iniquidades raciais do *antigo regime*. Agrava-as, inicialmente, de forma extrema e por vezes chocante. Ao contrário do "negro", o imigrante estava inserido no seio desse processo, pelo qual se deu a revolução burguesa em São Paulo.[13] Por isso, ele adquiriu, rapidamente, uma *situação de classe* e conseguiu usá-la como meio adaptativo de competição e de mobilidade social. O "negro" viu-se comprimido entre essas duas pressões contraditórias. Uma eliminava-o pelo menos do núcleo do sistema de trabalho e da classificação no seio da ordem social competitiva; outra marcava nitidamente esse efeito, tornando-o ostensivo e fragoroso pelo aparente êxito

---

10 O *Correio Paulistano*, 13/11/1887.
11 O *Correio Paulistano*, 16/11/1887. Sobre o assunto, cf. também José Maria dos Santos, Os *republicanos paulistas e a abolição*, p. 315-316.
12 Cf. F. Fernandes, *A integração do negro à sociedade de classes*, p. 118-198.
13 Idem, ibidem, especialmente p. 30 e ss.

fulgurante de um "igual" (pois as semelhanças externas e imperfeitas do ponto de partida animavam essa representação no *meio negro*). Como não possuía mecanismos para absorver psicológica e socialmente as frustrações resultantes, o "negro" exprimiu seu ressentimento de maneira amarga e destrutiva. Então, surgiram e difundiram-se (no aludido *meio negro*) certas representações ambivalentes, cultivadas em alguns de seus estratos sociais até hoje. O imigrante era visto como o companheiro, que "comeu o pão que o diabo amassou" com o negro, sofrendo com ele os infortúnios da miséria. Mas, ao mesmo tempo, era desse "tipo de gente orgulhosa", que se esquece dos amigos e os abandona à própria sorte quando "sobe". Em particular, os imigrantes seriam responsáveis pela "política de rejeição da prata da casa", pois só apoiariam e protegeriam "outros estrangeiros como eles". Em conexão com tais avaliações, de caráter universal, apareceu uma forte tendência a imputar a existência do "preconceito de cor" ao estrangeiro, que o teria introduzido no país.[14] Contudo, tais representações não chegaram a se converter em fator de hostilidade sistemática. Em virtude das condições anômicas de vida social e de sua reduzida envergadura competitiva, o negro e o mulato raramente se viam em situações de confronto efetivo ou irremediável com os imigrantes e seus descendentes. Portanto, essas reações faziam parte do *folclore do negro*. Mas, sociologicamente, não passavam de artifícios para resguardar a integridade ou o equilíbrio do *ego*. Em qualquer circunstância, forneciam explicações plausíveis e impessoais para os "êxitos" de uns e os "fracassos" de outros. Somente isso, não se relacionando visivelmente com tensões ou conflitos abertos. Esse dado é relevante, porque patenteia algo essencial. Mesmo onde e no nível em que a reação ao imigrante atingiu maior intensidade negativa, ela não conduziu a defini--lo, socialmente, como *inimigo* e não acarretou a necessidade de tratá--lo como e enquanto tal.

---

14 Outra tendência alternativa, igualmente forte, inverte a explicação. O "preconceito de cor" seria adquirido no Brasil graças às influências das famílias tradicionais sobre os imigrantes.

No período que se inicia com a crise estrutural da Primeira República, o negro e o mulato também se projetaram de modo irregular e tímido, mas confluente nas tendências de reconstrução social que abalavam a sociedade brasileira. Esforçaram-se mesmo por tomar posição diante dessas tendências em termos raciais, através de seus movimentos sociais de maior vulto, de 1927 a 1948, aproximadamente. Foram levados, assim, a equacionar historicamente os objetivos e as aspirações sociais da "gente negra" na luta consciente e organizada contra fatores e efeitos da concentração racial da renda, do prestígio social e do poder. Como estabelecia o *Manifesto à gente negra brasileira*, "O PROBLEMA NEGRO BRASILEIRO É O DA INTEGRALIZAÇÃO ABSOLUTA, COMPLETA, DO NEGRO, EM TODA A VIDA BRASILEIRA (POLÍTICA, SOCIAL, RELIGIOSA, ECONÔMICA, OPERÁRIA, MILITAR, DIPLOMÁTICA etc.); O NEGRO BRASILEIRO DEVE TER TODA FORMAÇÃO E TODA ACEITAÇÃO, EM TUDO E EM TODA PARTE, DADAS AS CONDIÇÕES COMPETENTES (que devem ser favorecidas) FÍSICAS, TÉCNICAS, INTELECTUAIS, MORAIS, EXIGIDAS PARA A 'IGUALDADE PERANTE A LEI'". "O Brasil precisa absolutamente cessar de ter vergonha da sua raça aqui dentro e lá fora, na vida internacional" (...) "Por isso, repetimos, nós devemos lutar por uma Associação Negra, porém – atenda-se bem! – radicalmente brasileira e afirmadora da Tradição, e a qual se estenda para onde quer que exista o problema".[15] Dentro do contexto emocional e lógico de semelhante visão da realidade, o "negro" atacou, diretamente, os fatores da desigualdade racial e os efeitos dela que concorriam para perpetuá-la indefinidamente. Seu inconformismo assume, por isso, uma forma socialmente construtiva, levando-o a explicar-se por que a "igualdade perante a lei" não produzia consequências práticas e a desmascarar, com penetração e objetividade, o mito da inexistência do *preconceito de cor* no Brasil. Nessa situação, o negro e o mulato não se voltaram contra o imigrante. Este era diluído na estrutura do sistema que produzia a concentração racial da renda, do prestígio social e do poder. Embora se mantivessem as noções de que o imigrante propendia a preterir "a prata da casa", favorecendo

---

15 Arlindo Veiga dos Santos, *Manifesto à gente negra brasileira* (2/12/1931), transcrito como consta no original.

seus conterrâneos e preservando comportamentos preconceituosos ou discriminativos, os movimentos sociais introduziram uma avaliação inesperada e revolucionária do "êxito dos imigrantes". Os líderes desses movimentos tiveram, por uma razão ou por outra, experiências mais ou menos profundas com famílias estrangeiras, especialmente as italianas.[16] Em consequência, podiam avaliar melhor as razões do "êxito dos imigrantes" e, ao mesmo tempo, exercer influência no sentido de incentivar o "negro" a desenvolver formas construtivas de imitação. Foi nesse contexto que surgiram as preocupações no sentido de valorizar a família integrada, a cooperação doméstica, a poupança sistemática, a aquisição da casa própria, a proscrição da irresponsabilidade sexual do homem, o "culto da mãe negra" etc. Tomando o imigrante como ponto de referência, o "negro" descobriu que lhe faltavam as técnicas sociais que poderiam permitir sua integração na sociedade e assegurar as bases da competição inter-racial. Portanto, o estrangeiro reponta, aqui, sob dupla condição: a) de branco, pura e simplesmente, que devia ser percebido e representado como qualquer outro branco (inclusive o de origem nacional); b) como fonte de emulação (como o imigrante enfrentara dificuldades análogas às do "negro", este poderia repetir as façanhas daquele). Os ataques explícitos surgem polarizados em torno dos interesses sociais do próprio "negro". Com frequência, vinculavam-se às acusações feitas às famílias tradicionais, que teriam "sacrificado o negro" a uma *política de imigração* construída para proporcionar vantagens econômicas. Mas também se prendiam a casos concretos de exteriorização do "preconceito de cor" pelos imigrantes. Então, eram combatidos, em escala direta e particular, em razão da natureza das ocorrências que suscitavam os conflitos ou desentendimentos.

Por fim, no período que se poderia designar como o da "segunda revolução industrial" em São Paulo, especialmente da década de 1940 em diante, o ritmo do crescimento econômico se refletiu nas oportunidades de trabalho e nas tendências de classificação do "negro" na estrutura socioeconômica da comunidade.[17] O "negro" como que repete,

---

16 José Correia Leite, por exemplo, um dos principais líderes desses movimentos, poderia ser tomado como ilustração.

17 Cf. F. Fernandes, op. cit., p. 415-452.

embora em condições competitivas mais duras e menos promissoras, o passado do imigrante. Ele se projeta nos segmentos da população que fazem parte da torrente e são agentes do drama histórico. Todavia isso não se dá nem de forma homogênea nem muito intensamente. Apenas uns poucos logram varar os níveis da concentração racial da renda, do prestígio social e do poder, atingindo posições socialmente equivalentes às dos brancos que se classificam na ordem social competitiva. No entanto, são uns poucos que aumentam continuamente. O que significa que se trata de uma tendência configurada e constante, da qual se pode presumir que, mantidas certas condições histórico-sociais e econômicas, irá favorecer definidamente a integração progressiva do negro e do mulato a situações de classes típicas. O que interessa, nesse amplo processo, é a aparição de um novo tipo de "negro" – que traz consigo uma nova mentalidade, um novo comportamento e novas aspirações sociais. Esse "negro" se beneficiou dos influxos construtivos dos antigos movimentos sociais; aprendeu graças a estes movimentos a não temer o branco e a ter algum discernimento sobre os fatores extrapessoais da desigualdade racial. Todavia, por causa de sua identificação com os propósitos de mobilidade social vertical que pode explorar efetivamente, volta as costas e chega a combater os alvos humanitários dos movimentos sociais, preferindo usar a experiência acumulada na concretização de objetivos diretos, pessoais e egoísticos. Esse "novo negro" deixa de valorizar o branco, socialmente, como e enquanto *branco*: vê o branco em função de sua situação de classe e pode repudiá-lo, se acha que está numa "posição inferior". Doutro lado, como possui tirocínio pessoal sobre o funcionamento das instituições e os critérios do peneiramento numa sociedade competitiva, é menos propenso a supervalorizar o poder de determinadas pessoas. Daí resulta não só que propende a restringir o entusiasmo diante do estrangeiro simplesmente por causa da cor; também tende a restringir as retaliações infundadas a respeito da "proteção dos conterrâneos". Além disso, como penetra, de fato, na estrutura das relações competitivas, acaba forçando a ruptura do equilíbrio das acomodações raciais. No confronto com o estrangeiro ou com seus descendentes, isso assume particular importância. Tanto o imigrante e seus descendentes quanto o "negro" são levados a reforçar as representações tradicionalistas, talvez como mecanismo superficial de autodefesa e de neutralização de conflitos potenciais. Apesar disso, os casos que puderam ser analisados sistematicamente sugerem que o "negro" propende a adotar atitudes e comportamentos bastante racionais, tendo-se em vista a natureza dos interesses sociais do indivíduo isolado. Em vez de agravar as tensões, provocando acusações frontais e rompimentos irremediáveis, preferem "contornar a situação". Se sentem prejudicados por "determinados estrangeiros", procuram apoio noutros brancos e tentam, assim, a superação dos fatores das tensões pessoais. A importância desses dados é óbvia. Eles indicam que os fatores relacionados com as origens nacionais ou étnicas dos imigrantes são secundários na motivação e na organização das relações competitivas do "negro" com o "branco".

Os resultados globais da discussão deste tópico comprovam, pois, a existência de uma tendência universal e constante. Nas diferentes constelações histórico-sociais, em que se mediu e se defrontou com o "imigrante", o "negro" não se lançou contra o *estrangeiro*. Mesmo quando as influências deste foram percebidas e representadas como especificamente desfavoráveis, elas nunca chegaram a ser elaboradas, de forma sistemática, em termos agressivos e de oposição. A razão disso parece simples. O que interessa ao "negro", em qualquer uma dessas fases, não é a posição do imigrante e dos seus descendentes na estrutura da comunidade, mas o fato de ele próprio não estar, ou de estar apenas parcialmente inserido nessa estrutura. O seu inconformismo se orientou, portanto, invariavelmente na mesma direção: a extensão das vantagens da sociedade aberta a todos os segmentos da "gente negra". As reações do "negro" contra o imigrante são absorvidas por essa tendência, a qual dilui e reelabora socialmente os motivos de frustração ou de agressão, convertendo-os em disposições ativas de acomodação racial e em anseios de integração em bases igualitárias.

A imigração e a ordem racial

A imigração não contribuiu para alertar, nem de modo imediato nem a longo prazo, a estrutura do sistema preexistente de relações raciais. Ela ajudou a acelerar, a partir da década de 1880, a desagregação do regime servil. Mas ela própria aparece e se intensifica, no século XIX, como produto histórico da crise da mão de obra e das relações de trabalho no mundo social escravista.

A explicação desse fenômeno é relativamente simples. As rápidas e intensas transformações que afetaram a estrutura do desenvolvimento de São Paulo não repercutiram nem na posição do negro na ordem social nem nos padrões de relações raciais. No fundo, a transformação de *status*, pressuposta na passagem da condição de cativo ou de liberto para a de cidadão,[18] não encontrou suportes econômicos, sociais e políticos que lhe dessem realidade histórica. Foi uma operação semântica; ou, como diria um dos líderes do pensamento liberal, "uma ironia atroz". Ela deu forma e consolidou, nas regiões em crescimento econômico intenso, a última espoliação sofrida pelo escravo, pelo ingênuo e pelo liberto, praticamente expurgados do sistema de trabalho sem quaisquer compensações econômicas ou garantias sociais.[19] Por isso, o "negro" iria continuar o drama humano do "escravo", sendo necessário mais de meio século para que essa situação começasse a se alterar. Os padrões de relação racial tradicionalista[20] permaneceram quase intatos, nesse meio século, mantendo um clima de interação racial que diferia muito pouco daquele que imperava na situação histórica precedente.

Esse pano de fundo ajudou a preservar atitudes e avaliações raciais transplantadas pelos imigrantes com suas heranças culturais. Em sua maioria, quaisquer que fossem suas procedências, eles não tinham experiência no trato com o "negro" e viam-no etnocentricamente, como se fosse inferior ao branco nos planos biológico, psicológico e cultural. Era fácil dissimular tais coisas, por trás dos padrões de relação racial impostos pelo meio ambiente. No entanto, tais atitudes e avaliações não "criaram" o preconceito e a discriminação raciais, nas formas que se apresentam na sociedade brasileira. Ambos surgiram muito antes, como parte e em resposta à necessidade de dar fundamento moral e de legitimar socialmente a escravidão e suas consequências numa sociedade de *mores* cristãos.[21] E se mantiveram ao longo da formação e do desenvol-

---

18 Além dos trabalhos citados na nota 2, p. 133, vejam-se também Octavio Ianni, *As metamorfoses do escravo*, caps. 5 e 7, e Fernando Henrique Cardoso, *Capitalismo e escravidão no Brasil meridional*, caps. 5 e 7.

19 Cf. F. Fernandes, *A integração do negro à sociedade de classes*, p. 30 e ss.; Roberto Simonsen, "As consequências econômicas da escravidão".

20 Sobre esse padrão em São Paulo, cf. F. Fernandes, op. cit., cap. 3.

21 Cf. R. Bastide e F. Fernandes, *Brancos e negros em São Paulo*, cap. 2, passim.

vimento da ordem social competitiva, por causa da persistência, no início, e do agravamento, em seguida, da concentração racial da renda, do prestígio social e do poder (ou seja, da própria desigualdade racial). Sob outros aspectos, o imigrante não precisou lançar mão nem de um nem de outro como recurso para defender probabilidades de ascensão social, resguardar certos níveis de renda ou proteger determinados estilos de vida. O "negro" não chegou, em nenhum momento, a ser uma ameaça para o branco, os seus valores sociais ou o seu destino humano.

Não obstante, por quatro motivos diferentes a imigração agravou o clima das relações raciais. O primeiro deles diz respeito à maneira de redefinir os "costumes do país". Na sua ânsia de não discrepar dos brasileiros, os imigrantes tentavam ajustar-se às situações de convivência com o "negro" mantendo a fórmula de que, por "ser inferior, o preto não deixa de ser gente". Essa fórmula só podia ser aplicada com êxito onde e quando as duas partes observassem os fundamentos da relação racial tradicionalista, que conferia ao "negro" uma posição heteronômica. Por falta de experiência, e também porque nem sempre a distância social ajudava o difícil jogo que assim se criava, o imigrante falhava na aplicação da fórmula e via-se presa de sua armadilha. O "negro" começava a "tomar liberdades", a "ser confiado demais", a "ficar atrevido", a "não medir distâncias", a "explorar a boa-fé da gente", a "se meter na vida dos outros" etc. Dentro em pouco, o imigrante aprendia a sua lição; e passava a outro extremo. Procurava "evitar o negro", mediante atitudes e comportamentos relativamente discrepantes e ostensivos, embora excluíssem exteriorizações que pudessem ser entendidas como "insultuosas" ou "degradantes". Ainda assim, isso representava observância divergente, mas com agravamento do tratamento racial convencional.

O segundo motivo prende-se a certas modalidades de "exploração do negro" que foram, consciente ou inconscientemente, postas em prática por muitos imigrantes na época mais árdua de sua luta por "fazer a América". Nas fases iniciais de acumulação de capital, o imigrante dependia de formas de cooperação que redundavam na obtenção do trabalho necessário ao custo da subsistência do trabalhador. Esse artifício só podia ser aplicado com êxito no âmbito da família e da cooperação doméstica. Graças à abundância de menores "negros" abandonados e à predisposição de muitas progenitoras de "dar uma profissão" aos filhos, o negro e o mulato acabaram caindo nas malhas desse artifício (o qual, aliás, também era frequente entre as famílias brancas tradicionais, mesmo durante o primeiro quartel do século XX). Em termos de socialização, isso representou uma vantagem sensível para os menores. Muitos aprenderam a ler e a contar, adquiriram um ofício e o que seria a vida humana num "lar organizado". Essa experiência, no conjunto, iria ser muito útil a alguns dos líderes dos movimentos sociais, que se desenvolveram no "meio negro". Todavia, em alguns planos ela produziu consequências perturbadoras. A partir da mocidade, o "irmão de criação" descobria que sua condição real não lhe dava o direito de ter aspirações análogas aos demais. As relações de companheirismo desmoronavam. Em seu lugar, ficavam amargura, frustração e, por vezes, ódio implacável. Do lado do branco, as reações de autodefesa fomentavam retaliações convencionais (do tipo, "não se pode dar a mão a um negro", "gente ingrata", "gente que cospe no prato em que come" etc.). O negro ou o mulato iam mais longe, pois sentiam que sua segurança e aspirações não tinham sentido, o que os levava, com frequência, a colocar as esperanças nos movimentos de protesto coletivo.

O terceiro motivo é antes indireto e envolve a imigração de modo parcial. O incremento da população e a consequente europeização da cidade não tiveram, com referência aos brancos nativos, o caráter de uma substituição populacional propriamente dita.[22] Com respeito ao negro, porém, a substituição populacional assumiu caráter específico e drástico.[23] Por essa razão, os fenômenos de anomia social, que se desenrolaram no "meio negro", encontram uma de suas raízes nesse processo, que condiciona e agrava o desalojamento das populações negras. Esse assunto precisa ser trazido à baila, aqui, em virtude de duas implicações particularmente importantes. De um lado, a esses fenômenos de anomia se associaram desajustamentos crônicos, que provocaram o aumento da visibilidade do negro e do mulato como "desordeiros", "vagabundos", "bêbedos", "ladrões" etc. Ora, foi essa visibilidade que alimentou a perpetuação dos antigos estereótipos raciais e que canalizou a redefinição social do "negro" em sentido ultradesfavorável. Embora o imigrante não seja nem pessoal nem moralmente responsável pelo que aconteceu, a

---

22 Cf. esp. Samuel H. Lowrie, *Imigração e crescimento da população no estado de São Paulo*.
23 Cf. F. Fernandes, op. cit., p. 81-118.

sua presença relaciona-se de modo facilmente perceptível a todo o processo. De outro lado, o negro e o mulato, quando questionam a imigração, tendem a focalizá-la de ângulo emocional e moral, à luz desse impacto. Ela não foi a única (nem mesmo a principal) causa do fenômeno; e, sob vários aspectos, também não passa de efeito da mesma série de fatores que conduziram à desagregação da sociedade servil e à revolução burguesa. Mas o "negro" que viveu na cidade durante esse período (e por vezes também os seus descendentes) não se liberta da compulsão de relacionar sua *vergonha* aos feitos do imigrante. No caso, este não se converte em *bode expiatório*. Contudo, surge como a peça que explicaria o aparecimento e as proporções do drama que se abateu sobre a "gente negra".

O quarto motivo opera ao longo de toda a situação de contato racial e parece ser, sob o ponto de vista dinâmico, o mais importante de todos. Trata-se dos efeitos diretos ou indiretos da ascensão social sobre as avaliações e as relações raciais. Sob muitos aspectos, a situação do imigrante sempre foi parecida com a do negro e do mulato. Ele teve um ponto de partida bem modesto, apesar de ser branco; e lutou, com frequência tenazmente, para classificar-se socialmente e, em seguida, para desfrutar os benefícios da mobilidade social. No entanto, em virtude de possuir algum domínio (ou domínio completo) sobre as técnicas sociais que organizam as relações humanas numa sociedade competitiva, o imigrante logrou bem depressa os dois objetivos. O que interessa ressaltar, no momento, é que se estabeleceu uma nítida diferença entre o imigrante "pobre" e o imigrante "rico". Ao subir socialmente, o imigrante atravessa um período de crise, no qual rompe com as ligações materiais e morais que o prendem ao seu antigo mundo social. Ao contrário das famílias brasileiras tradicionais, principalmente daquelas que não perderam *status* através de todas as transformações ocorridas na cidade, o imigrante não possui prestígio social suficiente para enfrentar as exigências do nível social adquirido, mantendo ligações aparentemente espúrias com o passado. Elas suscitam nele o temor da degradação social, como se a visibilidade do "negro" afetasse e se comunicasse àqueles que são vistos em sua companhia. Além disso, a tendência a evitar o "negro" no mencionado período de crise se converte numa espécie de convenção. Como escreveu em seu relatório uma das pesquisadoras, o imigrante e seus descendentes acabam, assim, construindo um mundo "no qual não existe lugar para o negro". Ambos os efeitos apontados não são produtos de sua tradição cultural. Eles derivam, antes, das complicadas tensões provocadas pela luta pela ascensão social numa sociedade de classes. Todavia, os outros círculos humanos não veem as coisas por esse prisma. O branco nativo, de classe alta, pura e simplesmente desaprova o que ele entende ser uma "manifestação intolerável de preconceito racial"; o "negro de classe média", por sua vez, se choca com o caráter mais ou menos acintoso que a evitação assume no comportamento dos imigrantes. Portanto, em dois níveis sociais o imigrante acaba sendo descrito como se estivesse "introduzindo preconceitos de raça" no Brasil. A imigração é posta em causa, embora ela só se prenda, pelo que se sabe, de modo indireto aos focos de tensão.

Os resultados da análise, nesta parte do presente trabalho, sugerem claramente que a imigração não contribuiu, de fato, para incluir as relações raciais na esfera de mudança social e de modernização. Ao contrário, onde ela não se adaptou, por seus efeitos diretos ou indiretos, ao sistema preexistente de relações raciais, ela o agravou, estimulando a persistência de ajustamentos inter-raciais preconceituosos e discriminatórios. Todavia, nada dá fundamento à propensão de atribuir-se aos imigrantes a "introdução" do preconceito e da discriminação raciais na cidade. Pelo menos nos limites das manifestações conhecidas de ambos os fenômenos, a esse respeito os imigrantes absorvem atitudes e comportamentos previamente incorporados aos padrões brasileiros de relações raciais. Ao que parece, a imigração tornou-se um fator neutro em face da democratização das relações raciais porque o que se poderia chamar de *problema negro* não chegou a afetar o desenvolvimento da ordem social competitiva. Deixando de ser mão de obra privilegiada e, por qualquer razão, fator ou *impedimento* de crescimento econômico, o "negro" perdeu importância histórica para o branco. Nada poderia envolver os imigrantes, portanto, nas malhas dos interesses ou dos valores sociais que se vinculariam com a implantação da democracia racial. A imigração também teria sido neutra com referência à própria estrutura do sistema de relações raciais, não fossem as circunstâncias históricas que a convertiam, espontânea e inevitavelmente, num fator de concentração racial da renda, do prestígio social e do poder. Foi graças a essa razão, aliás, que ela contribuiu para agravar, de maneira evidente, as aparências e a realidade da desigualdade racial. Contudo, aqui é preciso distinguir condições, causas e efeitos no emaranhado contexto histórico-social considerado. O imigrante não se introduziu – nem se viu introduzido – numa estrutura de competição racial com o negro e o mulato. Se a imigração repercutiu dramaticamente nas manifestações da desigualdade racial, isso se deu porque ela era um dos fatores da aceleração do crescimento econômico e do desenvolvimento social da comunidade. Os grupos que contavam com posições mais ou menos vantajosas na estrutura de poder e de competição, também contavam, naturalmente, com as oportunidades mais vantajosas de participação nesses dois processos. Na verdade, como a estrutura do sistema de relações raciais excluía o "negro" de tais oportunidades, os brancos praticamente monopolizaram as vantagens dela decorrentes. Tudo isto quer dizer que a imigração apenas agravou, como e enquanto fator histórico, as diferentes expressões assumidas pela desigualdade racial na vida social do negro e do mulato.

Bibliografia sumária

ARAUJO FILHO, J. R. "A população paulistana." *A cidade de São Paulo*, Associação dos Geógrafos Brasileiros. São Paulo, Cia. Editora Nacional, 1958.

AZEVEDO, Salvio de Almeida. "Imigração e colonização no estado de São Paulo", *Revista do Arquivo Municipal*. São Paulo, ano IV, vol. LXXV, 1941, p. 105-157.

BASTIDE, Roger e FERNANDES, Florestan. *Brancos e negros em São Paulo*. 2. ed., São Paulo, Cia. Editora Nacional, 1959.

BRUNO, Ernani da Silva. *História e tradições da cidade de São Paulo*. Rio de Janeiro, 1954 (3 vols.).

CAMARGO, José Francisco. *Crescimento da população do estado de São Paulo e seus aspectos econômicos*. Faculdade de Filosofia, Ciências e Letras da Universidade de São Paulo, São Paulo, 1952 (3 vols.).

CARDOSO, Fernando Henrique. *Capitalismo e escravidão no Brasil meridional*. São Paulo, Difusão Europeia do Livro, 1962.

COUTY, Louis. *Le Brésil en 1884*. Rio de Janeiro, Lino e Faro, 1884; *L'esclavage au Brésil*. Paris, Librairie Guillaumin et Cie., 1881.

FERNANDES, Florestan. *A integração do negro à sociedade de classes*. Faculdade de Filosofia, Ciências e Letras da Universidade de São Paulo, 1964.

IANNI, Octavio. *As metamorfoses do escravo*. São Paulo, Difusão Europeia do Livro, 1962.

LOWRIE, Samuel H. "O elemento negro na população de São Paulo", *Revista do Arquivo Municipal*. São Paulo, ano IV, vol. XLVIII, junho de 1938, p. 5-56; *Imigração e crescimento da população no estado de São Paulo*. São Paulo, Escola de Sociologia e Política, 1938.

MATOS, Odilon Nogueira de. "São Paulo no século XIX." *A cidade de São Paulo*, op. cit.

MORSE, Richard. *Formação histórica de São Paulo. De comunidade à metrópole*. 2. ed., São Paulo, Difusão Europeia do Livro, 1970.

SANTOS, José Maria dos. *Os republicanos paulistas e a abolição*. São Paulo, Livraria Martins Editora, 1942.

SIMONSEN, Roberto. "As consequências econômicas da abolição", *Revista do Arquivo Municipal*. São Paulo, ano IV, vol. XLVII, 1938, p. 257-268.

Capítulo VI

O Negro em São Paulo*

As investigações históricas e sociológicas recentes mostram que certos padrões de organização da economia, da sociedade e da cultura tiveram vigência universal no mundo criado pela colonização portuguesa do Brasil. Não obstante, São Paulo participou desse mundo de forma peculiar. Sua posição no contexto da economia colonial impedia o florescimento das formas de dominação patrimonialista associadas à economia agrária exportadora. Em consequência, embora existam documentos que atestam a presença precoce do negro em terras paulistas, inclusive no seio das bandeiras e da economia de subsistência aqui existente, ela só se tornou numerosa e marcante a partir do ciclo de mineração.

Além disso, a expansão da economia agrária exportadora se inicia sob o marco da Independência e em conjunção com a constituição de um Estado nacional. Nesse período, por força de circunstâncias políticas

---

* Trabalho escrito para J. V. Freitas Marcondes e Osmar Pimentel (orgs.). *São Paulo: espírito, povo, instituições*, São Paulo, Livraria Pioneira Editora, 1968, p. 127-151.

e sociais, a sociedade brasileira já havia assimilado novos modelos de organização das atividades econômicas, entrando, através de relações diretas com o mercado mundial, em um processo intenso de expansão interna do capitalismo comercial. Certas instituições econômicas, que não existiam anteriormente ou funcionavam sob deformações inerentes ao sistema colonial, foram absorvidas e se difundiram pelo menos no âmbito da economia urbano-comercial. Essa conexão pode ser observada na expansão do Vale do Paraíba, já que a emancipação política converteu os senhores rurais numa aristocracia agrária (isto é, no estamento social politicamente dominante). Mas foi na evolução do Oeste paulista e da cidade de São Paulo que ela se fez sentir com particular intensidade. O que importa, em termos do nosso assunto, é que a presença do negro se avoluma, em São Paulo, dentro de um contexto histórico no qual os padrões de acomodação racial, vigentes em todo o mundo colonial brasileiro, começavam a se tornar ineficientes e, com o tempo, inviáveis.

As duas razões mencionadas situam sociologicamente a questão. A história do negro em São Paulo seguiria rumos bem diversos dos que podem ser notados na evolução da Bahia, Pernambuco ou Rio de Janeiro. Sob o pano de fundo aparentemente uniformizador da escravidão e da implacável exploração escravista, emergia uma realidade histórico-social nova, que se refletia em todos os níveis possíveis: nas formas e funções da escravidão como instituição econômica e social; no teor das relações entre senhores, escravos e libertos; ou no próprio destino social do negro e do mulato.

Nos limites da presente discussão, não seria possível debater sequer os principais aspectos do assunto, assim entendido. Limitamo-nos à exposição de alguns dados e indicações aparentemente essenciais, deixando ao leitor a tarefa de ir adiante, se os problemas debatidos desafiarem sua curiosidade. Felizmente, a bibliografia à disposição permite um bom ponto de partida, embora esteja longe de ser completa.

O negro na população paulista

Os meticulosos estudos de Lowrie, particularmente o que ele dedicou a "O elemento negro na população de São Paulo", tornam supérflua qualquer incursão demográfica que não tenha em mira apenas suplementar a sua análise e os resultados a que chegou. Nesta contribuição, por isso, somente temos em mente situar as proporções assumidas, em diferentes épocas, pela participação do negro e do mulato na composição da população paulista.

Ainda se conhece muito mal a fase mais antiga da transplantação do negro para São Paulo. Ao que parece, o tráfico de escravos se inicia com Martim Afonso de Sousa, em 1530; nessa época eles vinham do Reino, presumivelmente como parte da *bagagem* dos "colonizadores".[1] Dada a estrutura da economia, porém, e a pobreza dos moradores, até os fins do século XVI poucos possuíam escravos de origem africana, cuja capacidade de trabalho era predominantemente utilizada nas fainas agrícolas. Ainda prevalecia, com pequenas exceções, o padrão de conferir aos índios a obrigação de "fazer os alimentos para comer" e de "irem às minas para tirar ouro".[2] Mesmo depois de estabelecido contato direto com Angola, as indicações fornecidas pelos inventários sugerem que até os setecentos havia uma proporção de 34 escravos índios para 1 escravo africano.[3]

Não obstante, o negro já tinha um nicho na economia paulista, ocupando-se em trabalhos relacionados com a lavoura e com a obtenção de ouro por lavagem. Assim, quando se intensificam as bandeiras de captura de índios, nos fins do século XVI e nos começos do século XVII, ele se incorpora ocasionalmente à sua organização; e, quando se constituem as expedições de maior vulto, ele passa a fazer parte de sua estrutura.[4] Os moradores de prol ainda eram, literalmente falando, *"potentados de arco e flecha"*.[5] Mas, com as descobertas das minas de ouro, manifestam crescente interesse e empenho na aquisição de escravos africanos. De modo que é pelos fins do século XVII que avulta a importância do negro. De um lado, como agente de trabalho nas minas em que os paulistas

---

1   Cf. R. Bastide e F. Fernandes, p. 1-7, especialmente M. Goulart, p. 56-57 e 95-96 e C. Tassara de Pádua, 1943, passim.
2   Cf. *Actas da Câmara da villa de São Paulo* (*1596-1622*), vol. II, p. 94 e 314.
3   Cf. A. Ellis Jr., 1944, p. 217.
4   Cf. esp. A. E. Taunay, 1941, p. 553; C. Ricardo, vol. II, p. 547; C. Tassara de Pádua, p. 149; R. Bastide e F. Fernandes, loc. cit.
5   A. E. Taunay, 1929, vol. IV, p. 207-210; Alcântara Machado, passim; A. Ellis Jr., 1937, p. 55; R. C. Simonsen, 1937, vol. I, p. 333.

mantinham o controle da exploração, possuíam alguma lavra ou comerciavam com gêneros e muares. De outro, como o substrato humano da própria economia de mineração, já que cabia ao escravo africano suportar boa parte da economia de subsistência, num regime de ausência crescente de grandes parcelas da população masculina.

Então se inverte a relação entre a mão de obra índia e a africana. Os moradores já não se contentavam com as cotas oficiais (em janeiro de 1701, tinham permissão para comprar 200 africanos por ano; em agosto de 1706, podiam comprar 230, dos quais 200 se destinariam à mineração e 30 à lavoura), exigindo providências que lhes permitissem aumentar rapidamente a escravaria de origem africana. Portanto, entre os fins do século XVII e o início do século XVIII, opera-se uma transformação fundamental na organização do trabalho. O índio ainda era o agente de trabalho predominante. Contudo, no quadro econômico produzido pela mineração, pela produção de gêneros para escambo e pelo comércio nas minas, tornava-se necessário suprimir a sua presença e substituí-lo pelo negro.[6] O trabalho escravo indígena não possuía condições para alimentar uma incipiente economia de troca em expansão. Em suma, para poderem competir com os brancos reinóis ou de outras regiões do país, os moradores brancos de São Paulo tiveram de aceitar as mudanças de seus hábitos tradicionais, permitindo inclusive a substituição do índio pelo negro e as transformações que ela acarretava, numa área na qual a dominação patrimonialista e o prestígio social repousavam largamente no controle de bandos mais ou menos numerosos, de indígenas e de caboclos livres. Não obstante, o decreto de 1758, que promulgou a liberdade definitiva dos índios, arruinou várias famílias paulistas, cuja fortuna dependia da escravaria indígena.[7] A crise do trabalho indígena, porém, assumira caráter estrutural. A lei não a determinara, pois procurava, apenas, eliminar as condições que a convertiam num impasse crônico. Isso não impedia, naturalmente, que daí por diante o negro fosse o único agente regular do trabalho escravo.

Essa transformação não conduziu a um aumento súbito da proporção de negros e mulatos na população. De um lado, porque a maio-

---

6   Cf. R. Bastide e F. Fernandes, p. 9 e ss.; cf. também M. Goulart, p. 126-127 e 137--138; Aureliano Leite, p. 74.

7   Cf. J. J. Machado de Oliveira, p. 219-220; R. Bastide e F. Fernandes, p. 12 e ss.

ria dos escravos negros, desde 1706, apenas transitava pela capitania: para 20 que se destinavam à mineração, 3 ficavam (ou deveriam ficar) associados à economia de subsistência. De outro, a decadência das minas foi demasiado rápida para que a mineração fomentasse, por efeitos diretos, algum processo estrutural e contínuo de crescimento da economia paulista.[8] Os incentivos para aquisição de novos escravos num ritmo intenso atenuam-se aos poucos; por fim, redefinem-se em função de uma economia de troca que repousava na lavoura, na criação e no comércio interno, esferas afetadas pela crise da mineração e pela estagnação econômica subsequente.

A partir dessa época, pode-se acompanhar com maior cópia de dados o grau de participação do elemento negro na população da capitania. As informações são precárias, esparsas, e merecem pouca confiança. No entanto, dão uma ideia aproximada do que teria ocorrido. Através de um documento de 1766, sabe-se que a capitania possuiria 58.071 habitantes, dos quais 30.622 homens e 27.449 mulheres.[9] A distribuição por cor pode ser calculada grosseiramente, com base em indicações fornecidas por Vilhena:[10]

Brancos 11 098 (21%)

Índios.. 32 526 (62%)

Negros.. 8 987 (17%)

Total 52 611

O censo de 1797 é o primeiro que fornece indicações mais precisas. Baseando-nos em seus dados, teríamos a seguinte distribuição da população da capitania, segundo a cor e o sexo:[11]

---

8   Cf. S. Buarque de Holanda, 1945, p. 84-85; M. Zemella, 1951, p. 258-262; R. Bastide e F. Fernandes, p. 13-14.

9   Ofício de D. Luiz Antonio de Souza Botelho Mourão dirigido ao Governador da Metrópole no dia 10/12/1766, apud J. Ribeiro, vol. III, p. 167. O documento é lacunoso e não contém menção à população masculina de seis localidades.

10 Luiz dos Santos Vilhena, p. 39 (note-se que o A. menciona 52 526).

11 Mappa Geral dos Habitantes da Capitania de S. Paulo no Ano de 1797, *Documentos interessantes*, 1901, p. 157. Por motivos óbvios, omitiremos os dados pertinentes à idade.

	Homens	Mulheres	Total
Brancos	42 270	47 053	89 323 (57%)
Mulatos	14 236	16 251	30 487 (19%)
Negros	20 669	17 971	38 640 (24%)
TOTAL	77 175	81 275	158 450

Os dados concernentes ao século XIX são mais elucidativos, embora também sujeitos a dúvidas insanáveis. Os quadros I e II reúnem as indicações fornecidas pelas fontes selecionadas.[12] Ao que parece, o lento incremento da população prende-se às dificuldades que impediram uma rápida superação da estagnação econômica, subsequente à crise de mineração. O ouro e o comércio de gêneros ou de muares deixaram de ser o foco das atividades econômicas, mas não surgia um produto que permitisse expandir internamente a grande lavoura. No fim de várias tentativas, primeiro a cana-de-açúcar, depois o café foram selecionados como núcleos da produção agrária para exportação. Operava-se, assim, uma transformação da estrutura econômica da capitania, que

---

12 Fontes principais: 1811, *Relatório do Ministro e Secretário dos Negócios do Império*, 1870, p. 110 (dados extraídos de Eschwege e a ele fornecidos pelo Conde da Barca); 1813, A. Saint-Hilaire, I. p. 124-125; 1815, J. B. von Spix e C. F. von Martius, I. p. 238-239; 1836, D. P. Muller, p. 154-173; 1852, *Relatório Apresentado à Assembleia Geral na Segunda Sessão da Décima Quarta Legislatura pelo Ministro e Secretário de Estado dos Negócios do Império Paulino Soares de Souza*, p. 106-112 (notar que as diferenças com relação a 1836 são devidas à lei que criou a Província do Paraná, em 28/8/1853. Se fizéssemos a dedução dos dados de Pedro Muller, só quanto a totais por cor, teríamos: brancos, menos 23 895; índios, menos 85; mulatos livres, menos 10 135; mulatos escravos, menos 2 083; negros crioulos livres, menos 588; negros crioulos escravos, menos 3 332; negros africanos livres, menos 314; negros africanos escravos, menos 2 459. Por aí se vê que a população, nesse período, entre 1836-1852, não sofreu regressão. Apenas ficou estacionária); 1872, Recenseamento de 1872 (*Relatório e Trabalhos Estatísticos* etc., 1877, p. 33-38); 1886, *Relatório Apresentado ao Exmo. Sr. Presidente da Província* etc., 1888, p. 14. Sobre 1819 e 1829, cf. S. H. Lowrie, 1938, p. 12-13. Para uma discriminação mais completa e crítica das fontes, cf. R. Bastide e F. Fernandes, p. 15-16, 24-27 e 37-39.

incorporava São Paulo ao próprio eixo da economia colonial. Essa transformação, por outro lado, oferecia uma base econômica para o aumento paulatino da população negra e mulata, de condição escrava ou livre. Todavia, excetuando-se o Vale do Paraíba, a expansão da grande lavoura foi, no início, lenta e oscilante. Por isso, na transição do século XVIII para o XIX, continua a sucção de homens para as zonas de mineração (e por outros motivos) e, de imediato, o setor que aumenta com maior intensidade, em função do declínio da produção aurífera, será o da população escrava. O êxodo dos escravos para São Paulo tornava-se inevitável e eles representavam o principal aumento de riqueza, que a mineração legava à economia paulista.

Não dispomos de espaço para analisar exaustivamente a participação do negro e do mulato na evolução demográfica de São Paulo durante o século XIX. Contudo, parece óbvio que a integração da produção agrícola paulista à organização da economia colonial de exportação fez com que os padrões demográficos de São Paulo se alterassem, tendendo para o modelo típico das "áreas economicamente desenvolvidas" da sociedade escravista brasileira.

Vários fatores, que não podem ser debatidos neste estudo, fizeram com que essa evolução se efetuasse sob ímpeto reduzido, tendo como pano de fundo um estado de marasmo econômico que só se dissipou de modo lento e irregular. Ainda assim, os índices de crescimento demográfico revelam duas tendências fundamentais, que se alteraram apenas no último quartel do século e desapareceram com a desagregação e colapso finais do regime de trabalho escravo. Primeiro, o patamar atingido pelo negro e pelo mulato na composição da população total, nos fins do século XVIII, mantém-se de forma característica (de 1811 a 1852, por exemplo, sua cota de participação oscila em torno de 47%; em 1872 essa cota começa a entrar em declínio, mas era ainda muito alta, pois representava 44% da população). Segundo, em conjunto, o ritmo de crescimento global dos segmentos branco e negro-mulato da população é relativamente homogêneo. Entre 1811 e 1872, período essencial para a análise demográfica – em seu transcorrer completara-se a introdução, expansão e consolidação da grande lavoura escravista em São Paulo – o estoque branco aumentou quase cinco vezes. Ora, o mesmo sucedeu com os estoques negro e mulato, que aumentaram pouco mais de cinco vezes, considerados conjuntamente.

Afora essas tendências globais, seria conveniente ressaltar alguns aspectos do crescimento demográfico que parecem mais significativos. Assim, entre 1811 e 1836, fase importante por causa dos refluxos populacionais engendrados pela crise da mineração ou por seus efeitos, a população branca de São Paulo quase dobrou. O mesmo ocorre com a população negra e mulata, considerada em conjunto. Todavia, o aumento das cotas de negros e mulatos livres foi pequeno (pouco mais de 2/3); foram os estratos escravos que sofreram uma elevação mais rápida e intensa (em seus contingentes, a elevação ultrapassou os limites da duplicação; a respeito, é conveniente a leitura do quadro II). Na fase subsequente, o mesmo fenômeno se repete: entre 1836 e 1872, a população branca atinge um aumento superior a 2,5, enquanto a população negra-mulata sofre uma elevação inferior, mas de 2 e pico. Nessa fase, porém, a cota de escravos sofrera um incremento de apenas 4/5. A população negra e mulata livre, por sua vez, aumentara mais de três vezes. O fenômeno se explica facilmente. De um lado, pelas oportunidades abertas a tais elementos pela economia de subsistência e de criação, que continuava a ter importância em São Paulo. Como os brancos procuravam explorar as oportunidades econômicas relacionadas com a expansão da lavoura de exportação, havia uma retração das relações competitivas, que favorecia os homens livres da "população de cor". De outro lado, a organização do trabalho escravo exigia, normalmente, uma massa relativamente elevada de trabalho livre bruto. Como a escravidão degradava as "ocupações mecânicas" executada pelo agente servil, os vários tipos de trabalho que caíam nessa categoria só podiam ser realizados pelo liberto. De qualquer maneira, a expansão do trabalho escravo acarretava duas consequências interdependentes: o aumento da população escrava e o aumento concomitante da "população de cor" livre. De 1872 a 1886, o padrão de composição da população se altera substancialmente. A população branca continua a aumentar, recebendo um acréscimo quase da ordem de 1/5. Todavia, a população negra e mulata permanece estacionária (infere-se melhor a natureza do processo estendendo-se a análise aos dados fornecidos pelo censo de 1890, compendiados no quadro III). Ao mesmo tempo, de 1872 a 1886 a população escrava diminui quase 1/3.

Portanto, o fim do terceiro quartel do século XIX apresenta o caráter de um marco histórico, no estudo da participação do negro e do mulato na evolução demográfica de São Paulo. Nesse período, constatam-se três fenômenos demográficos correlatos: 1) claro aumento percentual da "população livre de cor"; 2) claro declínio percentual e quantitativo da população escrava; 3) declínio sintomático da população negra e mulata, livre e escrava, na composição racial da população. Então, ao incremento quantitativo da "população de cor" (muito leve, se se compara os dados de 1872 com os de 1890), passa a corresponder, de forma crescentemente mais intensa, uma diminuição constante de sua contribuição relativa para a constituição da população paulista. Até essa época, as migrações internas de mão de obra escrava e de trabalhadores negros e mulatos "livres", da província ou de outras regiões do Brasil, eram suficientes para alimentar as exigências do crescimento econômico. No fim do terceiro quartel e durante o último quartel do século XIX, esse fator de equilíbrio demográfico sofre uma ruptura. As pressões da procura de mão de obra tornam-se, aos poucos, demasiado fortes para a reserva de mão de obra servil e livre, inerente ao regime de trabalho escravo. Abre-se, em consequência, um novo ciclo demográfico, que se irá associar ao trabalho livre e à imigração. O fenômeno só atingiria um primeiro clímax no último decênio do século. Contudo, a razão apontada explica suficientemente a crise do padrão demográfico vinculado ao regime de trabalho escravo. O estoque racial branco converte-se no contingente populacional que deveria fornecer o grosso da mão de obra, em um sistema de produção em que o trabalho escravo seria eliminado pelo trabalho livre. Nesse processo, o concorrente branco ameaçou tanto o agente negro ou mulato do trabalho escravo quanto o agente negro ou mulato do trabalho livre, o que esclarece seu reduzido crescimento demográfico nesse período: uma parte considerável dessa população, que saiu do campo e deixou de concentrar-se nas cidades paulistas,[13] migrou para outras regiões do país, submergindo na economia de substância ou incorporando-se ao artesanato de economias urbanas, que pudessem reabsorvê-los. As estatísticas de 1886 e 1890

---

13 Cf. F. Fernandes, 1965, cap. I; S. H. Lowrie, op. cit., passim.

O NEGRO NO MUNDO DOS BRANCOS

registram o significado desse processo (ver quadros I e III). Os estoques brancos concorrem, então, com 68% da população total e, enquanto a população negra e mulata permanecia praticamente estacionária,[14] eles aumentam, entre 1872 e 1890, um pouco mais de duas vezes.

A partir do último decênio do século XIX, o padrão demográfico da província evolui para outro modelo de composição racial da população, como se verifica pelo quadro III.[15] Desaparecem as tendências de uma alta participação percentual do negro e do mulato na população total e, com elas, o equilíbrio quantitativo e o incremento balanceado ou compensado dos estoques raciais "branco", "negro" e "mulato". Enquanto a população negra e mulata apenas se eleva pouco mais de 1/10, entre 1872 e 1890, por exemplo, o contigente branco ultrapassa a duplicação. As evidências percentuais revelam que a proporção do negro e do mulato tenderá a redefinir-se em termos ainda mais baixos que no período de transição do trabalho escravo para o trabalho livre, descendo continuamente de 1886 em diante. De 28% em 1890, oscilam entre 16 e 18% na década de 1920 e fixam-se em 12 e 11% nos censos de 1940 e 1950. Não obstante, os estoques raciais negro e mulato crescem no decorrer desse período, com certa intensidade. De 1890 a 1940, por exemplo, eles aumentaram pouco mais de duas vezes; e de 1940 a 1950 conheceram uma elevação de 1/6, aproximadamente. Com a intensa diminuição da imigração e com o incremento constante das migrações internas, principalmente depois de 1930, introduziram-se novos fatores na composição demográfica da população paulista, que de um modo ou de outro concorreram para aumentar o ritmo de crescimento desses estoques raciais. Contudo, nos mesmos períodos, o contin-

---

14 A crise do antigo padrão demográfico correlaciona-se também a migrações internas da "população de cor" escrava e livre, no interior e para fora da província. Alguns aspectos do fenômeno são focalizados por Lowrie (loc. cit.), outros por F. Fernandes, 1965, loc. cit. e 71-102.

15 Fontes principais: 1890, *Sexo, raça e estado civil etc., da população recenseada em 31 de dezembro de 1890, 1898*, p. 2-3; 1922-1923, coronel dr. A. Lobo da Silva, quadro I; 1921-1928, S. H. Lowrie, p. 12, quadro I e quadro III, p. 20; 1940, *Recenseamento do Brasil*, p. 1; 1950, *Recenseamento geral do Brasil*, p. 5.

gente populacional identificado como "branco"[16] elevou-se quase sete vezes, de 1890 a 1940; e mais de 1/4, de 1940 a 1950.

Portanto, à ordem social competitiva vincula-se a emergência e a normalização de um padrão demográfico de composição racial característico. Há quem pense que as migrações internas estejam concorrendo para corrigir tais efeitos, na medida em que lançam na população paulista, continuamente, fortes contingentes populacionais em que a participação do negro e do mulato é mais elevada, com frequência até predominante.[17] Embora esse fenômeno ocorra, aparentemente ele não atingiu proporções suficientes para alterar o padrão de composição demográfica que se constituiu em conexão com o advento do trabalho livre, o surto imigratório e a expansão da ordem social competitiva. Sob esse aspecto, entendemos que o mais importante, seja para a análise demográfica, seja para a análise sociológica, não é tanto a participação relativa do negro e do mulato na população total. Mas o fato verdadeiramente auspicioso desses estoques raciais terem readquirido, após um dramático interregno de crise econômica e de anomia social, que se refletiram negativamente nos movimentos demográficos da "população de cor",[18] vitalidade de crescimento demográfico nas condições de existência a que se adaptaram na sociedade competitiva. Sob esse ponto de vista, as porcentagens aparentemente baixas significam muito pouco. Como sucedeu em outros lugares e países, o negro e o mulato venceram a fase de provação. Já se pode prever, mantidas as atuais condições e

---

16 A questão da identificação racial constitui um problema insolúvel. Em parte, é provável que o contingente de mulatos sofre uma sucção ponderável, diluindo-se no contingente dos brancos, como tem ressaltado os estudiosos (Lowrie, Raul Amaral etc.). Na pesquisa feita em colaboração com Roger Bastide, descobrimos que a mesma tendência assume outra direção, que não tem sido devidamente assinalada: mulatos que se identificam como negros. Essa tendência parece ser mais forte com relação aos "mulatos escuros". Mas notamos que até "mulatos claros" – e que poderiam passar por "brancos" diante dos próprios brancos – adotam essa prática talvez por motivos psicológicos. O controle dessa evasão é impossível. Para se terem avaliações globais relativamente satisfatórias impõe-se, por conseguinte, considerar os dados sobre negros e mulatos em conjunto, malgrado as distorções que daí poderão resultar.

17 Cf. T. Lynn Smith, esp. p. 155-156.

18 Omitimos a discussão do chamado "déficit negro" neste estudo; sobre o assunto e a bibliografia pertinente à questão, cf. F. Fernandes, 1965, p. 71-102, passim.

Quadro I

Participação de negros e mulatos por condição social e por sexo, na composição da população da capitania/província de São Paulo (de 1811 a 1886)*

ANO	COR	LIVRES			ESCRAVOS			TOTAL	
		Homens	*Mulheres*	*Total*	*Homens*	*Mulheres*	*Total*	*Números brutos*	*%*
1811	Brancos	41 494	46 130	87 624	—	—	—	87 624	52,95
	Mulatos	16 758	19 574	36 332	4 006	4 354	8 360	44 692	27
	Negros	1 455	1 515	2 970	17 231	12 951	30 182	33 152	20,03
	Total	59 707	67 219	126 926	21 237	17 305	38 542	165 468	100
1813	Brancos	53 663	59 302	112 965	—	—	—	112 965	53,99
	Mulatos	21 074	22 979	44 053	5 173	5 470	10 643	54 696	26,09
	Negros	1 771	2 180	3 951	21 326	16 276	37 602	41 553	19,86
	Total	76 508	84 461	160 969	26 499	21 746	48 245	209 214	100
1815	Brancos	55 093	60 110	115 203	—	—	—	115 203	53,40
	Mulatos	20 484	23 805	44 289	5 296	5 747	11 043	55 332	25,64
	Negros	2 310	2 656	4 966	23 417	16 812	40 229	45 195	20,95
	Total	77 887	86 571	164 458	28 713	22 559	51 272	215 730	100
1836	Brancos	84 892	87 987	172 879	—	—	—	172 879	52,87
	Mulatos	28 158	31 296	59 454	7 360	7 362	14 722	74 176	22,69
	Negros crioulos	2 443	2 074	4 517	17 110	17 100	34 210	38 727	24,19
	Negros africanos	1 145	1 149	2 294	23 826	14 175	38 001	40 295	
	Índios	380	445	825	—	—	—	825	0,25
	Total	117 018	122 951	239 969	48 296	38 637	86 933	326 902	100
1852	Brancos	73 019	75 965	148 984	—	—	—	148 984	52,57
	Mulatos	23 222	26 097	49 319	6 312	6 327	12 639	61 958	21,89
	Negros crioulos	2 116	1 813	2 929	15 381	15 498	30 879	33 808	25,16
	Negros africanos	993	987	1 980	22 477	13 065	35 542	37 522	
	Índios	345	395	740	—	—	—	740	0,26
	Total	99 695	105 257	203 952	44 170	34 890	79 060	283 012	100

(cont.)

		LIVRES			ESCRAVOS		TOTAL		
ANO	COR	Homens	Mulheres	Total	Homens	Mulheres brutos	Total	Números	%
1872	Brancos	221 260	212 172	433 432	—	—	—	433 432	51,76
	Mulatos	76 228	75 018	151 306	24 474	20 678	45 152	196 458	23,46
	Negros								
	casados	29 512	27 027	56 539	63 566	47 894	111 460	167 999	20,06
	Caboclos	21 244	18 221	39 465	—	—	—	39 465	4,71
	Total	348 304	332 438	680 742	88 040	68 572	156 612	837 354	100
1886	Brancos	—	—	—	—	—	—	515 096	67,72
(proporções sobre indivíduos) 760 542	Mulatos	—	—	—	—	—	—	102 711	13,50
	Negros	—	—	—	—	—	—	78 439	10,31
	Caboclos	—	—	—	—	—	—	64 296	8,45
	Total	—	—	111 065	—	—	107 329	760 542	100

* São Paulo tornou-se "província" somente com a criação do "Reino Unido de Portugal, Brasil e Algarve" em 15/12/1815.

tendências de desenvolvimento demográfico e socioeconômico do Estado de São Paulo, que esse setor da população aumentará progressivamente, alcançando uma vitalidade demográfica equivalente (ou levemente superior) a do estoque racial "branco".

Quadro II

Porcentagem de negros e mulatos, por condição social, na população total (1811 a 1886)

Ano	Livres	Escravos	Negros e Mulatos
	%	%	%
1811	24	23	47
1813	23	23	46
1815	23	24	47
1819*	—	33	—
1829**	20	30	—
1836	20	27	47
1852	19	28	47
1872	25	19	44
1886	—	14	24

* Cf. Samuel M. Lowrie, "O elemento negro na população de São Paulo", quadro I, p. 12 (78 202 escravos numa população de 238 323 habitantes).

** Idem, loc. cit. (90 712 escravos numa população de 306 581 habitantes).

Quadro III

Participação de negros e mulatos, por sexo, na composição da população do Estado de São Paulo (de 1890 a 1950)

ANOS	COR															TOTAL
	BRANCOS			MULATOS			NEGROS			CABOCLOS			AMARELOS			
	Homens	Mulheres	Total	Homens	Mulheres	Total	Homens	Mulheres	Total	Homens	Mulheres	Total	Homens	Mulheres	Total	
1890	447 111	426 312	873 423	109 556	108 049	217 605	93 601	85 925	179 526	57 743	56 456	114 199	—	—		1 384 753
			63,07%			15,71%			12,97%			8,24%	—	—		100%
1922-1923 Recrutas do Exército	—	—	4 380	—	—	657	—	—	314	—	—	13	—	—		5 364
			81,64%			12,24%			5,85%			0,24%	—	—		100%
1921-1928 (óbitos)	—	—	624 208	—	—	63 746	—	—	57 127	—	—	—	—	—	3 991	749 072
			83,33%			8,51%			7,62%	—	—	—			0,53%	100%
1940	3 113 725	2 984 137	6 097 862	173 334	164 480	337 814	266 252	258 189	524 441	—	—	—	114 631	100 217	214 848	7 180 316*
			84,92%			4,70%			7,30%	—	—	—			2,99%	100%
1950	3 978 890	3 844 221	7 823 111	151 191	141 478	292 669	366 544	361 245	727 789	—	—	—	145 099	131 752	276 851	9 134 423*
			85,64%			3,20%			7,96%	—	—	—			3,03%	100%

*   Incluídos 5 351 (0,07%) sem cor declarada.
**   Incluídos 14 003 (0,15%) sem cor declarada.

Quadro IV

*Pessoas presentes, de 10 anos e mais segundo a cor
e a posição na ocupação* (1950)*

COR	Empregados	Empregadores	Por conta própria	Membro da família
Brancos	1 846 445 84%	146 145 91,7%	461 502 87%	378 225 83%
Mulatos	83 336 3,8%	1 396 0,9%	12 586 2,4%	13 056 3%
Negros	238 169 11%	2 561 1,6%	27 326 5,2%	31 925 7%
Amarelos	21 120 1%	9 179 5,8%	28 794 5,4%	31 600 7%
TOTAL	2 189 070 100%	159 281 100%	530 208 100%	454 806 100%

Fonte dos dados brutos: *VI Recenseamento Geral do Brasil – 1950: Estado de São Paulo. Censo demográfico*, op. cit., p. 30.
* Foram omitidas as respostas sem declaração de posição.

O negro e a evolução de São Paulo

É difícil avaliar-se, estruturalmente, a importância do negro como *fator humano* na formação da civilização imperante em nosso Estado. As autoavaliações, correntes no *meio negro*, indicam propensões bem definidas para superestimar a sua influência. Partindo do pressuposto de que o negro e o mulato, como agentes do trabalho escravo e parte fundamental da periferia da família patriarcal dos estratos senhoriais, praticamente constituíam o substrato do funcionamento da economia e da sociedade sob a escravidão, essas autoavaliações atribuem ao negro todo o surto de progresso e de riqueza. No meio branco, ao contrário, os mesmos pressupostos alicerçam propensões inversas, que subestimam ou negam qualquer influência social construtiva do negro. Em alguns círculos chega-se até a ligar o "estado baixo" das sociedades africanas à ideia de que o negro exerceu e continuará a exercer uma influência deletéria sobre os costumes e a moralidade dos brancos. Os resultados da análise sociológica não satisfazem a nenhuma dessas avaliações. Mas descortinam um quadro que abre ao negro um crédito digno de consideração e que revelam que sua importância puramente histórica transcende, de muito, ao significado que teria como puro agente do trabalho escravo.

O negro esteve presente e assistiu a duas revoluções econômicas na história social do Estado de São Paulo. A primeira já foi mencionada acima: a revolução agrícola, inerente à transição para a grande lavoura escravista. Pouco se tem escrito a respeito.[19] No entanto, toda a evolução de São Paulo teria sido diversa se o término da aventura aurífera encontrasse outro desfecho histórico. A riqueza acumulada pelos paulistas objetivou-se principalmente numa volumosa escravaria, que precisou ser transferida para as localidades em que residiam os seus senhores. Daí resultou que uma lavoura de subsistência, em estagnação e embricada numa tosca economia de troca, apenas parcialmente monetária, viu-se subitamente "enriquecida". Se fosse outra a conjuntura econômica reinante em escala geral, é provável que os escravos seriam convertidos ao seu valor venal. Nas circunstâncias reinantes, os senhores foram predominantemente forçados a reter suas escravarias e a se defrontarem com os dilemas econômicos que assim se criavam. Dispunham de uma massa relativamente grande de mão de obra privilegiada e, não obstante, os meios para aplicá-las produtivamente eram pouco ou nada compensadores. Isso explica a tenacidade com que se devotaram à busca de um produto agrícola, que permitisse a introdução e a expansão da grande

---

19 Cf. R. Bastide e F. Fernandes, p. 18-27 (é claro que a interpretação desenvolvida colide com o ponto de vista preferido por outros autores, que convertem o desenvolvimento agrícola num processo linear, que giraria em torno da migração do café. Preferimos uma interpretação que leva em conta as transformações de estrutura do sistema econômico e que mostra, de modo claro, que a seleção dos produtos agrícolas exploráveis se fazia numa linha de ação econômica inventiva e adaptativa, segundo possibilidades de cada região da província).

lavoura no interior de São Paulo; e, também, explica o desenvolvimento independente, mas concomitante (com relações diversas apenas em razão dos produtos agrícolas experimentados), que ela iria apresentar nas diferentes regiões da província. O exemplo do Oeste paulista é o mais expressivo, na medida em que revela como o aventureiro, o tropeiro, o negociante ou o minerador porfiavam por igual na tentativa de se fixarem nas lides agrícolas em novas bases e de descobrir o produto que facilitasse a integração definitiva na economia agrária exportadora.

Nesse contexto, o negro teve um papel histórico primordial (em linguagem sociológica, diríamos que o escravo preencheu uma função social construtiva, no nível da diferenciação do sistema econômico). É que ele estava na própria raiz do dilema. A falta de documentos pessoais não possibilita uma análise suficiente comprobatória e conclusiva dos fatos. Todavia, pode-se conjeturar, com certa plausibilidade, que os senhores tiveram de escolher, por causa mesmo da massa de escravos relativamente alta que possuíam, entre a ação econômica criadora e a ruína. Ou superavam a estagnação econômica e rompiam, assim, com a economia de subsistência; ou veriam perecer a sua riqueza, imobilizada no agente de trabalho escravo. Doutro lado, como dispunham desse agente, contavam com o principal requisito econômico para tentar as sucessivas experiências que levariam à seleção dos produtos-chave e, por fim, à constituição de uma infraestrutura econômica que asseguraria a implantação da grande lavoura exportadora no Oeste paulista.

A *revolução burguesa*, a outra revolução econômica assistida pelo negro, não contou com sua influência direta na cadeia dos fatores causais. Ela se desenrolou, nas condições mais remotas e primordiais, em conexão com a formação e expansão da grande lavoura exportadora. Contudo, nesse processo o negro só teve uma importância indireta, como agente humano do trabalho que permitiu a captação do excedente econômico que iria condicionar a constituição do complexo urbano-comercial de São Paulo e dinamizar o desenvolvimento do capitalismo comercial como realidade econômica interna. Não obstante, o negro ficou à margem desse processo histórico-social, cujos heróis, no Estado de São Paulo, foram o fazendeiro de café e o imigrante. Também ficou à margem dos proventos dessa revolução econômica, social e cultural, da qual só iria tirar algum proveito de modo muito tardio, quando o crescimento econômico e o desenvolvimento industrial passaram a mobilizar intensamente a reserva de trabalho existente na sociedade nacional, portanto depois das décadas de 1920 e 1930.[20]

É interessante notar o quanto a evolução socioeconômica de São Paulo discrepa do que ocorreu nas regiões do Brasil que conheceram algum apogeu ou crescimento econômico contínuo sob a égide do sistema colonial. Aqui, o negro teve, durante mais de dois séculos, uma função meramente suplementar e especializada. Somente depois da crise da mineração é que a escravidão iria implantar-se nos moldes imperantes naquelas regiões, no contexto em que a grande lavoura exportadora oferecia um substrato econômico, social e político à autêntica tradição senhorial brasileira. Ainda assim, não se reproduziram, aqui, várias das condições que cercaram esse mundo senhorial. Excetuando-se o Vale do Paraíba,[21] que se manteve fiel a esse modelo, mas era, sob tal aspecto, um apêndice sociocultural da zona fluminense e da influência da Corte, no Estado de São Paulo (e em particular no Oeste paulista) a escravidão nunca passou de uma instituição especializada, que interessava por causa de suas funções econômicas. Muitos fazendeiros logo atinaram com o teor antieconômico do padrão tradicional de organização da lavoura escravista e reagiram contra ele, procurando separar, normalmente, o "lar" da "unidade de produção". O que se chamou de absentismo do grande produtor rural escravista do interior era, portanto, uma tentativa de reduzir ou eliminar os custos sociais da produção escravista, pela redução da organização da fazenda às suas funções produtivas. Essa inovação não chegou a universalizar-se, pois muitos fazendeiros, mais apegados à tradição senhorial e aristocrática, eram por demais ciosos dos padrões tradicionais. Ainda assim, antes da implantação do trabalho livre, ela se achava muito difundida e era explorada pelos lavradores mais importantes. Além disso, a irradiação do progresso econômico sobre o ambiente social também assumiu no interior de São Paulo aspectos e tendências próprios. Os negros e mulatos "livres", especialmente, encontraram certas oportunidades econômicas, sociais e intelectuais apenas enquanto a estrutura do sistema escravista

---

20 A respeito, cf. F. Fernandes, 1965, vol. I, caps. 1 e 2 e vol. II, capítulo 5.
21 Uma caracterização da economia e do estilo de vida social do Vale do Paraíba, em virtude dos aspectos que interessam a esse estudo, cf. S. J. Stein, passim.

funcionou em condições de relativo equilíbrio. Logo que este se rompeu e o polo de equilíbrio deslocou-se para o desenvolvimento gradual do trabalho livre – o que ocorreu em pleno regime escravocrata-senhorial, como se pode inferir pelas estatísticas de 1872 – os negros e mulatos "livres" tiveram pela frente o imigrante, melhor qualificado, mais cotado e sempre preferido. Em consequência, estabeleceu-se uma correlação que fez com que a intensificação do crescimento econômico passasse a beneficiar o branco – predominantemente, o branco de origem estrangeira – e não o negro ou o mulato "livres". Tudo isso concorreu para que a situação humana, vinculada à escravidão, fosse muito mais dura e desumana em São Paulo, que em outras regiões do país,[22] e para que a transição para a liberdade representasse muito pouco como fonte de compensações sociais.

Esse aspecto merece ser cuidadosamente ponderado. Pode-se afirmar que o trabalho escravo foi explorado pelos paulistas de modo mais eficiente e sistemático. Isso não melhorou a condição do seu agente de trabalho e teve consequências insignificantes para o seu destino, quando se tornou "liberto" ou "cidadão". O mundo que surgiria posteriormente, em virtude do crescimento urbano-comercial e industrial, não corrigiria essa situação; para que ele viesse a contar, para o "negro" e o "mulato", era preciso que estes se transformassem previamente, assimilando atitudes e comportamentos do *homem da cidade* da era do trabalho livre e do capitalismo. Daí o quadro desolador, que cerca a desagregação do sistema servil e a formação da ordem social competitiva. O negro e o mulato, postos à margem, atravessam um duro período de desorganização social, de apatia e de desmoralização coletiva.[23] E os fracos índices de participação econômica, social e cultural chegam até os nossos dias atestando as dificuldades enfrentadas pelo negro e pelo mulato para se integrarem à ordem social competitiva. Os dados do censo de 1950 ofere-

---

22 Pode-se ter uma ideia aproximada do sistema de relações imperante em São Paulo através de R. Bastide e F. Fernandes, cap. 2, passim. Outros aspectos, relacionados com os reflexos da desagregação do sistema escravocrata e senhorial na vida humana do negro e do mulato, cf. F. Fernandes, 1965, vol. I, p. 103-190.

23 Cf. F. Fernandes, 1965, loc. cit. Os processos descritos dizem respeito à cidade de São Paulo, mas certos informantes afirmam que, em escala variável, as coisas se passaram do mesmo modo em outras cidades, como Campinas, Santos etc.

cem, a esse respeito, um panorama desolador. O quadro IV, sobre a posição na ocupação segundo a cor, indica que a estrutura socioeconômica do Estado de São Paulo acoberta, ainda hoje, extrema e inexorável desigualdade racial. Embora o negro e o mulato apareçam em todos os níveis e posições ocupacionais, isso se dá sem abalar nem mitigar os padrões seculares de dominação da "raça branca". Comparando os índices desse quadro com a porcentagem do negro e do mulato na população total (que era, em 1950, da ordem de 11,16%), constata-se a persistência da concentração relativa da renda, do prestígio social e do poder nas mãos dos "brancos" (ou de minorias cuja posição na estrutura socioeconômica favorece sua rápida absorção pela ordem social competitiva, como ocorre com os japoneses).

Apesar da extrema concentração social da renda e do prestígio social, que torna a estrutura ocupacional do Estado de São Paulo muito pouco "democrática" (ou balanceada), o estoque racial *branco* participa das posições mais vantajosas significativamente acima das proporções com que concorre para a composição da população total. O inverso sucede com referência à posição de empregado. O negro e o mulato, por sua vez, entram com quase 15% nesta posição; e concorrem, apenas, com 3.957 empregadores (ou seja: 2,5% da posição), o que testemunha, claramente, que a tendência à sua subalternização continua muito forte, malgrado a universalização do trabalho livre e a expansão do capitalismo. Se construíssemos uma distribuição percentual desses dados, de modo a obtermos a estrutura ocupacional de cada grupo de cor, teríamos um quadro que dispensaria maiores comentários:

Esses índices se repetem em outros níveis, que se considerem.

	Empregados	*Empregadores*	*Por conta própria*	*Membro da família*
Brancos	66%	5%	16%	13%
Mulatos	76%	1%	11%	12%
Negros	79%	0,8%	9%	11%
Amarelos	23%	10%	32%	35%

Assim, a relação de empregados com a população de 10 anos e mais é de 32%, para os brancos, de 11%, para os amarelos, e de 40 e 45%, respectivamente, para os mulatos e os negros. A mesma relação, com referência à proporção de empregadores, é de 2,5%, para os brancos, de 4,8%, para os amarelos, e de 0,6 e 0,4, respectivamente, para o mulato e o negro. Doutro lado, nestes dois setores da população se acham 16,5% (quanto aos mulatos) e 22,4% (quanto aos negros) da mão de obra feminina classificada em serviços, categoria que inclui as empregadas domésticas. O total de empregos nessa categoria (67 143) representa quase 21% da participação total do negro e do mulato na estrutura de emprego da população (a qual é da ordem de 321 505 empregos, cf. quadro IV). Pode-se ter uma ideia de como essa situação se reflete em outros domínios, através dos dados pertinentes à instrução. Enquanto 61% dos brancos e 74% dos amarelos se classificam como sabendo ler, apenas 43% dos mulatos e 41% dos negros se apresentam como tal.[24] O

CURSOS CONCLUÍDOS		
Elementar	*Médio*	*Superior*
Brancos	1617436 (90,2%)	297653 (96,3%)	44562 (97,8%)
Mulatos	31585 (1,8%)	1659 (0,5%)	170 (0,4%)
Negros	76652 (4,3%)	1879 (0,6%)	95 (0,2%)
Amarelos	65723 (3,6%)	7674 (2,5%)	674 (1,5%)
Sem declaração de cor	2142 (0,1%)	220 (0,07%)	28 (0,06%)
TOTAIS	1793538 (100%)	309085 (100%)	45529 (100%)

pior, porém, é que somente 32% da população negra e mulata, entre 5 e 14 anos, se encontraria sendo alfabetizada.[25] No mais, a distribuição das pessoas de 10 anos e mais, que possuíam em 1950 cursos completos, revela que as desvantagens existentes na estrutura ocupacional estão presentes, com maior intensidade relativa, na participação cultural segundo a cor:[26]

Pode-se concluir que, pelo menos até o presente, o negro não conseguiu, no Estado de São Paulo, uma acomodação econômica, social e culturalmente compensadora, seja no nível da economia de subsistência (como sucedeu em regiões rurais da Bahia ou Pernambuco, estudadas a esse respeito), seja no nível da economia urbana (como ocorreu em cidades como o Recife, Salvador ou mesmo Rio de Janeiro). Em consequência, sua presença como agente de preservação cultural foi aqui menos relevante. As únicas esferas em que aparenta algum êxito são a do folclore e a da religião. Não obstante, até nessas esferas a preservação cultural antes se associou ao estímulo negativo do isolamento forçado, imposto e mantido pela escravidão, que representa o produto de um florescimento espontâneo, forjado através de incentivos dinâmicos de subculturas em funcionamento integrado.[27]

Na verdade, a pressão assimilacionista da sociedade brasileira sempre foi pouco favorável à reelaboração interna de culturas de minorias étnicas ou raciais, nativas ou imigrantes. O sistema de controles vigente na época da escravidão impedia que o negro pudesse recriar, no Brasil, as culturas transplantadas. O rumo tomado pela escravidão em São Paulo fez com que esse fator operasse, aqui, com intensidade limite. A liberdade não alterou fundamentalmente essa condição, porque o negro não conseguiu erigir-se em porta-voz de uma "raça" e da "cultura" cor-

---

24 Cf. *Recenseamento Geral do Brasil*, 1950, p. 20-21.

25 Idem (48 664 indivíduos de 5 a 14 anos, entre os mulatos, e 114 412, entre os negros, declararam que não sabiam ler), ou seja, respectivamente, 67,5 e 68% dos respectivos grupos. O fenômeno ocorria entre os brancos numa escala acentuadamente menor, pois, nesses limites de idade, 46% declararam que sabiam ler e 54% indicaram o contrário.

26 Dados extraídos de *Recenseamento Geral do Brasil*, 1950, p. 24-25.

27 Seria interessante comparar, a esse respeito, os trabalhos de R. Bastide, 1959, esp. a parte sobre a macumba paulista, com os de O. C. Eduardo, 1948, e R. Ribeiro, 1952.

respondente. No momento em que ele tentou afirmar-se, não o fez em função do passado recente ou remoto, mas de sua situação de existência intolerável.[28] Suas reivindicações assumiram um tom de protesto coletivo, mas o protesto não foi aceito, entendido e moralmente compartilhado pelo "branco": isso exigiria uma transformação radical nos padrões de relação e de acomodação raciais, o que seria demais tanto para o branco das famílias tradicionais quanto para o branco imigrante.

Entretanto, é nessa esfera que surgiu a maior incisiva contribuição humana do negro. Pela primeira vez (e até agora a única vez na sociedade brasileira), uma minoria racial elevou o clamor de sua inconformidade até os ouvidos moucos das classes dirigentes e das elites locais. À crítica inerente a esse tipo de protesto possuía um teor construtivo e coerente com os requisitos morais de uma sociedade democrática. Contudo, o desmascaramento de mitos muito caros para a sociedade brasileira não se fez sem alguns ressentimentos e alta dose de paixão. Embora o negro e o mulato vencessem a si próprios, impondo-se como limites o ideal de fraternidade e de tolerância raciais, as suas afirmações de solidariedade grupal e de autodefesa coletiva não podiam ser aceitas sem reservas e oposição frontal. Era um desafio, que inclusive os "brancos" mais esclarecidos e tolerantes repudiavam como um grave risco ("ninguém pode segurar essa negrada", supunham, se negros e mulatos tomassem a si mesmos o governo do seu destino social).[29] Em suma, um muro intransponível, construído de egoísmo, indiferença e exasperação, impediu qualquer comunicação entre os movimentos de protesto do negro e a sociedade inclusiva. Eles acabaram desaparecendo, deixando atrás de si um novo folclore – o folclore do negro da cidade, que pretende a "Segunda Abolição", isto é, tornar-se cidadão e igualar-se ao branco.

É aí que se acha o legado mais significativo do negro à civilização imperante em São Paulo. O observador estranho ou superficial sente-se tentado a encontrar em outra parte os "êxitos marcantes" do negro e do mulato (nas realizações, por exemplo, dos jogadores de futebol, dos com-

---

28 Sobre os movimentos sociais no meio negro, apenas estão estudadas manifestações que ocorreram na cidade de São Paulo (cf. F. Fernandes, 1965, vol. II, cap. 4). Vários jornais negros, porém, foram publicados em cidades do interior, e alguns foram pioneiros na afirmação do "protesto negro".

29 Em F. Fernandes (loc. cit.), encontram-se exemplos a respeito.

positores, músicos e artistas de rádio, televisão ou teatro). Essas realizações, independentemente de sua enorme grandeza e importância, tem um significado muito discutível, como fatores ou como meros índices de ruptura com o passado, pois elas funcionam segundo a velha fórmula da *exceção que confirma a regra*. Elas não contribuem, por isso, para modificar velhos estereótipos raciais negativos nem para romper com o padrão tradicional de subalternização do "homem de cor".[30] Aqueles movimentos possuem outro significado, porque indicam como e dentro de que proporções negros e mulatos se afirmaram como parte de uma coletividade, exigindo para si a mesma condição humana dos homens das classes altas da raça dominante.

Um povo só se identifica com certo padrão de civilização quando o põe em prática de forma íntegra, equitativa e intransigente. Malgrado suas origens rústicas e humildes, o negro elevou-se acima do seu passado e do seu antigo senhor ao impor-se o dilema da igualdade racial em termos jurídico-políticos, socioeconômicos e morais. Não deixa de ser sintomático que essa necessidade histórica surgisse e eclodisse em São Paulo.[31] Com isso, o negro não se tornou, apenas, o representante das minorias que poderiam protestar contra iniquidades sociais: converteu-se na primeira parcela do povo que exigiu, como grupo e por conta própria, o seu quinhão e um destino a viver. Propôs, em síntese, o problema da democracia nos seus termos mais radicais e profundos, em face da tradição cultural dos círculos dirigentes. Contra as ideologias e as utopias dominantes, que mascaram a realidade e proclamam uma igualdade que não existe ou uma liberdade que não tem conteúdo histórico, ele opôs uma mensagem, em sua essência cristã, mas na forma liberal, de pura fé na civilização vigente. Assim, não foram os representantes das antigas elites senhoriais nem os descendentes dos migrantes que tomaram a si a autêntica defesa militante dos valores fundamentais

---

30 C.f., a respeito, J. B. Borges Pereira (esp. p. 93-239).

31 Isso não significa que a "gente de cor" não tenha organizado o seu protesto em outras regiões do país. O fenômeno foi relativamente universal na sociedade brasileira. Apenas em São Paulo, porém, surgiram movimentos sociais sistemáticos e que discrepavam das manifestações toleradas consensualmente, ameaçando os *mores* da comunidade inclusiva e criando confusões para ela, que se viu forçada a rotulá-los, pelas aparências, como se fossem "manifestações *racistas*".

dessa civilização. Os que a usaram, para concretizar a revolução burguesa, omitiram-se diante de tais valores e do que eles deveriam representar para instituir, equitativamente, *"o trabalho livre na Pátria Livre"*. Foram os que ficaram à margem, esquecidos e negados, que se tornaram os campeões desses valores, acalentando o sonho utópico de que a civilização aperfeiçoa a natureza íntima do homem e extirpa nele o lobo ou o cordeiro.

Bibliografia sumária

1) Fontes primárias (somente as citadas no texto):

Actas da comarca da villa de São Paulo (1596-1622), publicação oficial do Archivo Municipal de São Paulo, Duprat & Cia., 1915.

Documentos interessantes, Arquivo do Estado de São Paulo, vol. XXXI, São Paulo, 1901.

Relatório apresentado à assembleia geral na segunda sessão da décima quarta legislatura pelo ministro e secretário de estado dos negócios do Império Paulino José Soares de Souza, Rio de Janeiro, Tipografia Nacional, 1870.

Relatório e trabalhos estatísticos apresentados ao ilmo. e exmo. sr. conselheiro dr. José Bento da Cunha e Figueiredo ministro e secretário de estado dos negócios do Império pelo diretor geral conselheiro Manoel Francisco Correia em 31 de dezembro de 1876, Rio de Janeiro, Typographia de Hypolito José Pinto, 1877.

Relatório apresentado ao exmo. sr. presidente da província de São Paulo pela comissão central de estatística composta dos senhores dr. Elias Pacheco e Chaves (presidente), dr. Domingos José Nogueira Jaguaribe Filho, dr. Joaquim José Vieira de Carvalho, engenheiro Adolpho Augusto Pinto, Abílio Aurélio da Silva Marques, São Paulo, Leroy King Book-Walter, Tipografia King, 1888.

Sexo, raça e estado civil, nacionalidade, filiação, culto e analphabetismo da população recenseada em 31 de dezembro de 1890, Rio de Janeiro, Ministério da Indústria, Viação e Obras Públicas, Diretoria Geral de Estatísticas, 1898.

Recenseamento geral do Brasil (1º de setembro de 1940), *São Paulo* (Tomo 1), Instituto Brasileiro de Geografia e Estatística, Série Regional, Rio de Janeiro, parte XVII, 1950.

Recenseamento geral do Brasil – 1950: Estado de São Paulo. Censo Demográfico, IBGE, Conselho Nacional de Estatística, Rio de Janeiro, 1954.

Movimento migratório no estado de São Paulo (comentários sobre dados estatísticos referentes ao período 1827-1936), *D.I.C.I.*, Boletim da Diretoria de Terras, Colonização e Imigração, São Paulo, ano I, nº 1, 1937, p. 29-74.

Movimento Migratório do estado de São Paulo. Quadros Estatísticos Básicos (esp. Quadro E-13, sobre imigrantes e trabalhadores nacionais subsidiados e espontâneos entrados no Estado de São Paulo, de 1887 a 1939), S.I.C., Boletim do Serviço de Imigração e Colonização, São Paulo, nº 2, 1940, p. 129-151.

LOBO DA SILVA, Coronel dr. Arthur. *A anthropologia no exército brasileiro*. Rio de Janeiro, Archivos do Museu Nacional, vol. XXX, 1928.

MULLER, Marechal D. P., em *São Paulo em 1836*, reedição literal, *Ensaio d'um quadro estatístico da província de S. Paulo ordenado pelas leis provinciaes de 11 de abril de 1836, e 10 de março de 1837*, seção de obras de O Estado de São Paulo. São Paulo, Typographia de Costa Silveira, 1923.

SAINT-HILAIRE, Auguste de. *Voyage dans les provinces de Saint-Paul et de Sainte-Catherine*. Paris, Arthus Bertrand, Libraire-Éditeur, 2 vols., 1851.

VON SPIX, J. Bapt. e VON MARTIUS, Cral Friedr. Phil. *Reise in brazilien auf befehl sr. Majestät Maximilian Joseph I. Königs von Baiern in den Jabren 1817 bis 1820*. Munique, Gedruckt bei M. Lindauer, 3 vols., 1823, 1828, 1831.

2) Obras de reconstrução histórica:

AZEVEDO MARQUES, Manoel Eufrazio de. *Apontamentos históricos, geográphicos, biográphicos, estatísticos e noticiosos da província de São Paulo.* Rio de Janeiro, Typographia Universal de Eduardo & Henriqe Laemmert, 2 vols., 1879.

BANDEIRA DE MELLO, Affonso de Toledo. *O trabalho servil no Brasil.* Rio de Janeiro, Departamento de Estatística e Publicidade do Ministério do Trabalho, Indústria e Comércio, 1936.

BORGES PEREIRA, J. B. *Cor, profissão e mobilidade. O negro e o rádio de São Paulo,* Ms., Faculdade de Filosofia, Ciências e Letras da Universidade de São Paulo, São Paulo, 1966.

BUARQUE DE HOLANDA, Sérgio. *Monções.* Rio de Janeiro, Casa do Estudante do Brasil, 1945; prefácio em "Thomaz Davatz, no Brasil Memórias de um colono no Brasil". São Paulo, Livraria Martins, 1941.

COSTA, E. Viotti da. *Da senzala à colônia.* São Paulo, Difusão Europeia do Livro, 1966.

ELLIS JR., Alfredo. *A evolução da economia paulista e suas causas.* São Paulo. Cia. Editora Nacional, 1937; *Resumo da história de São Paulo.* Boletim XXXVII da Faculdade de Filosofia, Ciências e Letras da Universidade de São Paulo, São Paulo, 1944; *O ouro e a paulistânia.* Boletim XCVI da Faculdade de Filosofia, Ciências e Letras da Universidade de São Paulo, São Paulo, 1948; *O café e a paulistânia.* Boletim n.º 141 da Faculdade de Filosofia, Ciências e Letras da Universidade de São Paulo, São Paulo, 1951.

ELLIS JR., A. e ELLIS, Myrian. *A economia paulista no século XVIII. O ciclo do muar. O ciclo do açúcar.* Boletim n.º 115 da Faculdade de Filosofia, Ciências e Letras da Universidade de São Paulo, São Paulo, 1950.

GOULART, Maurício. *Escravidão africana no Brasil.* Das origens à extinção do tráfico. 2. ed., S. Paulo, Livraria Martins Editora S. A., 1950.

LEITE, Aureliano. *História da civilização paulista.* São Paulo, Livraria Martins Editora, s. d.

LOBO, Haddock e ALOISI, Irene. *O negro na vida social brasileira.* São Paulo, S. E. Panorama Ltda., 1941.

MACHADO, Alcântara. *Vida e morte do bandeirante*. Introdução de S. Milliet e desenhos de J. Wasth Rodrigues, São Paulo, Livraria Martins Editora, 1943.

MACHADO DE OLIVEIRA, J. J. *Quadro histórico da província de São Paulo para o uso das escolas de instrução pública*, oferecido à Assembleia Legislativa Provincial; exemplar manuscrito pertence à Biblioteca da Faculdade de Direito da Universidade de São Paulo. São Paulo, 6/2/1864.

PÁDUA, Ciro Tassara. *O negro no planalto* (do século XVI ao século XIX), separata do volume IX da *Revista do Instituto Histórico e Geográfico de São Paulo*. São Paulo, Imprensa Oficial do Estado, 1943.

PESTANA, Paulo R. *A expansão econômica do estado de São Paulo num século (1822-1922)*. São Paulo, Secretaria de Agricultura, Comércio e Obras Públicas, 1923.

RIBEIRO, José Jacinto. *Chronologia paulista ou relação histórica dos factos mais importantes ocorridos em S. Paulo desde a chegada de Martim Affonso de Souza a S. Vicente até 1898*, editada pelo governo de São Paulo. São Paulo, impressa nas oficinas do *Diário Oficial*, 1901.

RICARDO, Cassiano. *Marcha para o oeste*. A influência da bandeira na formação social e política do Brasil. 2. ed., Rio de Janeiro, Livraria José Olympio Editora, 2 vols., 1942.

TAUNAY, Affonso de E. *Subsídios para a história do tráfico africano no Brasil*, publicação do Instituto Histórico, separata *dos Anais do Terceiro Congresso de História Nacional*. Vol. III, Rio de Janeiro, Imprensa Nacional, 1941, p. 519-676; *História seiscentista da vila de São Paulo*. São Paulo, Tipografia Ideal, Heitor Canton, 4 vols., 1929; *História do café no Brasil*, esp. vols. 2, 3, 4, 5, 7 e 8, Rio de Janeiro, Departamento Nacional do Café, 1939.

VILHENA, Luiz dos Santos. *Recopilação de notícias da capitania de S. Paulo dividida em duas partes e acompanhada de duas plantas geographicas interessantes e pouco vulgares para servir na parte que convier de elementos para a história brasílica* (Lisboa, MDCCCII), Bahia, Imprensa Oficial do Estado, 1935.

ZEMELLA, Mafalda. *O abastecimento das capitanias das Minas Gerais no século XVIII*. Boletim 118 da Faculdade de Filosofia, Ciências e Letras da Universidade de São Paulo, 1951.

3) Estudos econômicos, estatísticos, antropológicos ou sociológicos: *

AMARAL, R. Joviano. *O negro na população de São Paulo*, prefácio de Oracy Nogueira. São Paulo, Ms., 1961.

AZEVEDO, S. de Almeida. "Imigração e colonização no Estado de São Paulo", *Revista do Arquivo Municipal*. São Paulo, ano VII, vol. LXXV, 1951, p. 105-157.

BASTIDE, R. *Sociologia do folclore brasileiro*. São Paulo, Editora Anhembi S.A., 1959; "Os suicídios em São Paulo, segundo a cor" e "A imprensa negra do estado de São Paulo". Boletim CXXI da Faculdade de Filosofia, Ciências e Letras da Universidade de São Paulo. São Paulo, s. d.

CAMARGO, J. F. *Crescimento da população no estado de São Paulo e seus aspectos econômicos*. Boletim nº 153 da Faculdade de Filosofia, Ciências e Letras da Universidade de São Paulo, São Paulo, 3 vols., 1952.

COSTA EDUARDO, Octavio. *The negro in northern Brazil. A study in acculturation*. Seattle, University of Washington Press, 1948.

FERNANDES, F. *A integração do negro à sociedade de classes*, Dominus Editora e Universidade de São Paulo, São Paulo, 2 vols., 1965; "Imigração e relações raciais", *Revista Civilização Brasileira*. Rio de Janeiro, ano 1, nº 8, 1966, p. 75-95.

LOWRIE, S. H. "O elemento negro na população de São Paulo", *Revista do Arquivo Municipal*. São Paulo, ano IV, vol. XLVIII, 1938, p. 5-56; "Ascendência das crianças registradas no parque Dom Pedro II", *Revista do Arquivo Municipal*. São Paulo, ano IV, vol. XXXIX, 1937, p. 261-274; "Origem da população da cidade de São Paulo e diferenciação das classes sociais", *Revista do Arquivo Municipal*. São Paulo, ano IV, vol. XLIII, 1938, p. 195-212; *Imigração e crescimento da população no estado de São Paulo*. São Paulo, Escola Livre de Sociologia e Política, 1938.

LYNN SMITH, T. *Brazil: people and institutions*, Baton Rouge. Louisiana State University Press, 1954.

---

* Para o estudo das manifestações do preconceito de cor em São Paulo, cf. bibliografia em F. Fernandes, 1965, vol. II, p. 284; quanto à bibliografia sobre o estudo das relações raciais no Brasil, cf. Octavio Ianni, *Raças e classes sociais no Brasil*, Rio de Janeiro, Civilização Brasileira, 1966 (Primeira Parte, p. 3-72).

MILLIET, S. *Roteiro do café e outros ensaios*. 3. ed., São Paulo, coleção Departamento de Cultura, 1941.

MORSE, R. M. *Formação histórica de São Paulo*, trad. de M. A. Madeira Kerberg e outros. São Paulo, Difusão Europeia do Livro, 1970.

NOGUEIRA, Oracy. "Relações raciais no município de Itapetininga", in "Unesco – Anhembi, *Relações raciais entre negros e brancos em São Paulo*". São Paulo, Editora Anhembi Ltda., 1955, p. 362-554; "O desenvolvimento de São Paulo através de índices demográficos, demógrafo-sanitários ("vitais") e educacionais", *Revista de Administração*. São Paulo, nº 30, 1963, p. 1-140.

PRADO JÚNIOR, C. *Formação do Brasil contemporâneo, Colônia*, S. Paulo, Livraria Martins Editora, 1942; *História econômica do Brasil*. 2. ed., São Paulo, Editora Brasiliense, 1949; *Evolução política do Brasil e outros estudos*. São Paulo, Editora Brasiliense, 1953 (ensaios reunidos na segunda, terceira e quarta partes).

RIBEIRO, R. *Os cultos afro-brasileiros do Recife*. Um estudo de ajustamento social. Recife, Instituto Joaquim Nabuco, 1952.

SIMONSEN, R. C. *História econômica do Brasil*, 1500-1820. São Paulo, Cia. Editora Nacional, 2 vols., 1937 (esp. vol. 1, cap. IX); "As consequências econômicas da abolição", *Revista do Arquivo Municipal*. São Paulo, ano IV, vol. XLVII, 1938, p. 257-268.

STEIN, Stanley J. *Grandeza e decadência do café no Vale do Paraíba*, trad. de L. Ventura. São Paulo, Editora Brasiliense, 1961.

VEIGA FILHO, J. P. da. *Estudo econômico e financeiro sobre o estado de S. Paulo*. São Paulo, Tipografia do Diário Oficial, 1896.

WAGLEY, C. *An introduction to Brazil*, Nova York/Londres, Columbia University Press, 1963.

Terceira Parte

EM BUSCA DA DEMOCRACIA RACIAL

Capítulo VII

Ciência e Consciência

Seria injusto dizer-se que o *conhecimento crítico* da realidade racial brasileira só foi inaugurado com a recente expansão das pesquisas sociais. Entretanto, está fora de dúvida que as ciências sociais contribuíram para ampliar e aprofundar a percepção objetiva dessa realidade, introduzindo em seu debate critérios de avaliação que não podem ser neutralizados ou contidos pelo pensamento conservador.

Como deveria normalmente ocorrer em uma sociedade fundada no trabalho escravo, as vítimas reais da escravidão ou das formas semilivres ou (semiescravas) de trabalho não participavam da elaboração e da revisão da ideologia e da utopia raciais, que se tornavam socialmente necessárias. Ambas foram forjadas, mantidas e refinadas pela *"raça" dominante*, cujas elites econômicas, culturais e políticas ditaram, como bem entenderam, como elas deviam exprimir as relações *"cristãs"* e *"justas"* entre senhores e escravos.

O desaparecimento da escravidão concorreu, de modo poderoso, para modificar as atitudes monolíticas e rígidas sobre a estratificação racial, que se ocultava por baixo do sistema senhorial e escravocrata. Primeiro, porque o abolicionismo desencadeou uma crítica severa da escravidão, como instituição social (em todos os planos, ou seja, com referência às suas funções econômicas, culturais e políticas). Embora os elementos oprimidos tivessem uma influência limitada na formação da contraideologia e da contrautopia inerentes ao abolicionismo, este trazia consigo uma nova imagem dos motivos e das consequências da estratificação racial, requerida pela escravidão. Segundo, porque a desagregação das formas sociais escravistas liberou o negro e o mulato do círculo de ferro da consciência racial conservadora, levando-os a identificar-se, aos poucos, com variantes desmistificadoras de explicação da realidade racial brasileira. Passaram-se mais de quatro décadas para que isso sucedesse. No entanto, os movimentos sociais do "meio negro" trouxeram, com a contraideologia e a contrautopia da *Segunda Abolição*, um autêntico desmascaramento da hipocrisia racial conservadora e uma afirmação pura do radicalismo democrático integral. Pela primeira vez na história do Brasil, a democratização das relações raciais foi equacionada pelo "negro" e pelo "mulato", embora nos limites da eficácia e da legitimidade da ordem social constituída.

As pesquisas sociais sobre as relações raciais surgiram *depois* desse evento, isto é, depois da efervescência e do rápido amortecimento subsequente do "protesto negro". Por isso, elas ganharam uma conexão de sentido típica: tinham, como ponto de partida, as elaborações *oficiais* e obnubilantes da consciência racial conservadora, e as elaborações *divergentes* mas esclarecedoras da contraideologia e da contrautopia raciais, difundidas pela rebelião dentro da ordem dos movimentos de protesto racial. Mesmo a pesquisa de campo mais neutra e estreitamente descritiva não poderia escapar ao confronto de representações tão extremadamente antagônicas. Qualquer análise de inconsistências institucionais, de iniquidades sociais fundadas na desigualdade racial ou de dualidades éticas, operativas no nível da acomodação racial, teria de levar em conta as implicações desse confronto e sua significação para o comportamento coletivo polarizado como divergente. O que é importante ressaltar é que o condicionamento exterior expunha as pesquisas sociais aos dilemas do meio ambiente e às pressões alternativas das opções em presença. O conhecimento do processo de democratização das relações raciais inseria-se, ele próprio, nas etapas históricas do processo, tendo assim de responder aos requisitos intelectuais tanto quanto aos requisitos práticos da transição para uma verdadeira democracia racial.[1]

Aqui estão reunidos dois prefácios, que situam a investigação sociológica diante dessa problemática, com que nos defrontamos por causa da estrutura e dos dinamismos da situação racial brasileira. O primeiro foi escrito para o livro de Fernando Henrique Cardoso e Octavio Ianni[2] e ressalta o significado da contribuição do cientista social para o alargamento e o aprofundamento da consciência social da realidade estudada; o segundo foi escrito para a edição condensada, em inglês, de um livro do autor[3] e esboça uma caracterização global de nossa situação de contato racial (e do que parece ser o seu principal ponto de contraste, com referência ao que se passa nos Estados Unidos). Ambos os livros suscitam uma reflexão fundamental: há um profundo e terrível hiato entre as técnicas de consciência social dos problemas raciais brasileiros e as técnicas que são empregadas para fazer em face das suas consequências (e não para *enfrentá-los* e *resolvê-los*, pois eles continuam ignorados nesse nível mais complexo de intervenção). No primeiro plano, a ciência concorre para demonstrar a validade e a consistência do "protesto negro", pondo em evidência as contradições que existem entre as normas ideais e o comportamento efetivo na esfera das relações raciais. No segundo plano, porém, a ciência permanece ignorada: os problemas raciais são congelados ou, então, se proclama que "eles não existem". Em consequência, o conhecimento acumulado torna-se improdutivo. A consciência social é "esclarecida" pela investigação sociológica, mas nem por isso ela se propõe o imperativo de uma transformação radical da realidade.

Isso significa, na verdade, que as forças sociais empenhadas na democratização das estruturas raciais da sociedade brasileira ainda não

---

1 Para uma análise das conexões das pesquisas realizadas com os processos histórico--sociais, cf. O. Ianni, *Raças e classes sociais no Brasil*, Rio de Janeiro, Editora Civilização Brasileira, 1966, p. 41-72.

2 F. H. Cardoso e O. Ianni, *Cor e mobilidade social em Florianópolis*. Aspectos das relações entre negros e brancos numa comunidade do Brasil Meridional, São Paulo, Cia. Editora Nacional, 1960.

3 F. Fernandes, *The negro in Brazilian society*, trad. de Jacqueline D. Skiles, A. Brunel e Arthur Rothwell, ed. de Phyllis B. Eveleth, Nova York/Londres, 1969.

são nem muito fortes nem muito organizadas. A simples negligência de problemas culturais, étnicos e raciais numa sociedade nacional tão heterogênea indica que o impulso para a preservação da desigualdade é mais poderoso que o impulso oposto, na direção da igualdade crescente. Quando a negligência emerge em um contexto no qual seria fácil fomentar o tratamento racional e programado dos problemas culturais, étnicos e raciais, e em que já se poderia contar com recursos intelectuais para submeter a controle pelo menos certos fatores de marginalização ou de exclusão (parcial ou total), fica patente a resistência à aceleração da mudança social progressiva. Estratos sociais fortemente identificados com a presente estrutura racial da sociedade brasileira estão empenhados na reprodução das desigualdades raciais existentes, identificando-se, consciente ou inconscientemente, com a perpetuação do *status quo* racial. Pondo o seu prestígio na balança, esses estratos decidem quais são as *políticas nacionais* "necessárias" e transferem a democracia racial para o futuro remoto.

Esse é o paradoxo que não conseguimos vencer. De um lado, o poder conservador barra, através de efeitos estáticos, a sensibilidade do sistema político diante do dilema racial. De outro lado, os grupos afetados – dos quais não se poderia falar em minoria, como nos Estados Unidos – estão aquém das relações de poder e do controle da influência política construtiva, direta ou indireta. As linhas igualitárias da participação socioeconômica, cultural e política, na esfera racial, são relegadas ao crescimento espontâneo e ao azar. Tem-se por certo que elas acabarão vingando. Mas não se procura intensificar os "ritmos da história". De novo, o egoísmo reaparece e decide as orientações de comportamento das elites no poder, pois não há muita diferença entre o que estamos assistindo e o que fizeram as mesmas elites no período final da desagregação do regime escravista. Então, os destituídos não foram contemplados nas diferentes "políticas" de aceleração das mudanças sociais, todas voltadas para os interesses econômicos, culturais e políticos dos estratos poderosos e privilegiados.

É preciso insistir sobre esse paradoxo. Nenhuma democracia será possível se tivermos uma linguagem "aberta" e um comportamento "fechado". O fato de as pesquisas sociais avançarem até as fronteiras do desmascaramento da nossa "constituição íntima", como sociedade nacional, e das nossas técnicas sociais estarem na idade da "cultura tradicional" constitui um fato chocante. Numa era em que a avaliação e o uso dos recursos humanos deram um salto revolucionário, nós nos apegamos, obstinadamente, a procedimentos ultrapassados e destrutivos. Como poderá o Brasil entrar na categoria de país de 100 milhões de habitantes com uma estatura tão pequena, sem mesmo contar com um esforço organizado e o intento de possuir políticas especiais, adequadas à solução dos problemas culturais, étnicos e raciais de sua população? E como esperar que a democracia racial se concretize, sem que se criem tais políticas segundo princípios que facilitem a crescente participação econômica, sociocultural e política por parte dos grupos ou categorias culturais, étnicos e raciais excluídos da integração nacional, em virtude das formas existentes de desigualdade econômica, sociocultural e política? Por aí se vê que o paradoxo apontado não envolve apenas comportamentos efetivos que honrem a nossa "lógica do discurso". Ele aponta também para uma maior congruência entre ciência e intervenção racional. Impõe-se que as técnicas de intervenção racional acompanhem e evolução da consciência social, eliminando-se o ponto morto da neutralização prática do conhecimento científico.

Todavia, semelhante desfecho requer maior envolvimento coletivo do "negro", do "mulato" e do "branco" na condenação de formas extremas de desigualdade racial. Os homens só trabalham por uma sociedade democrática quando possuem um sentimento profundo do valor da democracia – não em um sentido abstrato, mas de modo concreto e em todas as direções simultâneas. Uma sociedade elitista produz políticas elitistas e as aplica, se necessário, de forma autoritária ou totalitária. A democracia racial aparece, em sua consciência social, como uma contrafração e um efeito retórico. Por isso a transição para uma ordem racial democrática exige uma ruptura profunda com o passado. O passado não nos ensinou a respeitar e a amar o "negro" e o "mulato" como nossos irmãos. Ensinou-nos o oposto. Também não nos alertou para os riscos do egoísmo, concebido e aplicado como um estilo de vida. O paralelo com os Estados Unidos merece uma consideração mais profunda. Se a nossa experiência humana é realmente *mais humana*, por que não a aprofundamos? Por que mantemos diante de nossos problemas culturais, étnicos e raciais uma atitude de cega incompreensão? Se fizermos o paralelo até o fim, veremos que, nos Estados Unidos, houve um esforço muito mais concentrado e gigantesco para se equacionar e, dentro das condições de uma sociedade individualista, se resolver o "dilema racial". Todavia, os resultados atingidos foram modestos e o conflito racial tornou-se o calcanhar de aquiles daquela superpotência. O que podemos esperar, negligenciando até as providências mais elementares e ignorando o que é óbvio?

Desse prisma, é inteiramente falsa a avaliação negativa da contribuição dos cientistas sociais, que vêm insistindo sobre os contornos especiais de nosso dilema racial e clamam por providências práticas que estejam à altura de nossas ilusões. Tais cientistas não estão *criando o problema entre nós*", como falsamente se assoalhou. Eles apenas tentaram equacionar problemas que são centrais para o futuro do Brasil como nação e como democracia racial. O mal não está em que eles tenham tido a coragem de afrontar preconceitos arraigados. Ele procede da indiferença com que os resultados de suas investigações foram recebidos e da confiança numa crença inverossímil: de que se pode extrair a democracia racial do nada. É muito mais fácil, para uma nação moderna, ser antidemocrática que democrática. Em toda a parte, um contexto antidemocrático é quase sempre uma matéria de simples preservação ou de fortalecimento do *status quo*. O mesmo não sucede com o estabelecimento de uma sociedade democrática. Esta requer, como passo preliminar, a ruptura com o passado, e como processo decisivo, uma revolução *dentro* da ordem ou *contra* a ordem, que crie padrões efetivos de avaliação e de ação democráticos. Ao que parece, os cientistas sociais brasileiros foram até os limites de sua responsabilidade propriamente científica. O que pretendiam e pretendem é que o "*nosso problema*" seja esclarecido e resolvido, segundo os critérios racionais do pensamento científico.

1) O significado da análise sociológica das relações raciais

O progresso das ciências sociais no Brasil vem se refletindo de modo extenso e profundo no volume e na qualidade das investigações sobre relações étnicas e raciais. Semelhante tendência é muito natural, pois o nosso país constitui, como se diz vulgarmente, *um cadinho de raças e de culturas*. Ainda que tais investigações se proponham móveis empíricos e teóricos – até o presente, todas elas foram empreendidas com o objetivo de aumentar nossos conhecimentos sobre as diferentes situações de contato interétnico ou racial, caracterizáveis na sociedade brasileira – indiretamente elas satisfazem necessidades práticas de alcance coletivo. Ninguém ignora o quanto a heterogeneidade cultural e racial afetou, está afetando e continuará a afetar as possibilidades de desenvolvimento da "civilização ocidental" no Brasil. Sob esse aspecto, as questões pertinentes ao assunto possuem o caráter de *problema nacional*, o que confere às investigações realizadas ou em curso um interesse prático iludível.

O público leigo nem sempre atenta, convenientemente, para a mencionada significação dessas investigações. Estamos tão convencidos de que "o Brasil constitui uma democracia racial" que aplicamos mal mesmo as regras do bom senso na avaliação dos resultados a que chegam os investigadores. Com raras exceções, questionam-se os resultados à luz de argumentos que outra coisa não fazem senão justificar e defender as concepções econômicas, políticas e morais das camadas sociais que sempre tiraram proveito da desigualdade e das diferenças de oportunidade, consagradas ou mantidas pela ordem social herdada do passado. Em consequência, os advogados da tradição se convertem, insensivelmente, em obstáculos vivos à implantação da nova mentalidade, requerida por um país que pretende lutar pela industrialização, pela democratização da riqueza ou do poder e pelo progresso social.

Esse ponto precisa ser devidamente ressaltado. É preciso que se tenha em mente que o *preconceito* e a *discriminação* não degradam nem os seus portadores, nem as suas vítimas. Ambos são expressões da maneira pela qual a sociedade e a cultura organizam o comportamento dos seres humanos. Integram-se, estrutural e dinamicamente, no horizonte intelectual dos homens, determinando suas formas de conceber as pessoas, seus direitos e deveres, e sua posição na sociedade em que vivem. As convicções religiosas dos "brancos" e os danos seculares dos "negros" e "mulatos", somados a convicções da mesma espécie, criaram ambiente para o florescimento de avaliações emocionais e morais que colocam os dois temas em áreas de discussão proibida. Ora, o cientista social não se preocupa com o assunto neste nível, que para ele é etnocêntrico, de *mascaramento das coisas*, de respeito às convenções e de preservação da "paz doméstica", como diziam os ensaístas brasileiros do século XIX. Ao proceder à análise e à caracterização das situações, ele não condena nem o "branco" por ter preconceitos, nem o "negro" por suportá-los; ele tampouco se insurge contra manifestações mais ou menos disfarçadas de discriminação que mantêm a posição dominante de uma "raça" e a posição simetricamente subordinada de outra. Limita-se a mostrar como, em dadas condições de organização da sociedade, tais coisas podem dar-se e podem perpetuar-se. Doutro lado, põe em evidência o que certos estereótipos, avaliações, padrões de comportamento e valores sociais representam como *obstáculos* à mudança social. Nenhuma ordem social seria tão perfeita, aos olhos dos senhores de escravo do século XIX, quanto à da sociedade escravocrata e senhorial brasileira da época. Mesmo a escravidão era definida como um *bem*, que daria aos escravos conforto, segurança e freios morais. Os que se opuseram à escravidão pensavam exatamente o contrário e tinham em vista libertar especialmente o *branco* culto e abastado das peias produzidas pela escravidão. O problema continua o mesmo. O ideal brasileiro de uma democracia social, acima mesmo das diferenças étnicas e raciais, é o ideal mais elevado que uma coletividade chega a propor-se. Mas, para que ele se concretize, torna-se indispensável saber o que o detém na vida cotidiana.

Aí está o sentido mais profundo da contribuição positiva do cientista social. Ele não censura os agentes humanos, nem sequer em termos dos valores que servem para justificar suas ações. Tenta, somente, mostrar o grau de congruência existente entre as ações e os valores sociais. Muitas vezes, as omissões ocorridas na observância dos valores são frequentes e clamorosas; o que não impede que os agentes humanos ignorem ou dissimulem esse fato. Analisando-se as condições em que isso se dá, constata-se que os agentes atuam convictos da própria integridade, movidos por motivações que obliteram o reconhecimento objetivo da verdade. Nem por isso as incongruências deixam de refletir-se no grau de integração da ordem social estabelecida. Considerada através das formulações ideais, objetivadas culturalmente, a ordem social é uma; encarada através dos comportamentos manifestos dos indivíduos, mais ou menos incongruentes com aquelas formulações ideais, a ordem social é outra. Essa situação exemplifica o que os especialistas designam com o termo "inconsistência cultural". O comportamento dos indivíduos e o funcionamento das instituições não correspondem nem às determinações morais, impostas explicitamente por normas e valores sociais, nem aos requisitos ideais de organização da vida social, aceitos por todos como os fundamentos da própria ordem social estabelecida.

Ora, está fora de dúvidas que inconsistências dessa natureza restringem as potencialidades de desenvolvimento dos sistemas sociais. A perpetuação delas exprime estados de inércia cultural, que comprometem a capacidade dos agentes humanos na realização de certa concepção do mundo e da filosofia moral correspondente. Não existe democracia racial efetiva, em que o intercâmbio entre indivíduos pertencentes a "raças" distintas começa e termina no plano da tolerância convencionalizada. Esta pode satisfazer às exigências do "bom-tom", de um discutível "espírito cristão" e da necessidade prática de "manter cada um em seu lugar". Contudo, ela não aproxima realmente os homens senão na base da mera coexistência no mesmo espaço social e, onde isso chega a acontecer, da convivência restritiva, regulada por um código que consagra a desigualdade, disfarçando-a e justificando-a acima dos princípios de integração da ordem social democrática. Se insistimos nesse aspecto da questão é porque ele é essencial, quando se atenta para o futuro do Brasil como parte dos países integrados na órbita da civilização ocidental. O que está em jogo não é apenas a nossa possibilidade de imitar povos "mais adiantados", ou seja, de reproduzirmos o regime democrático com estilos de vida correlatos, tal como ele pode ser idealizado pela experiência histórica dos povos em questão. Mas a perspectiva de conseguirmos esse intento sem perdas culturais.

Desse ângulo, precisamos estar atentos a duas exigências intelectuais distintas, igualmente impositivas e cruciais na cena histórica brasileira. Primeiro, devemos conhecer melhor o que, em nossa herança sociocultural, é incompatível com a concepção democrática da vida e com a implantação da democracia no Brasil. Muitos simplificam demais essa questão, pensando que o problema está nos hábitos de mando e nas perversões do uso do poder pelos representantes do patrimonialismo ao velho estilo lusobrasileiro. No entanto, a questão é bem mais complexa. Aos hábitos e expectativas de mando das antigas camadas dominantes correspondem hábitos de subordinação e obediência, tanto quanto representações que legitimam a dominação patrimonialista em termos das tradições. Além disso, com a mudança rápida da situação, amplos setores da população – *em todas as camadas da pirâmide social* – não chegaram a adquirir hábitos novos, fundados em concepções racionais das relações entre meios e fins e nos valores que legitimam a dominação burocrática. Portanto, o conhecimento da realidade presente precisa ser bastante amplo para proporcionar-nos ideias justas sobre os pontos em que a herança social tradicional se opõe, como obstáculo cultural, às tendências favoráveis à democratização e para revelar-nos as condições em que ela orienta negativamente a formação de hábitos novos, polarizando-os em torno das concepções patrimonialistas das relações de dominação-subordinação. Segundo, devemos conhecer, igualmente, o que deve ser preservado, a todo custo, em nossa herança sociocultural. Um povo que estimule programas rápidos de mudança cultural, sem orientá-los segundo critérios inteligentes e construtivos, paga preços exorbitantes pelo progresso social. Muitas vezes, este se faz ao longo de sacrifícios materiais e morais demasiado penosos, produzindo desorganização social permanente e seleção negativa de valores sociais, que poderiam preencher funções criadoras na própria reconstrução do sistema civilizatório. Vários "países subdesenvolvidos" estão trilhando esse caminho. Seria importante que o Brasil não os imitasse. A civilização ocidental é suficientemente rica e plástica para permitir amplas diferenças entre os sistemas culturais nacionais, que se organizam através de seus valores ideais básicos. Faltam-nos certas experiências históricas, suscetíveis de intensificar e dar solidez ao desenvolvimento da democracia social no Brasil. Entre eles, contam a ausência de um senso fundamental de respeito à pessoa humana e a incapacidade relativa de explorar com eficácia os modelos institucionais de organização grupal das atividades humanas. Em troca, dispomos de algumas realizações que merecem ser preservadas, por serem potencialmente positivas a esse respeito. Podemos incluir entre elas a tolerância convencionalizada nas relações raciais e o mínimo irredutível de sobranceria, que caracteriza a expressão assumida pelo individualismo e pela autonomia da pessoa quer em nosso *homem culto*, quer em nosso *homem rústico*. Componentes psicossociais dessa espécie, com suas bases dinâmicas socioculturais, merecem não só análises mais profundas; precisamos passar a encará-los com a parte positiva do nosso legado cultural, no processo incipiente de modernização do sistema civilizatório brasileiro.

Em suma, convidamos o leitor a suspender julgamentos correntes em nossos meios letrados e a fazer uma sorte de revolução copernicana em seus critérios de avaliação intelectual. Não devemos continuar provincianos, repelir conclusões fundamentadas em fatos coligidos através de inquéritos positivos, só porque eles não coincidem com estereótipos ou com concepções tradicionais arraigadas. Procedendo dessa forma, corremos o risco de considerar *perfeita* uma democracia racial que ainda se está formando e polindo. Doutro lado, devemos principalmente adotar um novo estado de espírito, que nos facilite a tarefa de tirar proveito real das contribuições intelectuais dos cientistas sociais. Mesmo que incorram em defeitos ou limitações, elas alargam nossa capacidade de representar as condições e os processos da vida social organizada em nosso meio. Além disso, ampliam os nossos critérios de reconhecimento objetivo das exigências da situação histórico-social brasileira. Se não fizermos isso, corremos o risco anacrônico de alimentar separações que não devem existir entre intelectuais, que se entendam "especialistas" ou "leigos" conforme as perspectivas de que avaliem sua produção e sua responsabilidade. Existe, ainda hoje, um fosso entre ambos, o qual concorre para manter isolamentos improdutivos e adversos às funções criadoras da inteligência. O historiador ou o economista, por exemplo, teimam em ignorar a contribuição específica do etnólogo ou do sociólogo para os seus estudos em realização. Nisso, são pagos com a mesma moeda por estes. O crítico literário ou o romancista continuam fascinados por modelos pré-universitários de trabalho, plenamente justificáveis no passado, mas obsoletos em nossos dias. O jornalista ainda se aferra a ambições olímpicas, da autossuficiência poligráfica. E assim por diante! A consequência fatal é sempre a mesma... Esterilização dos esforços bem-sucedidos e um eterno recomeçar do marco zero, por temor à colaboração, ao diálogo e ao trabalho verdadeiramente intelectual, que é coletivo. Após os resultados de investigações etnológicas ou sociológicas criteriosas, historiadores retomam temas sobre a vida social entre os aborígenes, a colonização do Brasil etc., segundo chavões inconsistentes e deformativos. O "como se" orienta a interpretação dos processos econômicos, descritos como forças autônomas e incondicionadas socialmente. O crítico trata de obras realizadas conforme diretrizes científicas como se discutisse um discurso parlamentar de Rui Barbosa. Inversamente, o sociólogo ou o etnólogo ignoram mais do que deveriam os resultados a que chegaram aqueles seus colegas, que permitiriam estabelecer interpretações mais integrativas das relações entre a estrutura social e a economia, o fluxo histórico, as repercussões dos padrões de gosto ou de consumo literário na organização do público e no destino final das produções intelectuais etc.

O presente livro convida-nos a tais reflexões. A razão disso é simples. Ele constitui um índice flagrante de que certas tendências de produção científica acabaram por fixar-se em nosso meio. Ele força-nos a pensar na contribuição dos cientistas sociais em termos de *processo* – de algo que tem continuidade, dimensão e sentido próprios. Seus autores, que contam entre os sociólogos de maior substância científica na atualidade, nele nos dão uma amostra do padrão de trabalho que está guiando, efetivamente, as exigências e as ambições dos investigadores que possuem boa formação especializada. Por acaso, trata-se da primeira experiência de ambos na realização de um projeto completo de pesquisa e na redação de uma monografia. Além disso, a própria pesquisa foi feita nas condições habituais de escassez de recursos, impondo sérias limitações do período de permanência em campo e na exploração das técnicas acessíveis de investigação. Condições aleatórias como essas seriam irrelevantes para a avaliação das tendências fundamentais de desenvolvimento da Sociologia em centros científicos mais avançados. Em face da situação brasileira, entretanto, elas possuem profunda significação. A razão disso é simples: elas revelam com clareza os ideais de trabalho reputados *essenciais*, pelos cientistas sociais brasileiros, encarados como verdadeiros "mínimos" em sua definição dos objetivos da investigação científica das sociedades humanas.

Pode-se constatar a veracidade dessa conclusão, em primeiro lugar, no plano metodológico. A monografia de Fernando Henrique Cardoso e Octavio Ianni sobre relações entre negros e brancos em Florianópolis constitui um produto marginal de investigação mais ampla. Ela reúne indicações levantadas com o fito de selecionar as unidades definitivas do projeto de estudos. Até hoje, não se fez nada semelhante no Brasil. Mesmo os autores que se referem à exploração de *casos típicos*, em suas investigações, nunca realizaram sondagens prévias suficientemente aprofundadas da realidade. Doutro lado, negligenciaram a importância de publicar trabalhos que contivessem o material porventura utilizado na seleção dos casos e que permitissem apreciar os próprios critérios de seleção. Em face disso, só temos a lamentar que esta monografia apresente, apenas, fatos concernentes a um dos casos – exatamente um dos que não se tornaram objeto de investigação intensiva posterior. De qualquer modo, porém, achamos que ela oferece um bom quadro de referência para a apreciação dos critérios usados no levantamento prévio e, principalmente, da consistência dos conhecimentos de que se serviram os investigadores para escolher as unidades da investigação sistemática. Do ponto de vista metodológico também merecem realce as diretrizes que orientaram os investigadores. Aqui, é preciso considerar o modelo de *survey* posto em prática e os propósitos mais gerais do projeto global. Quanto ao modelo de *survey*, deve-se notar o esforço de adequar essa técnica a um conhecimento mais penetrante da realidade. O objetivo foi alcançado mediante a complementação da observação intensiva dos aspectos da situação, que interessavam à sondagem, pelos resultados de questionários e da reconstrução histórica. Quanto aos propósitos gerais do projeto, parece-nos rica de consequências metodológicas a diretriz explorada pelos autores de conhecer o "passado" pelo "presente". Os caracteres das comunidades investigadas traduzem diferentes estágios de diferenciação e reintegração da sociedade brasileira e, por conseguinte, do sistema de relações sociais no Brasil. A formulação e o aproveitamento dessa ideia abre novas perspectivas quer aos estudos de caso, quer à elaboração comparativa dos resultados que se consigam obter através deles.

A mesma conclusão pode ser corroborada pelas implicações e contribuições da monografia no plano estritamente empírico. A significação do preparo especializado aqui se revela plenamente. Os autores evitaram a pretensão de reconstruir e de explicar "tudo", a qual transparece, desordenadamente, em quase todas as tentativas precedentes de análise histórico-sociográfica da *realidade brasileira*. Restringiram-se aos aspectos do sistema de relações raciais e da sociedade global que precisavam ser "conhecidos", como condição para a escolha dos casos. Mas esses aspectos foram reconstruídos e analisados metodicamente, ainda que nos limites de uma sondagem exploratória. Assim se explica o grau de sucesso alcançado pelos autores em dois níveis distintos. De um lado, na compreensão e interpretação de certos fenômenos ainda mal conhecidos na sociedade brasileira – a estrutura da economia colonial; os influxos dessa economia no processo de crescimento econômico; as conexões existentes entre as bases econômicas do sistema social e a organização das relações raciais; as origens e as funções sociais dos estereótipos raciais; as situações de interesses e os valores sociais que promovem o solapamento ou o reforço dos estereótipos raciais etc. De outro, na maneira de definir e compreender a situação de contato em termos da totalidade das condições, fatores e produtos de um mesmo *continuum* histórico-social: o que permitiu descrever os diversos aspectos dinâmicos do sistema de relações raciais, em sua formação, em sua evolução, em sua integração atual e nas tendências à reintegração que podem ser percebidas no presente.

A referida conclusão pode ser comprovada, por fim, no plano da contribuição teórica trazida por esta monografia aos estudos sociológicos das relações raciais no Brasil. Entre os sociólogos ainda prevalece a suposição que o *survey* se alimenta de intentos sociográficos. No entanto, os estudos dos discípulos de Park e de Burgess (para só citar os que aproveitaram explicitamente as perspectivas abertas pela cientificação do *survey*) demonstram que essa técnica pode ser associada a intuitos teóricos variáveis. No trabalho em apreço, há dois pontos a considerar-se, de efetiva significação "teórica". Um deles é pacífico: no caso, o levantamento se prende a uma linguagem empírica de definição dos problemas teóricos. Em outras palavras, isso quer dizer que o *survey* representa um instrumento da teoria, fornecendo à inteligência: a) critérios empíricos rigorosos de proposição das hipóteses; b) meios rudimentares de comprovação da plausibilidade e da consistência empíricas das hipóteses aventadas. O outro ponto não é tão pacífico, mas parece igualmente relevante: as evidências empíricas acumuladas, que permitem descrever e interpretar os processos estudados, são naturalmente úteis a investigações ulteriores, de teor comparativo. O fato de essas evidências serem obtidas e comprovadas através de recursos fornecidos pelo levantamento exploratório deixa de ser importante, passando para primeiro plano as sugestões, conclusões ou hipóteses que constituam o saldo positivo da contribuição teórica específica do próprio levantamento. É certo que, de modo geral, esse aspecto da contribuição de uma sondagem deve ser visto com reservas. Não devemos ignorar, todavia, que nesta monografia ela cobre uma área da sociedade brasileira quase inexplorada pelos especialistas. Em consequência, confere-nos a possibilidade de saber se certas explicações, obtidas no estudo de outras situações de contato no Brasil, são válidas para a zona meridional da sociedade brasileira. Acresce que as explanações apresentadas suscitam, aqui ou ali, pistas novas e a formulação de hipóteses dignas de consideração, como o leitor poderá verificar facilmente nas passagens relativas às vinculações entre a organização econômica da sociedade e o sistema de ajustamentos raciais ou às funções dos estereótipos raciais em sucessivos contextos histórico-sociais. No conjunto, pois, a monografia alarga as nossas possibilidades de explicar, sociologicamente, as bases e os produtos sociodinâmicos das relações raciais na sociedade brasileira.

As mencionadas qualidades da presente contribuição indicam que o cientista social brasileiro já *tem* um padrão de trabalho intelectual e que *é* capaz de aplicá-lo segundo os critérios do saber científico-positivo. Isso parece ser da maior importância para nós, porque o processo de desenvolvimento das ciências sociais no Brasil pode ser sumariamente descrito, no que ele possui de essencial, através de três gerações, que se acham em contato e em colaboração na vida acadêmica. O fato de os representantes da geração mais nova demonstrarem domínio seguro de seu campo – com as técnicas de investigação e os problemas correspondentes – constitui algo auspicioso, que nos faz confiar no progresso autêntico das ciências sociais em nossas instituições de ensino ou de pesquisa. Eles não incorrem nas mesmas limitações dos membros das suas gerações pioneiras, mais ou menos sacrificados pelas contingências seja da improvisação, seja da precariedade das condições de trabalho científico organizado. Podem tirar maior proveito de suas energias intelectuais e de sua capacidade criadora, tornando-se assim mais aptos para promover a expansão das ciências sociais nas três esferas correlatas do ensino, da pesquisa e da teoria. Os dois autores deste livro, pelo que podemos presumir, terão com toda a certeza uma participação construtiva e marcante nesses desenvolvimentos, que nos colocarão entre os grandes centros de investigação científica dos fenômenos sociais.

São Paulo, 12 de dezembro de 1959.

2) Acomodação, Conflito e Democracia Racial

Já se tornou um lugar comum que o Brasil é "um cadinho de raças e de culturas". No entanto, ainda não se focalizou devidamente as várias facetas desse cadinho, que está longe de ter concluído suas funções caldeadoras e que opera de forma peculiar em cada região do país.

Neste livro, são relatadas as principais conclusões de uma investigação sociológica, que tomou por objetivo a situação de contato entre negros e brancos na cidade de São Paulo. A cidade considerada não é importante por seu passado sob o regime servil. Mas por sua posição na emergência da civilização urbano-industrial no Brasil e por seu futuro, pois é a única metrópole brasileira que conta com um *background* econômico, social e cultural capaz de dinamizar o funcionamento e a expansão da sociedade de classes.

Nesse aspecto, ela é típica para o estudo das relações raciais em termos do que se vem chamando de "*Brasil moderno*". Nela, o negro e o mulato não encontraram, desde a desagregação do regime servil, nem o refúgio proporcionado pela economia de subsistência (que nivela "brancos" e "negros" no mundo rústico, parcialmente excluído da ordem legal e política inerente à sociedade nacional), nem as ambiguidades do paternalismo tradicionalista (persistentes de modo variável mesmo em cidades grandes, nas quais o legado do mundo colonial luso-brasileiro possua alguma vigência). Viram-se diante do branco sob o peso total das exigências da "sociedade competitiva", com as desvantagens oriundas de sua falta de socialização para o trabalho livre, a economia de mercado e o estilo de vida urbano, mais as limitações nascidas de arraigadas avaliações restritivas ou negativas, responsáveis por diversas modalidades de preconceito ou de discriminação raciais (fundadas na cor) e por sua consequente marginalização na ordem social competitiva.

Portanto, as razões que a tornam atípica e singular, no cenário histórico brasileiro, indicam-na como a cidade na qual se pode e se deve buscar respostas ao que o presente e o futuro reservam ao destino social e humano do negro, na era da civilização urbano-industrial. Primeiro, ela nos revela, com toda a dureza e com toda a clareza, que a *revolução burguesa* foi uma convulsão que apenas tocou nas bases econômicas, sociais e culturais do mundo dos brancos. O negro e o mulato ficaram à margem dos acontecimentos históricos e dos processos sociais que a engendraram. Segundo, a cidade também mostra que o negro e o mulato somente entraram no cálculo político dos brancos enquanto a escravidão contava como obstáculo histórico à revolução burguesa. Desagregado o regime servil e pulverizada a organização do trabalho escravo, ambos deixaram de ser relevantes como fonte de mão de obra, pois o imigrante passou a contar como o elemento central da reestruturação do sistema de relações de produção. Forjou-se, assim, um paradoxo. A sociedade de classes herdou os padrões de relações raciais, elaborados sob a escravidão, e manteve as principais iniquidades que pesavam sobre os "libertos" na ordem social escravocrata e senhorial. Não obstante, os negros e mulatos pouco ou quase nada conseguiram fazer para alterar o terrível curso da história, já que não possuíam condições econômicas, sociais e educacionais para enfrentar vantajosamente o período de transição, nem dispunham de meios culturais e políticos para se protegerem da catástrofe que se abateu sobre o *meio negro*.

Os seis capítulos que compõem este livro retratam os diversos aspectos da situação histórico-social que se criou sob o signo da revolução burguesa e da consolidação da ordem social competitiva. Nos dois extremos, estão as páginas mais tristes: da verdadeira ruína material e moral, que era a "vida do negro" na cidade, durante o primeiro quartel do século XX; e se acham as páginas mais esperançosas: do laborioso e discutível êxito das pequenas *"élites* de cor", constituídas sob a importância crescente dos migrantes nacionais nos últimos surtos industriais. No conjunto, o livro demonstra que o branco não tem consciência clara da situação racial imperante na cidade. Mascara a realidade, porque não se sente prejudicado ou ameaçado, direta ou indiretamente, pela presença de pouco mais de 10% de negros e mulatos na população global. Entretém os enganos e o farisaísmo da ideologia e da utopia raciais, construídas no passado e sob a égide da escravidão, como se fosse possível combinar o "espírito cristão" com a ignorância da pessoa, dos interesses e dos valores do "outro". Apega-se e mantém, assim, *o preconceito de não ter preconceito*, limitando-se a tratar o "negro" com tolerância, entretendo o velho cerimonial de polidez nas relações entre "pessoas de raças diferentes" e excluindo dessa tolerância qualquer sentido ou conteúdo propriamente igualitário. O livro também sugere que são vários os caminhos que levam o "negro" a se ver em função da imagem do "homem de cor", que o branco constrói e manipula com a maior desenvoltura. Uns sucumbem a essas influências reativas, outros reagem contra ela. De qualquer maneira, todos sofrem, no plano da consciência social da situação e no do comportamento, as consequências de um baixo ponto de partida, do farisaísmo do branco e das ambivalências ou indecisões que as frustrações resultantes instilam tanto no ânimo do "negro conformista" e do "negro trânsfuga" quanto no ânimo do "novo negro". O *protesto negro*, que exprimiu o clímax de sua capacidade de preocupar-se e de lutar pela *Segunda Abolição*, afirmou-se como um protesto dentro da ordem, como se uma minoria impotente pudesse conduzir uma revolução através da mudança das leis e dos costumes. Ele possui um enorme valor, como marco histórico e como evidência do poder assimilacionista da sociedade inclusiva. Mas deixa patente que, mantidas as atuais condições econômicas, sociais e políticas, o altruísmo, a nobreza e a elevação dos movimentos sociais do meio negro não põem em questão as "injustiças" dos brancos ou da ordem social existente, porque o *protesto* acabou se transformando num valor em si mesmo, como se o negro tomasse a si a tarefa histórica de exibir uma integridade que os brancos não possuem na autoidentificação com os valores fundamentais da civilização vigente.

Se a sociedade brasileira fosse menos indiferente à "questão racial", o *protesto negro* provocaria profunda comoção nacional. Ao se pôr em causa e ao exigir dos brancos o seu quinhão de liberdade e de igualdade efetivas na ordem estabelecida, o "negro" tomou a si o papel de paladino da democracia, num país em que as *elites* tradicionais e as novas classes em ascensão preocupavam-se e lutavam pelo poder político ou pelo poder econômico, sem se importarem com as deformações do regime republicano e com a criação de um verdadeiro estilo democrático de vida. Assumia os riscos de construir uma contraideologia que o afirmava, historicamente, através daquilo que negava, convertendo-se numa espécie de *superbranco* e num campeão ingênuo mas íntegro da própria ordem social que deveria atacar e destruir. Portanto, vítima de duas explorações cruéis – a que se estabelecera pela escravidão e a que resultara do modo pelo qual se concretizara a abolição – o "negro" não se insurge contra a ordem existente nem se volta contra os brancos. Ao contrário, propõe-se defender, para si e para os outros, os valores ideais dessa ordem social, embora eles não tivessem vigência senão para os brancos das classes dominantes ou em ascensão socioeconômica.

O livro funda-se em dados colhidos pacientemente, expurgados e criticados de maneira cuidadosa. Portanto, os relatos se baseiam em conclusões que se alicerçam em observações objetivas e que podem ser comprovadas por outros investigadores.[4] Não obstante, em nenhum momento da pesquisa, da classificação e interpretação dos dados ou mesmo da exposição o autor pretendeu ser "neutro". Não há neutralidade possível diante de tal realidade. Pode-se, como parte do treino científico, aprender-se a ser objetivo. Contudo, se a ciência nos conduzisse à indiferença diante dos valores fundamentais da civilização, das manifestações violentas ou pacíficas do etnocentrismo e do preconceito racial, ou dos efeitos de qualquer tipo de discriminação, ela não mereceria ser cultivada nem poderia fornecer a única via, que ainda nos resta, para a reconstrução das bases morais da vida humana em nossa era. A investigação ajudou-nos a compreender a propalada "democracia racial brasileira" como parte de uma complicada situação econômica e sociocultural, que expõe o branco a procurar subterfúgios e disfarces à sua impotência para dotar a sociedade brasileira de condições reais de equidade social, em todos os níveis das relações humanas. Doutro lado, ela também fortaleceu a nossa convicção de que o cientista social preenche papéis intelectuais altamente construtivos, ao elevar à esfera de consciência social aspectos da vida em sociedade que não são devidamente percebidos e explicados pelos agentes humanos. Ao desempenhar essa função de clarificação da consciência social e de alargamento do horizonte intelectual médio, o cientista social presta um grande serviço à sua comunidade nacional. Se for ouvido e, principalmente, se o conhecimento objetivo da situação se acompanhar de movimentos de reconstrução social, o conhecimento produzido pode se tornar muito útil para a calibração de mudanças sociais progressivas essenciais ao equilíbrio ou à transformação da ordem social. No caso brasileiro, é óbvio que o conhecimento sociológico, em instâncias análogas à presente, é suscetível de conduzir à verdadeira democracia, que não pode repousar em mitos, entretidos consciente ou inconscientemente. Se o brasileiro – especialmente o branco brasileiro –

---

4 Uma pesquisa feita independentemente do levantamento do autor e antes da publicação deste livro, que só foi aproveitada de maneira assistemática e parcial, revelou que o quadro aqui descrito se reproduz mesmo numa área que se supunha de "êxito marcante" do negro ou do mulato. Cf. João Baptista Borges Pereira, *Cor, profissão e mobilidade. O negro e o rádio de São Paulo*, São Paulo, Livraria Pioneira Editora e Editora da Universidade de São Paulo, 1967, p. 99-261.

abandonar o "preconceito de não ter preconceito" e aprender a tratar o *negro* não apenas como um ser humano, *in abstrato* e em termos de contato categórico, mas como alguém igual a si mesmo sob todos os aspectos e em todas as circunstâncias, e aprender o que livros como este podem ensinar sobre tal assunto, o Brasil se converterá rapidamente numa genuína democracia racial.

É provável que a instauração de uma democracia racial autêntica seja mais fácil no Brasil que nos Estados Unidos ou na África do Sul, por exemplo. Existem na situação racial brasileira potencialidades favoráveis a uma transição pacífica e mais ou menos rápida nessa direção. Tudo vai depender das oportunidades de igualdade econômica, social e educacional que forem conferidas aos "negros". No entanto, ao contrário do que se costuma pensar, na sociedade brasileira também existem potencialidades desfavoráveis a esse desfecho, em si mesmo o único desejável. Essas potencialidades aparecem tanto na perplexidade e na frustração do elemento humano mais interessado – o negro e o mulato – quanto na completa indiferença e na omissão crônica do branco. E são agravadas pela atuação de dois outros fatores, que começam agora a ser melhor conhecidos. Primeiro, o regime de classes absorveu e continua a absorver estruturas sociais arcaicas na esfera das relações raciais, necessárias no antigo mundo social da sociedade escravista. A economia de mercado, o trabalho livre e a modernização institucional não eliminaram, como se poderia presumir, essas estruturas, o que faz com que o estoque de estereótipos contra o "escravo" ou o "liberto" continuem a ter vigência, referindo-se explicitamente ao "negro", e com que o velho padrão tradicional de relação racial assimétrica continue a devastar a segurança e as perspectivas históricas do *"homem de cor"*. Segundo, nas condições atuais, criadas pela sociedade competitiva, o negro e o mulato brasileiro dificilmente poderão congregar-se em movimentos sociais típicos de minorias insatisfeitas e insurgentes. O novo negro tende a abrir o seu caminho de forma independente e agressiva. Mas propende a resguardar-se através de um egoísmo individual frio e realista. Em consequência, corre o risco de combinar, em proporções inesperadas, "êxito econômico" ou "sucesso profissional" com malogros morais, forçando por sua vez a solução que o próprio branco prefere – de "contentar o negro", colocando-o, porém, fora de seu caminho. Nesse caso, a sociedade de classes abre vias tortuosas nas relações entre negros e brancos, que precisam ser conjuradas prontamente e com ânimo radical. Não há outra saída, para que a democracia racial passe de mito a realidade histórica na cena brasileira.

O presente trabalho foi escrito segundo alvos cognitivos que valorizam a análise macrossociológica e as possibilidades cognitivas inerentes à exploração concomitante de critérios sincrônicos e diacrônicos de descrição e interpretação dos dados de fato. Por isso, tendo-se em vista as orientações predominantes na investigação sociológica nos Estados Unidos, talvez pareça inadequada a atenção dispensada aos aspectos das relações raciais que seriam enfatizados em abordagens microssociológicas. Os fenômenos que Simmel chamaria de "microscópicos" não foram propriamente negligenciados. Contudo, foram observados, descritos e interpretados em termos de um ponto de vista geral que convertia tais aspectos em meros substratos de fenômenos mais complexos, dos quais o autor extraiu e isolou os fatores ou efeitos de significação heurística. Esse ponto de vista geral corresponde, *grosso modo*, à perspectiva de interpretação que Wright Mills defendeu com muita propriedade: *"Without use of history and without a historical sense of psychological matters, the social scientist cannot be adequately state the kinds of problems that ought now to be orienting points of his studies. (...) But the view of man as a social creature enables us to go much deeper than merely the external biography as a sequence of social roles. Such a view requires us to understand the most internal and 'psychological' features of man: in particular, his self image and his conscience and indeed the very growth of his mind. It may be well that the most radical discovery within recent psychology and social science is the discovery of how so many of the most intimate features of person are socially patterned and even implanted. Within the broad limits of the glandular and nervous apparatus, the emotions of fear and hatred and love and rage, in all their varieties, must be undestood in close and continual reference to the social biography and the social context in which they are experienced and expressed. (...) The biography and the character of the individual cannot be understood merely in terms of milieux, and certainly not intirely in terms of the early environments – those of infant and the child. Adequate understanding requires that we grasp the interplay of these intimate setting with their larger structural framework, and that we take into account the transformations of this framework, and the consequent effects upon milieux. When we understand social structures and structural changes as they bear upon more intimate scenes and experiences, we are able to understand the causes of individual conduct and feelings of which men in specific milieux are themselves unaware".* [5]

Um ponto de vista geral dessa natureza permite compreender e explicar processos psicossociais e socioculturais no contexto do funcionamento e da transformação estrutural da sociedade global. Portanto, o conhecimento teórico resultante é menos relevante para os aspectos psicossociológicos da manifestação e consequências do preconceito e da discriminação raciais, que para os seus aspectos histórico-sociológicos e estruturais-funcionais. Não obstante, suponho que esta obra traga alguma contribuição de maior interesse para a investigação comparada. A situação de contato racial brasileira não é tão importante por ser *neutra* em relação a ambos os fenômenos. Mas porque, nela, o preconceito e a discriminação raciais se manifestam de modo brando, difuso e assistemático. Por essa razão, ela apresenta interesse comparativo específico. Seja porque é, em si mesma, uma ilustração exemplar de uma alternativa típica de contato racial. Seja porque permite evidenciar, pela comparação, a natureza e a estrutura dos motivos que dinamizam a acomodação racial, em contraste com o conflito racial. Nesse sentido, por paradoxal que pareça, a passagem da "acomodação" ao "conflito" não é um índice negativo em face da emergência de uma democracia racial. Ao contrário, parece ser uma fase inevitável da transição nas condições em que o ritmo da desagregação do regime estamental e de castas, inerente à escravidão, apresenta intensidades desiguais no mundo negro, no mundo branco e na sociedade nacional considerada globalmente. Se essa interpretação for aceita como correta, então o conflito e a intensificação do conflito constituem evidências de uma progressiva democratização dos padrões de relações raciais. Ao inverso, a acomodação racial, em condições de capitulação passiva do negro ou de aceitação, por sua parte, de extrema desigualdade social, econômica e educacional evidenciam a persistência de formas de estratificação racial pré e antidemocráticas, quaisquer que sejam os padrões de decoro, de tolerância ou de simpatia envolvidos nos contatos sociais entre pessoas e grupos de pessoas pertencentes a categorias raciais diferentes.

---

5 C. Wright Mills, *The sociological imagination*, Nova York, Growe Press, 1960, p. 143 e 161-162.

O NEGRO NO MUNDO DOS BRANCOS

* * *

Tendo em vista obrigações contraídas especialmente em consequência da edição norte-americana deste livro, gostaria de agradecer o empenho de vários amigos e colegas norte-americanos, que tornaram possível a tradução do trabalho. Devo especial menção a Charles Wagley, que demonstrou, de várias formas, o seu proverbial despreendimento, generosidade intelectual e amor ao Brasil. Richard Morse, por sua vez, tornou-se digno de igual reconhecimento, pelos mesmos motivos. Jacqueline Quayle e Ariane Brunel fizeram da versão inglesa uma obra que possui méritos próprios, no que foram auxiliadas por Phyllis Eveleth, que se encarregou da parte editorial. Às três sinto-me extremamente reconhecido, por me darem uma colaboração anônima tão construtiva e criadora. Ao Institute of Latin American Studies da Columbia University devo mais do que simples agradecimentos. Não fora a oportunidade de convivência e de trabalho, que ganhei juntamente com a condição de *visiting-scholar*, é provável que esta tradução nunca viesse a lume e na presente forma. Por sua vez, devo à Columbia University Press, em particular através de seu diretor executivo, Bernard Gronert, uma simpatia genuína e estimulante, que me ajudou a correr os riscos de enfrentar um público tão diverso daquele para o qual a obra foi escrita originalmente. Espero que o livro justifique a colaboração e incentivo que recebi dessas pessoas e instituições, ajudando-nos a criar melhor compreensão e relações intelectuais mais profundas entre o Brasil e os Estados Unidos.

São Paulo, 18 de abril de 1968.

Capítulo VIII

Poesia e Sublimação das Frustrações Raciais*

Ignoro as razões que levaram Oswaldo de Camargo a dar-me o privilégio de prefaciar a presente coletânea de poemas. Não sou crítico literário. Tampouco tenho competência ou sensibilidade para apreciar judiciosamente sua produção poética. Considero a crítica literária uma especialidade complexa e difícil, que exclui a improvisação e requer não só talento e bom gosto, mas sensibilidade, erudição e imaginação criadora. Sendo evidente que não reúno essas condições (pelo menos em relação à capacidade de ser crítico literário...) entendi que o convite se endereçava ao sociólogo, algum tanto conhecedor da situação do negro na sociedade brasileira. Às vezes, uma condição exterior à obra de arte pode ser significativa para a sua compreensão e interpretação. Talvez o

---

* Prefácio de *15 poemas negros*, de Oswaldo de Camargo (São Paulo, Edição da Associação Cultural do Negro, 1969).

autor procurasse, portanto, alguém que pudesse "explicar" a sua poesia à luz de sua condição humana – das influências e motivações psicossociais que ficam por trás da sua maneira de ver e de representar, poeticamente, emoções, sentimentos, aspirações e frustrações que poderiam ser entendidos como parte da experiência de vida do negro brasileiro.

Todavia, ao ler e reler *Um homem tenta ser anjo* e as poesias colecionadas nesta obra, cheguei à conclusão de que Oswaldo de Camargo é, essencialmente, um poeta. O fato de ser negro tem tanta importância quanto outras circunstâncias (como a de ser *brasileiro, católico* marcado por experiências místicas singulares etc.). O que conta, em sua obra, é a poesia. Embora ela exprima, em várias direções, a condição humana do seu criador, sobre ela e não sobre outras coisas deveria falar o seu intérprete. Ora, falece-me autoridade para isso. Um poeta jovem, que vem de uma estreia recente, pretende algo mais que uma "apresentação" convencional: espera que o apresentador diga aos outros o que ele próprio sabe acerca de seus versos, de suas intenções e do sentido de sua poesia. Nada que me sentisse capaz de fazer, pelo menos com justiça, propriedade e o devido respeito pelo autor, pelo público e por mim mesmo...

Abriam-se diante de mim dois caminhos. Um, o de lamentar as limitações de nossa celebrada "formação humanística". Bem mal vai um país no qual um professor universitário treme diante das responsabilidades do juízo estético. Não é só um sistema de vida intelectual que sofre um impacto negativo. Penso, em particular, na negligência dos críticos especializados, que só existem para os produtores de arte de prestígio consagrado, subestimando ou negligenciando a energia moça, pela qual se processam a afirmação e a renovação das grandes ou das pequenas literaturas. O segundo caminho seria o de avançar os resultados de minhas modestas reflexões. Os que não podem concentrar-se na própria medula do raciocínio poético já dão algo de si indicando o que percebem, o que sentem e o que pensam. Por consideração especial pelo autor, não me neguei a isso. Acho sinceramente, porém, que ninguém lucrará nada com ideias tão minguadas de verdadeiro teor crítico.

Em uma civilização letrada, o poeta representa um dos produtos mais complicados do condicionamento educacional, intelectual e moral. É um contrassenso pensar-se que o negro brasileiro encontre na poesia (como em outros campos de arte) veículos fáceis de autorrealização. Há toda uma aprendizagem técnica, difícil de conseguir-se e de completar-se. Vencido esse obstáculo, erguem-se as verdadeiras barreiras humanas que estão dentro e fora do próprio negro. De um lado, temos as contingências de um meio intelectual ainda mal polido e parcamente aberto às aventuras da inteligência criadora. Ele se fecha com facilidade, movido por molas que as convenções escondem ou disfarçam, especialmente diante das ocorrências que fogem às normas e à rotina. O produtor de arte negro é, em si mesmo (isto é, independentemente da qualidade e da significação de sua poesia ou seja lá o que for), uma aberração de todas as normas e uma transgressão à rotina num mundo organizado por e para os brancos. De outro lado, acham-se as fronteiras que nascem da situação humana do negro na sociedade brasileira. Pode-se imaginar que existem várias gradações na linguagem poética e que a poesia não seja incompatível com nenhuma situação humana, reconhecível objetivamente. Embora isso pareça incontestável, só a força de um gênio permite superar as limitações sufocantes das barreiras que anulam o próprio sentido da dignidade do eu, aniquilando pela raiz as impulsões criadoras da inteligência humana. Em consequência, os "poetas negros" do Brasil caem, *grosso modo*, em duas categorias extremas. Ou são réplicas empobrecidas do "poetastro branco", ou são exceções que confirmam a regra, ou seja, episódios raros, na história de uma literatura de *brancos* e para *brancos*, o que se poderia exemplificar em relação à poesia, como uma figura tão conhecida como a de um Cruz e Sousa. Não existe uma vitória autêntica sobre o meio. A "inteligência negra" é tragada e destruída, inapelavelmente, antes de revelar toda a sua seiva, como se não importasse para o destino intelectual da Nação.

A produção poética de Oswaldo de Camargo suscita, em termos dessas ponderações, novos ensinamentos. Ela foge ao primeiro extremo e evita, apesar das qualidades visíveis do poeta, o segundo, demonstrando que o negro intelectual, liberto dos preconceitos destrutivos do passado, tende a identificar sua *condição humana*, e extrair dela uma força criadora quase brutal e desconhecida, bem como a superar-se pela consciência da dor, da vergonha e da afronta moral. Em outras palavras, começa a delinear-se uma *poesia negra* e dela constitui uma floração rica e exemplar a presente coletânea. Mais que sobre qualquer outra coisa, é sobre essa poesia que gostaria de meditar, servindo-me da oportunidade de que os versos de Oswaldo de Camargo me oferecem.

Na medida em que expressa a condição humana do negro no Brasil, essa poesia afirma-se como uma poesia de ressentimento e de profunda humilhação moral. Não evidencia apenas desalento e mortificação: a depreciação social da cor atinge o equilíbrio da pessoa, convertendo o poeta na voz do drama psicológico de uma coletividade. Já no livro anterior (*Um homem tenta ser anjo*, São Paulo, 1959), sente-se o tom acre e soturno do *protesto negro*:

> Meu Deus! Meu Deus! Com que pareço!?
> Vós me destes uma vida, Vós me destes
> e a não consigo levar...
> Vós me destes uma alma, Vós me destes
> e eu nem sei onde está...
>
> Vós me destes um rosto de homem,
> mas a treva caiu
> sobre ele, Deus meu, vede que triste,
> todo preto ele está! (*Um homem tenta ser anjo*, p. 55)

Mas é nos poemas desta coleção que o referido protesto atinge seu clímax, desvendando toda a amargura triste e a revolta de brasileiros que se envergonham de ser gente:

> Recolho o pensamento e me debruço
> nesta contemplação, assim me largo...
> E, preso ao ser que sou, soluço e babo
> na terra preta de meu corpo amargo...
> (excerto de *Canção amarga*)
>
> Deslembrado de mim, me recordei:
> folha no chão, estrume, antigo som
> de fonte e sobre a preta face
> essa tristeza que sempre haverei...
> (excerto de *Relembrança*)
>
> Quem vos disse, senhores, que pareço
> em desespero com qualquer rapaz?
> Se me amargo a contemplar-me, sou
> a luta entre o ser e o ser demais...
> (excerto de *Pergunta*)

Profundamente em mim uma lâmina se enterra
Se enterra e não vale recuo, nem o meu grito breve
às horas rubras desta tarde de hoje...

....

Já não sei que fazer para alegrar minh'alma!
E é preciso sofrer para salvar meu sonho!
(excerto de *Profundamente*)

Não sei meu rumo nesta rude terra,
nem sei a que destino me consagro...
(excerto de 4 *Sequências*, III)

Pelo amor das lindas horas
em que sonhais só co'o amor,
parai um pouco, senhoras,
somos os homens de cor,
que vêm tecendo coroas
de tristeza pela estrada...
Voltamos de muitas noites,
há noite dentro de nós,
pelo amor dos que vos amam,
escutai a nossa voz!

....

Encontramos a esperança
toda em pranto debulhada...
E nos perdemos na noite,
não achamos a alvorada;
queremos subir na vida,
não encontramos a escada...
E estamos diante de vós,
chorando o não sermos nada...
(excerto de *A modo de súplica*)

Eu conheço um grito de angústia,
e eu posso escrever este grito de angústia,

e eu posso berrar este grito de angústia,
quer ouvir?
"Sou um negro, Senhor, sou um... negro!"
(excerto de *Grito de angústia*)

Tentei multiplicar os exemplos de propósito. Sob várias facetas, eles nos mostram o negro torturado por avaliações que decorrem da aceitação de uma imagem do próprio negro construída pelo branco. As contradições, as ansiedades e as frustrações, expressas com tamanha autenticidade poética por Oswaldo de Camargo, emergem da mesma matriz. Avaliando-se através de critérios de julgamento e de expectativas morais recebidas do branco, o drama de ser negro corresponde, literalmente, à impossibilidade de afirmar-se em um mundo moldado pelos *brancos* e para *brancos*. Desde a infância, o negro é modelado para viver nesse mundo, como se não houvesse diferenças entre *negros* e *brancos*; mas as portas fecham-se diante dele, quando tenta atravessar os tortuosos corredores que conduzem a tal fim. Existe, pois, um "brancor" no negro, o qual só pode ser reconhecido e é válido como estado subjetivo do espírito:

Rosa, rosa, o meu brancor existe,
mas inexiste e meu corpo chora;
rosa, meu pensamento existe,
mas existe o meu corpo sofre...
Percebo o brancor que em mim existe
irrevelado e isso me faz triste...
Quero ser ave!
O azul sei que existe...
Ah, minha alma, chora!
(*Um homem tenta ser anjo*, p. 73)

Daí resultam contradições morais. A brancura e a infância surgem como obcecações que traduzem valores supremos:

Eu vi de branco a menina e esse sonho
jamais me escapou...
E meus dedos sem visgo em vão tentaram
sustar do sonho névoa e brevidade...
E não sei que eco de orfandade

lembrou-me então a mim que eu estava só,
só como o sonho que era único:
branca menina de sandálias brancas...
Como tudo era branco, branco, branco!
E quando me revi estava só...
E minha vida estava branca, branca, branca,
como meu primeiro caderno
da escola...
(Idem, p. 79)

Ah! que medi muito mal a distância da vida,
e julgara comigo: "hei de ir muito longe",
mas tombou sobre mim uma idade imprecisa
e eu invejo agora o menino que fui.

Eu invejo agora o menino que fui,
leve, andando nas pedras de tantas montanhas;
e, porque me tornei tristemente um homem,
para breve serei uma sombra, só sombra.

Muitos restos de mim larguei já pelas ruas;
infelizmente me gastando vou...
numa esquina qualquer muitas mortes me esperam,
e eu espero também qualquer morte que venha...
(parte de *Ronda)*

Ambas, a brancura e a infância, constituem polarizações centrais
em sua poesia. Uma, como expressão do mundo vedado objetivamente
ao negro, acessível pela participação subjetiva. Outra, como fase da vida
em que as proibições são menos drásticas ou passam despercebidas.

O drama psicológico e moral do negro, sentido e descrito nesse
plano, em que o *ego* aprofunda as contradições e as hipocrisias da "democracia racial brasileira", não consubstancia um estado de marginalidade
nem uma atitude de rebelião. Eventualmente, o "brancor" chega a ser
desmascarado:

Tenho em meus gestos um rebanho inteiro
de atitudes brancas, sem sentido,
que não sabem falar...
(excerto de *A manhã)*

Contudo, o jogo dos contrastes evoca a manhã e a noite em termos da oposição entre o *branco* e o *negro*. Não há o desafio moral da escolha nem o apego ambivalente à herança cultural do negro ou do branco; trata-se do universo mental que o negro se construiu, no qual ele deveria ser uma coisa, mas é outra:

Eu penso que a manhã não interpreta bem
a superfície escura desta pele,
que pássaro nela vai pousar?

Ai da tristeza de meu corpo, ai,
o pássaro conhece a manhã,
e sabe que é branca a manhã,
mas não ousa enterrar-se de novo
na noite...

Eu, no entanto, permaneço ao lado
da manhã e das cantigas...
A noite, a grande noite está pousada em mim
escandalosamente!
(Idem)

O que subsiste, pois, é o desalento ressentido, que transparece melhor onde se afirma uma ligação espiritual com os ancestrais africanos e escravos:

Meu grito é o estertor de um rio convulso...
Do Nilo, ah, do Nilo é o meu grito...
....

Meu grito é um espasmo que me esmaga,
há um punhal vibrando em mim, rasgando
meu pobre coração que hesita
entre erguer ou calar a voz aflita:
Ó África! Ó África!

Meu grito é sem cor, é um grito seco,
É verdadeiro e triste...
....

Por que é que grito?
(excertos de *Meu grito*)

Em suma, o negro não repudia nada – nem a experiência ancestral, nem o universo criado pelo branco, nem a condição humana que nele encontra. A sua revolta nasce de uma injustiça profunda e sem remédio, que só ele sente por ser posto à margem da vida e da justiça humana, vítima de um estado extremo de negação do homem pelo homem. Em nome de um código ético rude e egoísta, o branco ignora as torturas, os conflitos e as contradições que cimentam sua concepção "cristã", "cordial" e "democrática" do mundo, condenando à danação todos os *negros* que aceitem com integridade e ascetismo essa mesma concepção do mundo, com suas opções e valores morais.

Ainda é cedo para emitir juízos definitivos sobre essa poesia negra, associada à liberação social progressiva do branco e do negro na sociedade urbana e industrial brasileira de nossos dias. Dois pontos, todavia, poderiam ser aprofundados. Primeiro, na sua forma atual, fixando o drama moral do negro de um ângulo meramente subjetivo, ela não transcende nem mesmo radicaliza o grau de "consciência da situação" inerente às manifestações iletradas do *protesto negro*. É certo que ela expõe as coisas de maneira mais grandiosa, chocante e pungente. Diante dela, até os relutantes ou os indiferentes terão de abrir os olhos e o coração: há torpezas sem nome por detrás dos iníquos padrões de convivência, que regulam a integração do negro à ordem social vigente. No entanto, essa mesma poesia se mostra incapaz de sublimar atitudes, compulsões e aspirações inconformistas, que a poderiam converter numa rebelião voltada para o processo de redenção social do negro. Segundo, ela se divorcia, de modo singular, dos *mores* das populações negras brasileiras. Por enquanto, a poesia que serve de veículo ao protesto negro não se vincula, nem formal nem materialmente, ao mundo de valores ou ao clima poético das culturas negras do Brasil.

As duas constatações possuem amplo interesse. Elas não pressupõem nenhuma sorte de restrição ao nosso poeta ou ao tipo de poesia que se procura cultivar com vistas ao drama humano do negro. Mas revelam de forma expressiva o poder de condicionamento externo da obra de arte. Se o "meio negro brasileiro" tivesse um mínimo de integração, os dilemas morais descritos poderiam ser focalizados à luz de experiências coletivas autônomas. Existiriam conceitos e categorias de pensamento que permitiriam apreender a realidade sem nenhuma mediação ou alienação, através de sentimentos, percepções e explicações estritamente calcadas nos modos de sentir, de pensar e de agir dos próprios negros. Na medida em que o negro, como grupo ou "minoria racial", não dispõe de elementos para criar uma imagem coerente de si mesmo, vê-se na contingência de ser entendido e explicado pela contraimagem que dele faz o branco. Mesmo um poeta negro do estofo de Oswaldo de Camargo não escapa a esse impasse, de enorme importância histórica: até onde ele perdurar, o negro permanecerá ausente, como força social consciente e organizada, da luta contra a atual situação de contato, sendo-lhe impossível concorrer eficazmente para a correção das injustiças sociais que ela encobre e legitima.

Já o segundo ponto tem mais que ver com a dinâmica da criação literária. Os padrões de produção artística e de gosto literário imperantes aboliram, largamente, o influxo contínuo e produtivo das heranças culturais de que foram portadores estoques étnicos ou raciais considerados "inferiores". Ao aderir a tais padrões, o artista acaba sacrificando, sem o saber, riquezas potenciais insondáveis, algumas ligadas às suas energias pessoais, outras vinculadas à influência do ambiente social imediato. Um simples paralelo permitiria ilustrar claramente o que pretendo dizer. Tome-se como exemplo o futebol: em sucessivas gerações, sempre contamos com alguns "magos da pelota" negros e através deles conseguimos enriquecer gradativamente a nossa "arte de jogar". Em grande parte, isso se deve à liberdade de expressão conferida ao jogador negro, que não encontra réplica na esfera da produção artística, sufocada por preconceitos de vária espécie – ou se elimina o concurso do negro e o aproveitamento de sua contribuição criadora, ou se estiola sua capacidade de renovação, submetendo-o a um processo de reeducação que o transforma, sem nenhum sarcasmo, em um escritor branco de pele preta. Embora não devemos levar o paralelo com o futebol longe demais, o que parece aconselhável seria uma reação positiva, pela qual o intelectual negro (e como ele qualquer intelectual identificado com determinada parcela da heterogênea *civilização brasileira*) repudiasse os freios que o isolassem do *ethos* de sua gente. Certas perdas culturais são irrecuperáveis; perdemos o poeta negro que recriava as tradições poéticas tribais. Todavia, precisaríamos perder também a própria faculdade do poeta negro de exprimir-se, por meio de sua poesia, como e enquanto "negro"? Se se desprendesse da tutela total do branco, é presumível que o escritor negro brasileiro estaria em condições de contribuir melhor para o enriquecimento da nossa literatura.

Um poeta da envergadura de Oswaldo de Camargo, se persistir em aperfeiçoar-se e em trabalhar duramente, poderá marcar com sua presença tanto os movimentos sociais e culturais do meio negro quanto a renovação de nossa poesia. O "grande homem de cor" torna-se, em si mesmo, cada vez menos importante em nossa sociedade. Em compensação, os frutos de sua contribuição pesam cada vez mais no fluxo da vida humana. Ninguém melhor que um poeta para revitalizar as aspirações igualitárias, um tanto adormecidas atualmente, que orientaram os grandes movimentos sociais negros da década de 1930. Ninguém melhor que um poeta para sugerir novos rumos no aproveitamento construtivo das energias intelectuais dos "talentos negros". Fala-se muito que vivemos numa era pouco propícia à poesia. Não obstante, o poeta conserva o fascinante prestígio que advém da magia da palavra, indissoluvelmente associada à linguagem e ao raciocínio poéticos. O seu exemplo não só se propaga, como também cala fundo. Isso é tão verdadeiro hoje, como o foi no passado, embora muitos ignorem que não existe civilização sem poesia.

A questão está na qualidade da poesia. Em regra, o poeta negro brasileiro tende a entregar-se ao fascínio pela poesia de efeito dramático. A poesia de auditório, que adquire viço e arrebata os corações quando se atualiza através de um recital, com acompanhamento ao piano. Aqui e ali Oswaldo de Camargo fez concessões a esse tipo de poesia, enrijando-a com a substância crua da verdade e com sua admirável intuição poética. Mau grado o êxito invariável dessas composições, nas reuniões intelectuais das associações culturais negras, elas estão longe de justificar as preferências que merecem. Os caminhos que unem a redenção social do negro à emancipação intelectual do Brasil repousam sobre processos civilizatórios que reclamam uma poesia suscetível de inspirar e dirigir a ânsia de aperfeiçoamento contínuo do homem. Ela transparece em muitos versos e em alguns poemas de Oswaldo de Camargo, principalmente naqueles em que o *protesto negro* encontra eco mais sentido e profundo. Se ela se tornará mais participante e militante, ou não, é impossível prever. Tudo depende do interesse que o poeta tiver pelos problemas humanos de sua gente e do sentido que imprimir, em função disso, às suas atividades criadoras. De minha parte, gostaria imenso que ele completasse o círculo de sua evolução intelectual, arrostando os ângulos inexplorados do protesto negro e libertando-se de influxos que ainda retêm suas produções poéticas no limiar das experiências humanas do negro brasileiro.

Capítulo IX

O Teatro Negro*

O lançamento de uma coletânea de peças teatrais, organizada por Abdias do Nascimento,[1] obriga-nos a pensar de novo o teatro negro brasileiro ou, pelo menos, a relação que o teatro possa ter com os problemas humanos do negro no Brasil. Nesse livro, não é sem um rompante de orgulho que Abdias desvenda que "os antecedentes mais remotos de textos para negros, formalmente elaborados, estão no teatro grego. Ésquilo escreveu *As suplicantes*, odisseia das cinquenta filhas de Danau,

---

* Publicação prévia: O *Estado de S. Paulo*, Suplemento Literário, nº 268, 10/2/1962.

1 Abdias do Nascimento, *Dramas para negros e prólogo para brancos*, Antologia de Teatro Negro-Brasileiro, edição do Teatro Experimental do Negro, Rio de Janeiro, 1961; contém: "prólogo para brancos", de Abdias do Nascimento, p. 7-27; e as seguintes peças: O *filho pródigo*, de Lúcio Cardoso; O *castigo de Oxalá*, de Romeu Crusoé; *Auto da noiva*, de Rosário Fusco; *Sortilégio*, de Abdias do Nascimento; *Além do Rio (Medea)*, de Agostinho Olavo; *Filhos de santo*, de José de Morais Pinho; *Aruanda*, de Joaquim Ribeiro; *Anjo negro*, de Nelson Rodrigues; O *emparelhado*, de Tasso de Oliveira.

trigueiras de pele, queimadas pelo sol do Nilo"; e que as últimas tentativas de construir esses textos encontram representantes negros, incluídos em sua coletânea, através de Rosário Fusco, Romeu Crusoé e ele próprio, e outros dramaturgos, como Nelson Rodrigues, Tasso de Oliveira, Agostinho Olavo, Lúcio Cardoso, Joaquim Ribeiro e José de Morais Pinho, *brancos* "duma perspectiva de sentido popular" (p. 23-24).

Esse livro contém rica contribuição à compreensão do negro e dos véus com que o branco encobre uma realidade racial pungente; e bem poderia ser visto como uma "documentação" para a análise psicológica e sociológica das tensões e conflitos raciais no Brasil. Contudo, gostaria de abordar aspectos que assumem maior importância histórica para nós, porque definem melhor o que devemos esperar da *inteligência* negra em formação e afirmação. Seja-me permitido começar com uma citação, talvez extensa, mas necessária: "A literatura dramática para os negros está em plena fase de criação, e, certamente, não é estranho a esse fenômeno a era nova que o país atravessa, de desenvolvimento e autoconscientização. Sem dúvida, estamos assistindo ao encerramento da fase do *caos* para o negro ex-escravo. Assumindo, no Brasil, as consequências e as implicações que a Negritude contém, ele afia os instrumentos da sua recusa, engendrada na espoliação e no sofrimento: recusa da assimilação cultural; recusa da miscigenação compulsória; recusa à humilhação; recusa à miséria; recusa à servidão. O Teatro Experimental do Negro é isto: um instrumento e um elemento da negritude. Seu único valor absoluto é a generosidade" (p. 25).

Essas afirmações partem de Abdias do Nascimento e levam-nos, diretamente, para a problemática do teatro experimental do negro. As peças reunidas na coletânea seriam, por assim dizer, um episódio, ligado à contingência das relações entre meios e fins. O essencial não é a peça teatral, mas o drama coletivo de uma "raça" e de seus descendentes mestiços. Sem dúvida, ele tem razão. Os "dramas para negros", escritos por *negros* ou por *brancos*, são testemunhos. Eles indicam o que os homens pensam e, de forma mais sutil, o que a sociedade faz com o seu pensamento. Todavia, tomando-se em conta as peças coligidas (para só depois voltarmos ao assunto central), parece que estamos longe do equacionamento normal do que é a Negritude para os poetas negros da língua francesa. Para falar com franqueza, sempre encarei a Negritude como um produto intelectualístico. Isso não quer dizer que a considere algo artificial e inútil; ao contrário, ela foi o caminho pelo qual se criou a consciência revolucionária da condição do negro, em face da dominação colonial, dos dilemas morais da civilização cristã e tecnológica e do destino do mundo negro, liberado das fontes de sua alienação humana e da vergonha aniquiladora dos "outros". Se não quisermos confundir as coisas, devemos ser claros: a Negritude, associada à poesia negra que encontrou seu veículo na língua francesa, foi também favorecida por outras condições intelectuais, que converteram certos poetas negros de nossa era em alguns dos maiores poetas de todos os tempos. Sartre percebeu com grandeza esse fato. Embora suas variações sobre a Negritude não nos convençam, pelo menos quanto à necessidade e à universalidade do fenômeno, ele apontou com lucidez: 1ª) o que a condição humana do negro representou para o aparecimento e o florescimento de uma poesia revolucionária, que rompe todos os limites dos padrões estéticos e poéticos dos brancos (e mesmo da língua francesa, onde ela lhe serviu de veículo); 2ª) o que significa essa poesia como forma de consciência, de luta e de superação, pela qual o negro reivindica o seu passado, toma sobre si a responsabilidade do seu destino no presente e procura fundir esse destino à coexistência com seus algozes no futuro, sem dar as faces a beijar e sem nenhum falso puritanismo, como um ato puro de vitalidade e de confiança nos "estilos africanos de vida". "À absurda agitação utilitária do branco, o negro opõe a autenticidade recolhida de seu sofrimento; por ter desfrutado o horrível privilégio de tocar no fundo da desgraça, a raça negra é uma raça eleita".[2] Aqueles poetas apareceram como *vates* de uma "raça eleita", para expurgá-la e redimi-la. Só a poesia poderia fornecer meios para elevar de tal modo o homem na idade da máquina. Só o poeta negro poderia recuperar e retemperar os dons criadores da intuição genuinamente poética.

Agora, como vincular a literatura dramática brasileira a esse clima intelectual, com suas complexas raízes culturais e suas delicadas complicações morais? Quem leia a coletânea de Abdias do Nascimento logo constata uma coisa: os dramaturgos são *negros* e *brancos*, ainda que se possa, legitimamente, duvidar da "negritude" dos que são negros e da

---

2 Jean-Paul Sartre, "Orfeu negro", *Reflexões sobre o racismo*, trad. de J. Guinsburg, São Paulo, Difusão Europeia do Livro, 1960, p. 137.

"branquitude" dos que são brancos, dentro de nossas concepções de "raça" e de "cor". A mim isso sugere algo incontestável: o intelectual negro brasileiro tem de preparar-se para um desafio bem mais difícil que aquele com que arrastou o poeta negro das rebeliões africanas e das lutas anticolonialistas. Doutro lado, o intelectual branco brasileiro não pode ignorar esse desafio e voltar-lhe as costas, porque estamos todos empenhados em compreendê-lo, defini-lo e superá-lo, para realizarmos de forma autêntica e completa a representação do homem inerente à civilização pela qual propugnamos historicamente. Aí se colocam questões quase impossíveis. O branco consciente da situação histórico-cultural brasileira tem de resguardar as condições que permitam ao negro ser mais negro entre nós, não para separá-lo de si – mas para respeitá-lo, para conquistar uma perspectiva da qual possa valorizá-lo como ho-mem e amá-lo como criatura humana. E a recíproca é verdadeira. O negro precisa lutar para ser aceito como negro, preservar sua concepção do homem e sua herança cultural. Não para segregar-se, mas para fundir-se e perder-se, sem disfarçar-se ou ser destruído, no fluxo de crescimento de uma Nação que ainda se envergonha das grandezas de suas origens étnicas, raciais e culturais.

Nesse sentido, seria possível compreender e explicar a preocupação do intelectual brasileiro pela Negritude – como um estado de espírito de redenção do branco, no sentido evangélico, e de ascensão do negro a tudo o que lhe foi proibido ou negado. Contudo, como já aconteceu nas diferentes fases da luta antiescravista, esse estado de espírito tem de ser universal na sociedade brasileira. No passado, "lutar pelo negro" constituía *um mandato da raça branca*, como a ele se referiu Nabuco; hoje, "lutar pelo negro" é uma missão com que se defrontam os próprios negros, embora as suas aspirações nos afetem tanto quanto a eles próprios e nós façamos, ativa ou passivamente, parte do processo que se desenrola aos nossos olhos. Nesses termos, solidariedade e integração representam, meios e alvos, e nenhum *branco* está isento de compartilhar das opções que dão sentido ao "protesto negro", configurando-o como realidade histórica. Analisando as peças teatrais reunidas em *Dramas para negros e prólogos para brancos* à luz de semelhantes convicções, deduzi que é inviável outra fórmula, qualquer que ela seja, para a situação brasileira. Na verdade, Romeu Crusoé, Rosário Fusco e Abdias do Nascimento, os três dramaturgos "negros", não atingem senão o que

Sartre caracterizou como modalidades de "negritude objetiva": a valorização da experiência humana e de suas fontes psicológicas, sociais e culturais no mundo do negro. Ora, todas as demais peças, de autores "brancos", não fazem outra coisa, mesmo a tentativa de "recuperação folclórica" contida em *Aruanda*. Por curioso que seja, onde o jogo dos símbolos poderia nos levar acidentalmente mais longe, como em O *filho pródigo*, em *Sortilégio* e em *Anjo negro*, temos de novo o "branco" irmanado com o "negro" na busca de uma penetração mais profunda no cosmos moral produzido pela miscigenação e pelas injustiças flagrantes ou disfarçadas da "democracia racial" brasileira.

Tudo isso nos leva, naturalmente, a ter de refletir sobre o próprio problema do teatro negro no Brasil. A ideia de um teatro *experimental* nasce de uma formulação moderna e positiva: a questão está em saber como manejá-la. A rigor, o teatro que possuíamos (excetuando-se certas manifestações de teor folclórico ou popularesco e a presença deformada ou autêntica do negro no antigo teatro erudito brasileiro), como as demais manifestações intelectuais, era de brancos e para brancos. Engendrar um teatro negro significa dar oportunidade de formação e de afirmação artísticas ao negro – algo em si mesmo revolucionário, que implicava revisões de estereótipos negativos para o negro e na eliminação progressiva de barreiras que proscreviam o negro de nossa vida intelectual produtiva e criadora. Mas um teatro *experimental* tem de visar a outros fins. Ou seja, ao dar canais de expressão à capacidade criadora do negro e ao redefinir representações sobre suas aptidões intelectuais ou morais, *ele precisa concorrer para modificar alguma coisa em determinada direção*. Isso levanta várias questões, ligadas à elaboração dos dramas, à composição dos auditórios e às influências educativas do teatro.

Por várias vezes refleti seriamente sobre esse assunto e nunca consegui aliviar-me de certas perplexidades. Um dos pontos que me preocupou deveras diz respeito à ligação entre o teatro erudito e o teatro popular, com suas implicações operativas: se há grande interesse em atrair para esse teatro todos os brasileiros, há interesses especialíssimos de fomentar o comparecimento em massa do negro e de expandir as bases de recrutamento do artista negro nessa massa de espectadores. Nesse caso, o teatro deveria ser ainda mais revolucionário, quebrar as cadeias que o prendem ao nosso teatro europeizado ou norte-americanizado, tornando-se na medida do possível espontâneo, muito plástico e recuperando elementos da tradição africana que inseriam o drama diretamente nas condições tribais e de existência. Outro ponto vincula-se ao conteúdo desses dramas. Há a preocupação de evitar-se o "exótico", como estilização ou como estímulo estético; mas onde se tem explorado com vigor o incentivo pela *tomada de consciência*? Onde o desmascaramento ou a descrição simbólica foram mais longe, ambos permaneceram na periferia, em grande parte porque se resolveram os problemas da representação pelo artista negro, mas não se tinha possibilidade sequer de equacionar o outro problema, o do auditório e da participação do negro no público orgânico do teatro brasileiro. Por fim, a própria função ultraestética desse teatro impõe-se como acintoso desafio. Está certo que temos de pensar no *homem brasileiro* – e não no "branco" ou no "negro". Porém, segundo que medidas? O "branco" muitas vezes procura uma catarse, uma justificação ou uma compensação; e o "negro" – o que o teatro deve oferecer-lhe como incentivo, fonte de reeducação e meio de integração na liberdade? Ao ler esse belo livro, constatei que essas perplexidades respondem a motivos e a causas difíceis de alterar, porque provêm de uma situação histórico-cultural que se transforma com demasiada lentidão e muito pela rama. Em contrapeso, o negro marca a sua *presença*, conduzindo o teatro em novas direções, propondo novos liames entre a vida e a arte.

Quarta Parte

RELIGIÃO E FOLCLORE

Capítulo X

Representações Coletivas sobre o Negro: O Negro na Tradição Oral*

1) Reação do elemento negro sobre os folclores ibérico e ameríndio

O negro escravo ocupou, na sociedade brasileira, uma posição *sui generis*, infiltrando-se "em nossa vida íntima", como o observou Sílvio Romero. Por isso, consegui estabelecer e manter um sistema de relações primárias com os senhores, o que os colocou em situação privilegiada no grupo familial do branco e possibilitou o amplo sincretismo operado entre os elementos das três culturas em contato (do branco, do negro e do indígena). Estes aspectos da vida social e o aumento constante, durante o período do Brasil colônia e até meados do século XIX, do

---

* Série de artigos, publicados em O *Estado de S. Paulo* (1º/7/1943; 15/7/1943; 22/7/1943). Edição prévia conjunta: F. Fernandes, *Mudanças sociais no Brasil*, São Paulo, Difusão Europeia do Livro, 1960, p. 344-359.

contingente negro, através do tráfico e da própria reprodução, tendendo este elemento a distribuir-se sobre uma área cada vez maior e a participar constante e ativamente da vida cultural de toda a sociedade, explicam a preponderância do negro sobre o índio em nossa tradição oral (quer nos aspectos aculturativos iniciais, quer no posterior desenvolvimento de amplos processos de aculturação). Além disso, o elemento indígena tendia a se retrair para o sertão, fugindo ao cativeiro imposto pelos brancos; embora não tenhamos dados concretos para avaliar quantitativamente o que afirmamos, é do conhecimento geral essa fuga do índio à "civilização". É claro que a consequência imediata desse retraimento traduziu-se por uma diminuição dos contatos entre os índios e os brancos, o que possivelmente veio atenuar a intensidade dos processos aculturativos, existentes entre os dois grupos. As relações diretas entre negros e índios foi inicialmente prejudicada pela aversão que aqueles causavam aos silvícolas machos (cf. Saint-Hilaire) e provavelmente por motivos religiosos. Suas relações se tornaram mais íntimas só posteriormente, mas nunca chegaram a ser consideráveis, e isso nos força a admitir a hipótese de que a ação do negro sobre o folclore índio se processou através de contatos com os brancos, e sobre os elementos da cultura oral indígena aceitos pelos mesmos brancos.

Assim, além da sua contribuição original, o negro reagiu sobre o folclore do branco e do indígena, exercendo a função que naturalmente poderia ser realizada por este, tanto no que respeita à tradição lusitana como no que se referia à conservação da própria tradição indígena, não fossem as situações que apontamos acima.

Nos elementos do folclore ibérico, em que essa reação pode ser evidenciada, o negro preenche, geralmente, as funções correspondentes ao seu *status* social, ocupando os lugares "inferiores". É o que podemos observar no romance *D. barão*, recolhido por Celso de Magalhães no Recife e estudado por Sílvio Romero:[1]

> "D. Barão que era macaco
> De nada se arreceou;
> Chamou pelo seu 'moleque',
> Uma carta lhe entregou."

---

1 "A poesia popular no Brasil", *Revista Brasileira*, vol. VI, 1880, p. 157.

Compare-se agora ao mesmo romance, recolhido na Foz por Teófilo Braga:

"D. Barão como discreto
De nada se arreceou;
Chamou pelo seu criado,
Uma carta lhe entregou".

Vê-se que o criado português é substituído pelo moleque, o "prestadio mané-gostoso, manejado à vontade por nhonhô", como o considera Gilberto Freyre. Quando o preto não substituía o português de baixa posição, ocupava o lugar do espanta-crianças lusitano (o "cuca", o "papão"), na justa observação deste autor.[2] "Deixou-se de ninar o menino cantado como em Portugal:

'Vai-te, coca, vai-te, coca
Pra cima do telhado
Deixa dormir o menino
Um soninho descansado.'

'Para cantar de preferência:

Olha o negro velho
Em cima do telhado
Ele está dizendo
Quero menino assado'".

Com o "papão" aconteceu mesma coisa, sendo substituído pelo "tutu", como poderemos verificar, cotejando a variante brasileira e a versão portuguesa, colhidas, respectivamente, por Basílio de Magalhães e Gonçalves Viana:[3]

---

2 Gilberto Freyre, *Casa-grande & senzala*, Rio de Janeiro, 1938, p. 240.
3 *O folclore no Brasil*, Rio de Janeiro, 1939, p. 106, e *Palestras filológicas*, p. 93, apud. loc. cit.

"Tutu, vá-se embora
Pra cima do telhado,
Deixa o nhonhô
Dormir sossegado."

"Vai-te, papão, vai-te embora,
De cima desse telhado
Deixa dormir o menino
Um soninho descansado".

Todavia, não houve desaparecimento das versões portuguesas; apenas houve uma afro-abrasileirização, por assim dizer, como testemunham, entre outras, estas duas cantigas de berço, por nós recolhidas em São Paulo:

"Dorme, nenê (Bom Retiro)
Que o cuca logo vem
Papai foi na roça
E mamãe também."

"Papão vai embora (Bom Retiro)
De cima do telhado
Deixa o nenê
Dormir sossegado".

A mesma coisa podemos observar quanto ao conto "a menina de brincos de ouro" ou o "surrão que cantava", do ciclo europeu, apesar de ter um equivalente africano, recolhido por A. B. Ellis, segundo Nina Rodrigues: o velho do bordão, de branco que era na versão ibérica, a qual passou para nós e assim foi recolhida por Nina Rodrigues na Bahia, acabou por ser substituído por um negro, na variante registrada pelo dr. J. da Silva Campos, também da Bahia.[4] Da versão portuguesa, em que o "velho é branco e fala como tal":

---

4 Basílio de Magalhães, op. cit., p. 266-268 e 130-131. Arthur Ramos, O *folclore negro no Brasil*, Rio de Janeiro, 1935, p. 210.

"Canta, surrão
Senão levas com o bordão".

passamos ao negro africano:

"Canta, canta, minha surrão,
Se não eu ti dá
Com cachamora de minha brudão".

Na pesquisa que efetuamos em São Paulo não encontramos esse conto, todavia achamos provável que haja reminiscência do fato narrado, pois as crianças acreditam na existência do "homem do saco", o qual identificam exatamente ao negro do surrão, aproximando-o, doutro lado, muito do quibungo, porquanto é quase ilimitado o número de crianças que cabem no seu saco.

Além disso, "o negro adaptou elementos de sobrevivência histórica, e até enredos completos, ao teatro popular que ele já encontrou no Brasil, trazido pelos portugueses",[5] como podemos verificar nos "congos", por exemplo.

Elementos da cultura oral indígena também passaram por uma espécie de "africanização". Vejamos apenas dois exemplos esclarecedores, os quais demonstram em que consistiu precisamente essa "africanização": ou transformação completa de elementos da demologia ameríndia; ou aparecimento de criações idênticas, conservando o mesmo tema básico. Um dos exemplos é o saci, outro a iara.

Conforme especifica Basílio de Magalhães, no seu trabalho sobre o folclore brasileiro,[6] há uma dúplice simbolização do saci na mitologia indígena: uma antropomórfica e outra ornitomórfica. Enquanto no Norte era o saci representado por um "tapuia perneta de cabelo avermelhado, sem órgãos para excretar os resíduos da bebida e da alimentação sólida", na "africanização" do duende ameríndio predominou a representação antropomórfica, mas ficou tal como a conhecemos hoje: negro retinto com um barrete vermelho na cabeça e um cachimbo no canto

---

5 Arthur Ramos, op. cit., p. 39.
6 Op. cit., p. 76-78. Cf. também Lindolfo Gomes, *Contos populares*, vol. I, p. 91-94.

da boca, displicentemente levado, bondoso ou malvado, como o convém a uma entidade africanizada. Adaptou o nome à nova cor, passando a ser conhecido como "negrinho do pastoreio", "o negrinho da água", ou, simplesmente "o negrinho".

A iara já tinha uma correspondente na hidrolatria fetichista dos negros africanos: iemanjá. Entretanto, não houve propriamente uma substituição, na nossa cultura oral, desta por aquela, mas apenas o aparecimento de outra entidade idêntica, a "mãe-d'água".[7] Houve um interessante sincrestismo na versão africana, que se emparelhou à indígena, e da qual apenas sobreleva-se pelo culto hidrolátrico,[8] conservado pelos negros fetichistas.

Esses elementos, segundo cremos, podem dar uma ideia do que dissemos, acerca da reação do negro sobre os elementos dos folclores ibérico e indígena e mostram que, relativamente ao folclore do branco, há uma transferência das piores situações para o negro, que passa para um plano que poderíamos considerar "inferior".

2) A superioridade biológica e a posição social do negro

A superioridade biológica do negro, na tradição oral, refere-se à sua resistência física, longevidade e capacidade para trabalhos brutos. A análise das representações coletivas que significam uma superioridade biológica do negro pode ser feita, fecundamente, na paremiologia e em algumas quadrinhas do nosso folclore. A análise do material recolhido mostra que se trata de uma superioridade apenas aparente, pois os traços que poderiam caracterizar o negro como ser superior são aqueles que simbolizam uma verdadeira inferioridade e que definem a "besta". Em se tratando de trabalhos de raciocínio, logo aparece o branco para dirigir o preto e mandar nele. Vejamos alguma coisa: "Negro é como gato: tem sete fôlegos" (Bela Vista). Nesse provérbio a resistência do negro é comparada com a dos gatos, que, diz o povo, "tem sete vidas". Com significado correspondente, colhemos também: "Negro quando

---

7   O dr. João da Silva Campos recolheu os dois temas. Cf. op. cit., p. 246-249.
8   Arthur Ramos, O *negro brasileiro*, São Paulo, 1940, p. 47.

pinta tem sessenta mais trinta" (Pari). O termo "pinta" significa ficar com os cabelos brancos. "Negro não tem dó da pele" (Brás), porque é desassombrado e capaz de tarefas árduas. Esse provérbio faz parte do popular "bumba-meu-boi", conforme a versão descrita por Pereira da Costa e citada por Arthur Ramos:[9]

> "..............................
> Só achei a Mateus,
> Não achei Fidélis,
> Bem se diz que negro,
> Não tem dó da pele".

Sobre a resistência física do negro e capacidade de trabalho, ainda recolhemos as seguintes quadrinhas:

> "O negro é burro de carga (Brás)
> O branco é inteligente;
> O branco só não trabalha,
> Porque preto não é gente."

> "Quem diz que preto se cansa (Bela Vista)
> Não tem boa opinião,
> Se trabalha o dia inteiro,
> De noite ainda faz serão."

> "Negro é bicho safado (Ipiranga)
> Tem fôlego de sete gatos;
> Não fica doente nunca,
> Esse pé de carrapato."

Isso tudo, sintetizado, daria o generalizado rifão, corrente em São Paulo: "Trabalhar é pra negro", em que se liga à cor a ex-condição servil.

A inferioridade social do negro é fartamente expressa em várias situações do nosso folclore. Essa inferioridade, todavia, não é simplesmente constatada, pois se chega a dar aos atos da vida social dos pretos

---

9   O *negro brasileiro*, São Paulo, 1940, p. 365.

um significado deprimente e pejorativo, estabelecendo-se uma espécie de distinção entre esses atos e os mesmos quando praticados pelos brancos. Doutro lado, atribui-se comumente aos negros o mais baixo *status* da hierarquia social, correspondente ao nível econômico menos representativo, enquanto o intercasamento, previsto, é proibido.

Há, na nossa paremiologia, provérbios de uso cotidiano, como os seguintes: "Preto não é gente".

"Negro, quando não suja na entrada, suja na saída", e outros, que veremos adiante, os quais parecem aconselhar cautela aos que tratem com pretos.

Acreditamos que grande parte dos provérbios referentes à condição social do preto são partes do "padre-nosso do negro", do qual Sílvio Romero apenas recolheu os "fragmentos":[10]

"O negro na festa do branco é o primeiro que apanha e o último que come";

"Negro confessa e não comunga";

"Negro, quando se chama, resmunga; se resmunga, leva pau";

"Negro é vulto, quando não pede, furta";

"Negro tem catinga: tem semelhança com o Diabo";

"Negro é a derradeira coisa do mundo";

"Negro não entra na igreja; espia da banda de fora";

"Negro tem o pé de bicho, unha de caça e calcanhar rachado; o dedo mindinho é como semente de pepino de São Paulo; o cabelo é carrapicheira";

"Negro, quando não canta, assovia";

"Deitado é uma laje, comendo é um porco, sentado é um toco".

No passado, como atualmente, o mestre sergipano diz que recolheu esta "lengalenga" também dos próprios escravos negros, os quais a repeliam "com certo sentimento de inferioridade".

Vejamos o material que recolhemos:

"Negro não nasce, aparece" (geral);

"Negro não morre, desaparece" (idem);

---

10 "A poesia popular no Brasil", *Revista Brasileira*, 1879, vol. II, p. 38-39.

"Negro não acompanha procissão, persegue" (Cidade, Belém);
"Negro não almoça, come" (Cidade, Belém, Santa Cecília);
"Negro não come, engole" (Belém, Santa Cecília);
"Negro não casa, ajunta" (Belém);
"Negro não canta, negro grita" ou "negro berra" (Santa Cecília);
"Negro não dorme, negro cochila" (Santa Cecília);
"Negro não fuma, negro pita" (idem);
"Negro não faz feitiço, negro faz é mandinga" (Bela Vista);
"Negro não vive, negro vegeta" (Brás);
"Negro não fala, negro resmunga" (Bela Vista);
"Negro é pingueiro" (idem);
"Negro não bebe água, negro engole pinga" (Lapa).

A posição do preto e do branco, na escala social brasileira, estaria conforme ao sistema de castas, de acordo com a seguinte quadrinha popular que recolhemos:

"Branco nasceu para o mando (Belém)
O negro, pra trabalhar
Quando o negro não trabalha
Do branco deve apanhar".

A quadrinha ainda implica a manutenção da organização social pelo castigo nos casos extremos, como no tempo da escravidão.

Há também "xingações" padronizadas, para "bolir" com os pretos, como as seguintes: "macaco", "tição", ou "tiçuno", "saci", "bode", "pau de fumo" etc.

Do ponto de vista social, um dos índices mais importantes, que podem indicar se há uma efetiva segregação de certos elementos, é a miscigenação. A hipótese de fusão já foi prevista no folclore brasileiro e a reação é decisivamente contrária ao intercasamento, como podemos verificar (Pari):

"Marmelo é fruta gostosa,
Que dá na ponta da vara;
Branca que casa com preto
Não tem vergonha na cara".

O casamento deveria ser realizado dentro da mesma raça, negro com negro.

"Lá em cima daquele morro (Penha)
Tem um pé de samambaia;
Negra só casa com negro;
São gente da mesma laia."

Este tema não é comum unicamente ao folclore brasileiro, como podemos verificar na seguinte quadra, de "O preto", dança coreográfica recolhida por Fernandes Tomás, vulgarizada em todo Portugal:[11]

"Ai lari lari ló lela
Batatas com bacalhau,
O preto é para a preta,
São peças do mesmo pau".

Mário de Andrade[12] consigna o seguinte lundu, que ele data do século XIX, colhido em Bragança por uma sua aluna:

"GOSTO DE NEGRA

Eu gosto da negra
Cor de carvão,
Eu tenho por ela
Grande paixão

Que bem m'importa
Que falem de mim
Eu gosto da negra
Mesmo assim".

A segunda quadra já esclarece a situação real dos transgressores, que são castigados pelo "falatório" do povo.

---

11 *Canções portuguesas, do séc. XVII à atualidade,* Coimbra, 1934, p. 120.
12 O *folclore negro no Brasil,* Rio de Janeiro, 1935, p. 263.

A separação entre negro e branco não toma apenas lugar nos casos extremos de fusão. Os "não somos gente da mesma laia", ou "não vivemos no mesmo balaio" ou "não somos do mesmo estofo", podem limitar as relações sociais entre eles. Nesse sentido, são muito expressivos os versos de desafio, recolhidos por Pereira da Costa e citados por Arthur Ramos:[13]

"Há muito negro insolente,
Com eles não quero engano
Veja lá que nós não somos
Fazenda do mesmo pano,
Nisso só foram culpados
Nabuco e Zé Mariano".

O caso extremo de limitação do preto na vida social está representado na seguinte quadrinha, que recolhemos na Bela Vista:

"Negro preto, cor da noite,
Cabelo de pixaim
Pelo amor de Deus, te peço:
Negro não olha pra mim".

Também na música popular moderna podemos analisar esses fatos. O campo é vasto, para quem desejar fazer um trabalho completo; nós, porém, nos limitaremos a citar alguns fragmentos do samba-jongo "Nego", em que não há soluções possíveis para o negro:[14]

"Nego,
Língua de matraca
Boca de corneta
Nada que é seu
Se aproveita

....

---

13 *Idem, ibidem*, p. 263.
14 De autoria de Orlando Braga, Miguel Lima e Pedrito.

Chegando o dia de nego morrer
E se for pro céu, S. Pedro faz descer
No purgatório ninguém lhe abre a porta
E no inferno ninguém lhe quer ver".

Essa impossibilidade "do céu" para o preto está bastante generalizada na nossa tradição, como poderá exemplificar a quadrinha seguinte, recolhida por Alfredo Brandão,[15] e já anteriormente assinalada por outros autores, como Arthur Ramos e Pereira da Costa:

"Negro velho quando morre
Tem cantiga de xexéu
Permita Nossa Senhora
Que negro não vá ao céu".

O que vimos neste capítulo não passa de uma tentativa de localização, em nossa cultura tradicional, do problema do preconceito contra os indivíduos de cor preta. Como vimos, esse preconceito pode ser analisado nos elementos do folclore, o qual pode ser a fonte de estereótipos que fornecem juízos de valor aos indivíduos, regrando a sua conduta social. A consciência desses juízos de valor pode fazer com que os indivíduos, antes de se porem em contato direto, já se tenham julgado e avaliado reciprocamente, determinando-se, assim, os aspectos que as interações possam assumir.

Como observamos, e há muito tempo já observara Sílvio Romero, os pretos têm conhecimento dessas representações, que os colocam em plano inferior ao branco, e isso pode não só influir e modificar os aspectos das relações sociais, como contribuir para a existência e consciência de ressentimentos e marginalidade entre eles.

O simples fato de o branco formar "uma ideia inferior do negro" já seria suficiente para modificar o aspecto das relações sociais, evitando-o tanto quanto possível. Isso explica, até certo ponto, a predominância das relações horizontais entre indivíduos de cor diferente na sociedade sulina, pelo menos. A consciência dessa representação do branco,

---

15 "Os negros da história de Alagoas", *Estudos afro-brasileiros*, Rio de Janeiro, 1935, p. 87.

pelo preto, ainda modificaria mais os aspectos das interações, pelo seu espontâneo e consequente retraimento, o que podemos verificar em qualquer cidade paulista do interior, melhor que nos centros urbanos.

Essa situação é complicada posteriormente, pois o sentimento de inferioridade pode apresentar um duplo aspecto: a) ser o "resultado negativo de um processo de avaliação" e b) ser a "consequência de uma repulsa mais ou menos decidida".[16] A reação sistemática do primeiro aspecto sobre o segundo, ou deste sobre o primeiro, leva, inevitavelmente, a situações imprevistas e apressa prováveis conflitos, acabando por aumentar e cristalizar o hipotético ou real preconceito de cor. Desse modo, corporifica-se o retraimento do preto e sua aversão aos valores ou fatos concretos que o levaram a essa situação.

Aí transparece o ressentimento. Para se afirmar a veracidade do que afirmamos é suficiente a análise do ciclo de Pai João, na tradição popular, quer em prosa, quer em verso. Do mesmo modo a marginalidade, que podemos analisar também nesse material: o negro sente-se repelido num mundo que ele julga seu e que ele ajudou a criar.

3) Representações coletivas do negro – O ciclo da formação das raças

Além da análise sucinta que já fizemos da atuação do negro no folclore brasileiro, podemos encarar qual é a posição ocupada pelo negro neste mesmo folclore. Essa posição poderia ser reconhecida em certas representações coletivas, cristalizadas na tradição popular (nas lendas, na paremiologia etc.), as quais podem fornecer juízos de valor e regular, consequentemente, as relações entre os indivíduos de cor diferente, fornecendo padrões predominantes de comportamento e contribuindo para a estabilização definitiva dos padrões "democráticos" ou "aristocráticos", na sociedade. Em síntese, trata-se de verificar como o folclore brasileiro poderia colocar o problema das relações entre brancos e negros, e para isso nos amparamos, preferivelmente, em material por nós recolhido em São Paulo.

---

16 Emílio Willems, *Assimilação e populações marginais do Brasil*, São Paulo, 1940, p. 103.

Nesse material podemos distinguir três situações do negro, relativamente ao branco: 1) o negro é apresentado como sendo etiologicamente inferior ao branco; 2) o negro é apresentado como sendo biologicamente superior ao branco; 3) o negro é apresentado como sendo socialmente inferior ao branco. Vemos que os itens 1 e 3 são desfavoráveis ao negro, enquanto o item 2 parece, à primeira vista, favorável.

Os mesmos fatores que explicaram a atuação do negro no folclore brasileiro também explicam, a nosso ver, essas três situações do negro na sua tradição oral. De fato, a condição servil, se punha o negro em contato direto com o branco, punha-o em condições de inferioridade. Malgrado a formação cristã da civilização do senhor, o negro era a "besta de carga", a máquina que devia movimentar tudo, desde o interior da *Casa-grande*, até as áreas imensas, cobertas pela cultura e pelos engenhos. E como "besta de carga" era encarado pelo senhor, que dele exigia obediência sem limites e passividade absoluta, e o obrigava a trabalho insano, sol a sol, denominando "manhas do negro" qualquer pretexto de fadiga. Além disso, o negro, como cativo, não gozava das regalias da "pessoa" e ocupava o mais baixo *status* da hierarquia social, não tendo, mesmo, durante muito tempo, sequer o direito à paternidade, pois o filho era propriedade exclusiva do senhor, que dele dispunha livremente, vendendo-o ou conservando-o de acordo com as necessidades do momento. Doutro lado, o fato de haver relações sexuais entre o senhor e a escrava pouco ou quase nada beneficiava a mãe negra e o filho mestiço, pois ainda a escrava exercia a função de "besta", da máquina de reprodução da *Casa-grande*. E o que o senhor retinha dessas relações, posteriormente, era o aumento da mão de obra, equilibrando assim o número de braços com as necessidades de trabalho na fazenda.

A situação social do escravo, por outro lado, vinha reforçar as representações que já existiam sobre a inferioridade e a bestialidade do negro, que aliás justificavam a sua submissão e seu emprego como cativo, por parte dos senhores. O resultado dessas relações sociais, reguladas pela própria estruturação da sociedade colonial e imperial, bem como a existência anterior de estereótipos desfavoráveis aos negros, parecem-nos explicar, convenientemente, essas três situações previstas no nosso folclore.

Podemos analisar a representação da inferioridade etiológica no negro no ciclo sobre a formação das raças. Aí há uma localização bem definida da posição do negro, o qual, se aparece criado por Deus, se apresenta inferior em relação aos elementos representantes das demais raças, por uma espécie de retardamento físico e mental, os quais o inibem de qualquer iniciativa própria e imediata; ou, então, a noção de inferioridade se patenteia através da entidade criadora, diferente para o negro e para o branco, o Diabo e Deus, respectivamente; num último caso, a inferioridade é resultante de uma maldição motivada pela conduta do suposto ascendente, como veremos adiante. Esses fatos, cristalizando-se na tradição popular, refletiram-se na paremiologia, prevendo até a situação dos descendentes mestiços, como esclarece o seguinte provérbio, que recolhemos no bairro do Pari: "Caipira descendente de branco é limpo e trabalhador; caipira descendente de preto é sujo e vagabundo".

Vejamos as lendas.

"Origem das raças" (Pari).

"Antigamente todos os homens eram pretos. Uma vez Deus resolveu premiar o esforço de cada um sem nada ter dito a eles: mandou-os atravessar um rio. O mais esperto, e que tinha mais fé, executou logo as ordens de Deus, atravessando o rio a nado. Quando saiu do outro lado estava completamente branco, que era uma beleza.

Outro, quando viu o que aconteceu ao irmão, também correu para as águas do rio, fazendo a mesma coisa que ele tinha feito. Mas a água estava suja e ele saiu do outro lado apenas amarelo.

O terceiro também quis mudar a cor, imitando os dois irmãos. Mas a água estava muito mais suja e quando ele chegou do outro lado viu com desgosto que estava apenas mulato.

"O quarto, muito molenga e preguiçoso, quando chegou ao rio, Deus já o tinha feito secar. Então ele molhou os pés e as mãos, apertando-os sobre o leito do rio. É por isso que o preto tem só as palmas das mãos e as solas dos pés brancas, e é menos que os outros."

"O branco e o negro" (Lapa).

"Certo dia, Deus, ao ver o mundo tão bonito, resolveu povoá-lo para dar mais vida à natureza. Então fez o branco, aproveitando o barro da terra. O 'Tinhoso', que sempre anda espiando o que Deus faz para fazer a mesma coisa, também tratou de fazer um boneco de barro. Quando acabou deu um assoprão nele e um monstrengo cambaio, preto e de cabelo queimado, saiu a correr o mundo. O Diabo ficou danado da vida, pois o de Deus era branco e bonito, mas a culpa foi sua, porque não reparou que sua mão queimava. Assim nasceu o preto e o branco, um filho do 'Coisa-Ruim' e outro de 'Deus'".

A representação de que o negro é filho do Diabo está bastante disseminada entre o povo. Além dessa lenda, recolhemos outra ("Deus, o Diabo e o português"), de fundo anedótico, em que Deus cria o branco, o Diabo o negro, e o português, superando os dois, cria uma síntese: o mulato. Também na poesia popular cabocla há essa "preocupação de diminuir o preto", como observa Rodrigues de Carvalho,[17] que recolheu várias quadrinhas, entre as quais destacamos a seguinte:

"O branco é filho de Deus,
O mulato é enteado
O cabra não tem parente
E negro é filho do Diabo".

A outra lenda, que se refere ao suposto ascendente da raça negra, é a seguinte:

"Como nasceu a raça negra" (Santa Cecília):

"Quando Caim foi amaldiçoado por Deus, porque matou o seu irmão Abel, virou negro. E ele, no desespero, procurou um rio para se lavar. Encontrando um riacho, mal pôs a sola dos pés e as palmas da mão na água, o riacho secou. É por isso que os negros têm as palmas da mão e a sola dos pés brancas, enquanto o resto do seu corpo é negro como a noite."

Outra lenda, que esclarece a posição de inferioridade do negro no folclore brasileiro, é a seguinte, recolhida por Lindolfo Gomes,[18] e incluída no seu "Ciclo sobre a formação das raças: o branco, o índio e o negro".

"Deus criou o branco, o índio e negro.

Quis depois experimentar-lhes as qualidades de inteligências, coragem e destreza.

Atirou-os a um poço de certa profundidade.

O branco, vendo o perigo em que se achava, pensou no que deveria fazer e, aproveitando-se das fendas da terra, agarrando-se às paredes do buraco, salvou-se saindo do poço."

---

17 "Aspectos da influência africana na formação social do Brasil", *Novos Estudos Afro--brasileiros*, Rio de Janeiro, 1937, p. 55.

18 *Contos populares*, São Paulo, s. d., vol. II, p. 71.

"O índio, que lhe observara todos os movimentos e expedientes, procurou imitá-lo, mas só pode conseguir o que desejava trepando às costas do negro.

Mas este, indolente, nada tentou para salvar-se e deixou-se ficar inativo, sem pedir socorro, sem procurar qualquer recurso até que veio a morrer.

E aí está como Deus, na sua grande sabedoria, fez o negro inferior ao índio e o índio inferior ao branco."

Do mesmo modo, há explicações ridicularizadoras dos traços físicos do negro, na tradição popular, colocando-o, também, em posição inferior:

"Urubu, pássaro preto (Bela Vista)
Pássaro do bico rombudo,
Foi praga que Deus deixou;
Todo negro ser beiçudo".

Outra explicação, desse gênero, encontramos sobre o nariz do preto, em Lindolfo Gomes (op. cit.):

"Deus quando fez o negro
Começou no calcanhar,
Quando chegou ao nariz,
Deu o Diabo para acabar,
O Diabo tinha preguiça,
Não queria trabalhar:
Deu um soco no nariz
E o acabou de esborrachar".

Portanto, não só se explicam no folclore brasileiro o negro como sendo etiologicamente inferior ao branco e de inteligência e aptidões inferiores, como também há uma tentativa de explicação dos traços físicos diferentes (nas lendas – palma da mão etc.; e em outros elementos folclóricos).

Capítulo XI

Contribuição para o Estudo de um Líder Carismático*

I – Introdução

O presente trabalho, como indica o próprio título, constitui uma simples contribuição para o estudo do *culto* criado por e desenvolvido em torno de João de Camargo, em Sorocaba. Os dados expostos foram recolhidos *in loco*, durante o mês de julho de 1942. Os resultados da pesquisa não foram publicados naquela época em virtude do meu interesse pelo problema. Pretendia realizar novas pesquisas e elaborar um estudo sistemático a respeito das atividades de João de Camargo, a organização da Igreja Nosso Senhor Bom Jesus da Água Vermelha e a integração do "culto" ao sistema sociocultural de Sorocaba.

---

* Publicações prévias: *Revista do Arquivo Municipal*, São Paulo, vol. CXXXVIII, 1951 (com ilustrações); F. Fernandes, *Mudanças sociais no Brasil*, São Paulo, Difusão Europeia do Livro, 1960, p. 360-381.

Contudo, outros trabalhos atraíram minha atenção, e os dados recolhidos conservaram-se inúteis, perdidos no meu fichário.[1] Pensando no interesse que eles poderiam ter para os especialistas, resolvi publicá-los, mesmo em uma forma sociográfica.

Na coleta dos dados, feita evidentemente depois da morte de João de Camargo, fui auxiliado e esclarecido por Natalino e Antônio Cirino, dois discípulos dele, e principais zeladores da Igreja no período em que a visitei. Outras informações foram obtidas de moradores da cidade ou extraídas de escritos sobre João de Camargo. Durante minha permanência em Sorocaba, fui também muito auxiliado por Luís Castanho de Almeida, competente historiador e folclorista conhecido de sobejo, a quem aproveito o ensejo para agradecer algumas informações, aproveitadas neste trabalho.

II – Dados biográficos

João de Camargo nasceu em Sarapuí, bairro dos Cocais, onde foi cativo dos Camargo de Barros. Em julho de 1858 foi batizado, tendo como madrinha Nossa Senhora das Dores. Sua mãe era uma negra cativa, um pouco desvairada, chamada Francisca, mas conhecida por "nhá Chica" e "Tia Chica", que também fazia algumas práticas de curandeirismo (informações obtidas de dona Eugênia Marília de Barros, descendente dos Camargo de Barros, que vive em uma casa, perto da Igreja, mandada construir por seu primo João de Camargo). Por intermédio de sua "sinhá", dona Ana Tereza de Camargo, católica praticante e muito devota, foi João iniciado no catolicismo. Trabalhou nos serviços da casa e depois na lavoura, como cativo, tendo com certeza recebido influências de sua mãe e doutros escravos, nesta época. Depois da libertação, até 1893, quando fez parte do batalhão de voluntários paulistas, que

---

1   Os dados recolhidos foram parcialmente aproveitados por Roger Bastide, que estuda em seu trabalho, além das atividades de João de Camargo, a de outros, que se dedicaram também ao curamento e ao "profetismo religioso" (cf. Roger Bastide, *A macumba paulista*, *Sociologia*, nº 1, Boletim LIX, Faculdade de Filosofia, Ciências e Letras da Universidade de São Paulo, São Paulo, 1950, p. 51-112; sobre João de Camargo, p. 91-94 e 105).

formou ao lado do governo, em Itararé, trabalhou como doméstico em várias famílias. Casou-se, nessa época, com uma mulher branca, do Pilar, e continuou na mesma vida até 1905. Nessa data passou a trabalhar numa olaria, de onde passou, em 1906, a trabalhar como camarada num sítio do bairro do Cerrado. Em 1906, já *"profetizado"*, como diz o povo, construiu a pequena capela em frente à estrada da "Água Vermelha". Daí em diante, dedicou-se exclusivamente à sua *"missão"*. Todavia, em contraste com a versão *oficial*, que circula entre os crentes, soube o seguinte por seu primo, o "nhô Dito": "João de Camargo curava antes de ser 'profetizado', desde muito, mais só aqui e ali". Isso confirma a hipótese da influência de sua mãe e de algum companheiro negro, cativo como ele.

III – A carreira de João de Camargo e desenvolvimento do culto

A *versão oficial* da carreira de João de Camargo é um pouco diferente, pelo menos no que toca à revelação e a aplicação dos seus poderes sobrenaturais. Ela está difundida tanto no círculo dos crentes quanto entre os simples admiradores – isto é, pessoas que não acreditavam nos seus dotes extranaturais, mas o admiravam, em virtude da bondade que revelava no trato com os necessitados ou com os doentes.

a) Antecedentes da "profetização" e do culto

Em 1859, Alfredo, um menino de 8 anos, filho de um comerciante português, chamado João Buava, foi levar ao pasto um cavalo, o qual servia para a entrega de encomendas, na padaria de seu pai. Amarrou a rédea em sua cinta e foi pela estrada a fora, montado em pelo, no animal. No caminho começou a caçar com um bodoque. Ao fazer os movimentos para matar um pássaro, perdeu o equilíbrio e caiu do cavalo, espantando-o. Como estava preso pela cintura às rédeas, foi esfacelado contra o chão, na disparada do animal, o qual só parou perto do córrego das Águas Vermelhas, onde havia uma porteira. Ali acharam o que restava do corpo do infeliz menino e ergueram uma cruz em sua memória.

b) A "profetização" e o culto

Era devoção de João de Camargo acender uma vela ao pé daquela cruz, coisa que ele fazia toda vez que tinha oportunidade. Aí ele inicia uma nova fase de sua vida, passando de curandeiro sem "ponto" fixo, a curandeiro "instalado". Nesse lugar, o primeiro passo para essa transformação foi a "profetização". Dizem os informantes que, em 1906, quando foi fazer sua devoção diante da "cruz de Alfredinho", cansado depois de um dia de trabalho intenso, deitou-se à sombra de uma árvore, após ter acendido a vela, e adormeceu. Então o espírito do menino Alfredo teria apresentado toda a cena de sua morte, revelando-lhe, também, a "sua missão", dizendo-lhe que seria o "guia" e "protetor" de João de Camargo.

> "Ouvia a voz que dizia:
> Nascestes de novo, João;
> Por seres tu tão humilde,
> Vou te dar a proteção."[2]

Nessa ocasião já aparece a obstinação de João de Camargo pelos números, particularmente o número cinco, pois o espírito manda-o acender *cinco* velas e ordena-lhe a construção de uma capela, consagrada ao culto de Nosso Senhor Bom Jesus do Bonfim. Ao mesmo tempo, teria visto também o espírito de Monsenhor João Soares do Amaral, falecido em 21 de fevereiro de 1900, na terrível febre amarela que assolou Sorocaba e na qual aquele sacerdote demonstrou um desvelo caritativo e único, para com os doentes.

Dando cumprimento à inspiração recebida, João de Camargo mandou erigir, em 1907, uma capelinha no lugar indicado e no altar colocou a imagem de N. S. Bom Jesus do Bonfim, em cujas mãos amarrou uma fita vermelha, a qual caía até o chão. A princípio, para "ouvir a voz oculta" (parte dos seus processos de cura), ajoelhava-se, segurando a fita entre as mãos, assumindo um aspecto concentrado e imponente.

---

2   Da "Vida do servo João de Camargo, humilde missionário da fé", em verso, de autoria de José Barbosa Prado, Sorocaba, 1941, p. 27.

O desenvolvimento do culto, a partir de tão modesto começo, foi rápido. João de Camargo achava que tinha fundado uma igreja, "apartada com água, pedra e verdade".[3] Tinha consciência de uma missão exclusivamente dedicada ao bem, e por isso criou adeptos. A sua igreja, para ele, acabou sendo a *Igreja*. Ao lado de suas práticas de curanderismo, desenvolveu o culto católico às imagens dos santos, e, mesmo, organizou também traços da cultura africana, fundidos ao espiritismo (cf. adiante).

Ao voltar da primeira procissão, em louvor de N. S. B. Jesus do Bonfim, fez a sua primeira pregação, em que se dirige aos crentes como "Irmãos de crença da igreja negra e misteriosa da Água Vermelha". Fala também de sua "profetização" e diz ser encomendado ao Espírito Santo, e que não sabe se é através do espírito de Alfredinho ou de Monsenhor João Soares que opera as curas: "só Deus sabe", afirma.

Na mesma oração prega o fatalismo e a submissão a Deus: "Não podemos dizer nem certificar; só podemos pensar e em Deus esperar".[4] Termina desejando que as "forças benéficas do Divino Mestre dê a todos saúde e prosperidade".

Apesar de seu passado de cativo e alcoólatra, sob este aspecto por todos conhecido, o número de crentes cresceu com pasmosa rapidez. É verdade que seus discípulos, que continuam a zelar pela igreja, negam o seu passado de alcoólatra. Mas ele mesmo disse, na sua pregação, ter recebido ordem para não beber mais, "para ser percebido e conhecer a Deus", sendo esta uma das causas de sua fobia contra o álcool, o qual combatia com todas as forças e em todas as oportunidades, amparando-se na fé. Aos crentes proibia toda espécie de bebida.

O seguinte "viso", escrito a tinta e em letra maiúscula, emoldurado e colocado no interior da igreja, pode esclarecer melhor a sua posição em relação ao culto e aos crentes:

"Crendo no que eu creio seremos irmãos e descrendo no que eu creio nem parentes seremos, nem com este nem com aquele posso ter amizade. Principia do mindinho até o porte maior. De Deus não sou amigo. Só humilde empregado aonde Deus me pois.

---

3 Antônio Francisco Gaspar, "O mistério da água vermelha", novela, Sorocaba, 1925, apud, p. 39.
4 Apud Francisco Gaspar, op. cit., p. 39.

Ora pro nobis, mizerere nobis, Dominus o Bispo. E o padre e o amor a igreja me declarou: – eu não sou padre e nem nada com ele tenho, cada qual em suas obrigações quem arrecebe e Deus e nada mais podemos saber."

Soube que ele costumava chamar os santos católicos pelo nome comum, quando diante de crentes. Mas que, entre os iniciados, chamava-os por nomes diferentes. Esforcei-me por conseguir alguns, mas não foi possível. Um de seus mais fiéis discípulos, o sr. Natalino (branco), sem querer, disse-me um: o de São Benedito, o qual João de Camargo chamava de *Rongondongo*.

Além do culto católico, aos santos, feito normalmente, embora sem a intervenção do padre, e ofício da missa, João de Camargo atribuía, e com ele os crentes, poderes sobrenaturais aos números. Os números prediletos eram o 3 e o 5, mas dava maior importância ao segundo.

Como foi indicado acima, sobre três coisas fundou sua igreja: "água, pedra e verdade". Conforme informações obtidas de crentes, ele teria, mesmo, empregado os números, depois de certo tempo, nas "guias". Esse fato é confirmado pelo seguinte cartão, estampado por Francisco Gaspar na primeira página de seu citado livro:

"N. 3
A casa da verdade diz:
A numeração do século
E dos seus princípios
Foi demarcada e sempre
Seja feita, ou, que torne a
Remarcar o N. 3

João de Camargo".

Mas é o número cinco o "número" por excelência, para ele. Era o número da igreja e o da banda de música. Isso explicou-me outro discípulo, dos mais amados e fiéis, o sr. Antônio Cirino, do seguinte modo: "Todas as igrejas têm grau dez. A que João de Camargo construiu tem grau quinze. São cinco graus mais forte que as outras". Acreditam, os seus crentes, que é a igreja mais "forte" do mundo. O próprio João de

Camargo dizia que, por isso, a igreja era viva e que as estátuas eram de barro, mas tinham mais força, porque também eram vivas. Cirino afirmou-me que João de Camargo lhe asseverara: "as imagens são de barro, mas eu falo com elas, e logo tem uma voz que me responde".

Outra coisa interessante na igreja de João de Camargo é uma reminiscência da cultura africana: um culto litolátrico. Um dos três fundamentos da sua igreja, como foi visto, é a pedra. Mas isso não o é apenas de um modo simbólico: João de Camargo estava de fato interessado em reunir certo número de pedras, necessário para fazer o "culto das pedras". As pedras para este culto fetichista ele as procurava em Santos e em Campo Grande. Algumas têm o aspecto de cascalho polido, na parte superior, que é branca, enquanto a inferior é negra. Há, também, lascas de pedras, das quais obtive uma amostra. Quando começou o culto das pedras, colocou-as no altar de Nosso Senhor Bom Jesus do Bonfim; depois criou um altar ao lado direito do "trado" (cf. adiante), onde as colocou. Posteriormente, dedicou o culto das pedras a S. Pedro, mas deixou-as no mesmo lugar. Cirino e Natalino me informaram que o culto iria ser solene quando ele tivesse conseguido o número suficiente de pedras.

Constantemente, disse-me Natalino, João de Camargo ia a Santos por "ordem da Igreja", onde aprendia todos os "segredos do mundo e da Igreja". Mas, continuou o informante, "tiravam-lhe tudo"; quando subia a serra um espírito lhe dizia: "sabias tudo e agora não sabes mais nada", mas "ele não sabia só para contar aos outros". Pareceu-me que sua ida a Santos se prendia a um culto particular, a Calunga. Como Natalino se recusou a dar outras informações, não consegui elemento para confirmar a hipótese. Em síntese, os dados expostos evidenciam um amplo sincretismo, em que se pode constatar a existência de elementos da religião católica, do espiritismo e do fetichismo africano.

A Igreja Nosso Senhor Bom Jesus da Água Vermelha, como o povo chama a primitiva Igreja Nosso Senhor Bom Jesus do Bonfim, registrada como associação espírita, conserva usos do culto católico: culto às imagens dos santos, as mesmas rosas, genuflexão diante das imagens, altar-mor, procissões, pregações etc. ao mesmo tempo, notam-se elementos da cultura africana na fusão processada: o culto das pedras, por exemplo. A litografia, cultura africana, tanto pode ser um traço do culto fetichista sudanês a Xangô, como um traço de religião banto. No primeiro caso, a pedra adorada seria "a pedra do raio", conforme Arthur

Ramos;[5] mas a segunda hipótese parece-me ser a mais provável, por causa da predominância do elemento banto nessa região, e porque as pedras não são "pedras de raio". Luciano Gallet já observara que os cabindas adoravam "as pedras, os paralelepípedos e as lascas de pedra".[6] A pedra que trouxemos ainda dá mais consistência à hipótese. Além disso, há outros elementos, como os nomes africanos com que designava os santos, quando entre os iniciados, como acontece com São Benedito, o qual ele chamava de Rongondongo. Até agora, este santo era conhecido apenas por Lindongo, conforme registra João do Rio.

Também na ordem do culto dos santos cristãos, como se verá adiante, ao estudarmos as "guias", pode-se fazer aproximações às práticas jeje-nagô, nos candomblés, com a seguinte ressalva: na Igreja Católica não é usual fazer-se o culto a determinado santo, em um predeterminado dia da semana, como a quinta-feira. Fazendo-se as necessárias transposições, obtém-se esta correspondência:

Jeje-nagô – João de Camargo

> Sexta-feira – Obatalá – Sagrado Coração de Jesus.
> Sábado – Iemanjá – Nossa Senhora das Dores.
> Domingos – Todos os Orixás[7] – Todos os santos.

Considerando-se o que foi indicado acima, a coincidência com o culto católico é apenas aparente, como, por exemplo, o culto das almas às segundas-feiras.

Doutro lado, deve-se considerar, como observa A. Ramos, que o preto banto já tinha em sua cultura traços que muito se aproximavam do espiritismo, como o culto Orodére, em Benguela. Por isso é facilmente explicável a quase predominância de traços de espiritismo, misturados no culto criado por João de Camargo. Além disso, a influência do espiritismo tende a aumentar, graças ao grande número de "centros"

---

5   Arthur Ramos, O *negro brasileiro*, 2. ed., São Paulo, Cia. Editora Nacional, 1940, p. 45.

6   Luciano Gallet, O *negro na música brasileira*, p. 58; apud Arthur Ramos, op. cit., p. 101.

7   Arthur Ramos, op. cit., p. 74.

existentes em Sorocaba, e também porque muitos dos seus discípulos eram espíritas, frequentadores assíduos de tais "centros".

Outro traço que, segundo me parece, ele herdou de seus companheiros escravos é o "quarto dos milagres", em que, à maneira do que se faz na Bahia, na Igreja de Nosso Senhor de Bonfim, na capela dos ex-votos, e em Aparecida, no Estado de São Paulo, ele acumulou centenas de fotografias, algumas fundas, muletas, braços e mãos de cera etc.

Como João de Camargo se utilizou de "guias", traços da cultura africana dos malês, como se verá adiante parece evidente que a fusão foi ampla, incluindo elementos de culto católico, espírita e banto, predominantemente, das culturas africanas jeje-nagô e musulmi.

IV – Evolução da Igreja atual e o "quarto de milagres"

Acompanhando o desenvolvimento da crença e o concomitante aumento de adeptos, João de Camargo foi ampliando suas instalações. Desse modo contribuiu, inconscientemente, para tornar bizarro o culto e a estética da igreja. Da capelinha de 1906, passamos, lentamente, às atuais dependências da igreja. Depois da construção da capelinha, João de Camargo mandou construir uma casa pequena, para servir de cobertura a um poço, que fora aberto por sua ordem, no lugar. Deste poço tirava, a princípio, a "água milagrosa", utilizada com finalidades curativas.

Mas, já no ano imediato, a capela não com portava o número de fiéis e crentes. João de Camargo precisou ordenar nova construção, criando uma capela maior em frente da outra. Ficava no sentido da estrada, dando a frente para quem vinha da cidade e a parede lateral esquerda para a capelinha.

Em consequência do contínuo aumento de prestígio, e do extraordinário afluxo de romeiros, João de Camargo teve necessidade de ordenar novas reformas. A respeito destas não consegui datas exatas. Mas sei, de fontes fidedignas, que são posteriores a 1910 e conheço a ordem segundo a qual foram realizadas.

A igreja apresenta duas cruzes, tem sinos, à maneira das igrejas católicas, um dístico em que se lê – "Oremos a Deus", abaixo do qual está um coração de reboque, pintado de vermelho. Tem um terraço gradeado, onde tocava a corporação musical número cinco, aos domingos e feriados.

É preciso notar que as reformas feitas depois de 1908 não eliminavam as antigas dependências. Estas eram aproveitadas, derrubando-se apenas as paredes internas, estabelecendo-se assim a comunicação entre a nova e a antiga "capela". O desenvolvimento desta igreja tem qualquer coisa da evolução das nossas ruas antigas, fazendo-se ao sabor das necessidades. Por isso, a igreja de João de Camargo apresenta um quê de bizarro, em sua arquitetura; das três salas principais, destinadas ao culto dos santos, por exemplo, apenas a primeira, logo na entrada, estaria regularmente situada. Nesta localiza-se o altar-mor, em que colocaram N. S. Bom Jesus do Bonfim. Ao lado desta primeira sala, está outra sala mais espaçosa, também destinada ao culto. A terceira sala fica atrás da primeira, dando acesso a uma espécie de corredor, onde há um presepe que nunca se desarma, e a uma saleta, onde se amontoam várias estátuas, sobre um altar, também destinado ao culto, e onde está um Senhor exposto de modo permanente. Da segunda sala, passa-se a outras duas saletas, onde se cultua uma infinidade de santos e também Sacco e Vanzetti etc.

Ao lado direito da igreja está o "quarto dos milagres", que é o maior de todos. Como as paredes da igreja, as deste quarto aparecem forradas de fotografias, algumas com "antes" e "depois".

A fotografia em que se veem os senhores Cirino e Natalino dá uma visão nítida da porta de entrada, onde se pode ler: "Deus abençoa quem entra" e "Jesus encaminhe quem sae". Em cima, no vidro semicircular da bandeira, João de Camargo mandou escrever a ordem em que dava consultas, durante a semana:

"Consulta desde terça, quarta, quinta e sexta das 7 horas até 1 hora e meia". Ao redor da igreja, João de Camargo, fez construir, com os recursos conseguidos através das esmolas e dádivas dos romeiros, 18 casas, as quais deu a gente pobre para morar (alguns parentes de cor e várias pessoas amigas ou conhecidas, que precisavam do seu auxílio), reservando-se ainda alguns alojamentos para peregrinos pobres.

Na porta da igreja estavam afixados dois avisos, em letra comercial, escritos, um com tinta vermelha e outro com tinta azul. Apenas o primeiro era inteligível. Vejamo-lo:

"Quem fala aqui na Igreja é João de Camargo. Em nome do senhor bom Jesus da verdade, não se venda mais azeite.

Nosso Senhor não faz negócio.

Está escrito com vermelho na porta para todos ler, entender e na Igreja crer.

As ordens são estas, que sou obrigado cumprir.
São Salvador.

Cópia 29-1-42".

Esse azeite era vendido por "ordem" do espírito de monsenhor João Soares. Como alguns vendedores fizeram trapaça, João de Camargo proibiu a sua venda.

A igreja está legalizada como "Associação Espírita CAPELA NOSSO SENHOR DO BONFIM", tendo como finalidade "praticar o espiritismo sob o ponto de vista religioso, teórica e praticamente". Isso em tese. De fato, realizavam o culto segundo a forma descrita acima. Muita gente já diz somente "Igreja Bom Jesus da Água Vermelha".

Além dos retratos das pessoas, e de algumas cartas recebidas da Europa, do Sul e do Norte do Brasil, e da Argentina, guardadas num quadro, João de Camargo tinha pelas paredes retratos de pessoas gratas, como Getúlio Vargas, João Pessoa, Afonso Pena, Pinheiro Machado, Carlos Gomes, Monsenhor João Soares, Papa Pio X, Cardeal Arco-Verde, dele mesmo etc.; possuía também imagens várias, como a do Papa Pio X, a de Sacco e Vanzetti etc. Para enfeitar um pouco mais a igreja, internamente, colocava entre os santos serviços para licores, aparelhos de chá, pratos para doces etc., tudo misturado com os ditos santos, velas e lâmpadas elétricas. É preciso discernir: esses objetos não se destinavam ao culto, constituíam simples enfeites.

Acredito que João de Camargo reuniu em sua igreja quase todos os santos do agiológio cristão. Em alguns altares há imagens de 15 a 20 santos, quando não mais. Algumas foram feitas por ele mesmo, quando no começo de sua carreira, de barro (Padre Mestre, um velhote de barro, parecendo um padre rezando missa e assim aparatado, com uma ccroa de enfeite na cabeça e um par de óculos sobre os olhos; N. S. Jesus dos Aflitos; N. S. das Dores). Santos pretos tinha uma porção: São Bom Jesus dos Pretos, Santa Ifigênia, São Elestão, N. S. Aparecida, São Benedito etc. Prediletos dos negros, São Jorge e São Miguel também fazem parte do culto. De seu culto particular era Santa Quitéria, que mandou desenhar a tinta preta, de escrever, na parede de um quarto contíguo ao seu dormitório. Da sua cama João de Camargo a via, vestida de vermelho, como a ornamentou, e "conversava com ela".

Uma das gravuras mostra o interior da nova igreja. Vê-se o altar-mor e João de Camargo. A parte anterior foi pouco ou quase nada modificada. Mas o lugar em que ele se encontra encostado, na fotografia, está bem diferente, porque mandou construir um tapume grande de madeira; ao recinto entre o tapume e o altar-mor, em que dava consulta por uma pequena abertura, chamava de "trado".

V – Os processos de cura e os poderes sobrenaturais

João de Camargo tratava seu doentes com "água milagrosa" e com "óleo santo", nos quais mergulhava uma "guia". Essa água, na época da capelinha, ele tirava do poço, aberto ao lado da mesma. Depois mandou abrir um poço dentro da igreja nova usando sua água durante algum tempo. Por fim, mandou fazer um encanamento, para água do rio São José, o qual chegava aos fundos da igreja. Essa era a água milagrosa, utilizada com finalidades curativas.

O óleo podia ser de qualquer procedência ou tipo, de oliva ou de algodão, de acordo com os recursos do crente que o levava. Durante muito tempo vendeu-se óleo na porta da igreja; como houve "explorações", João de Camargo acabou proibindo a venda.

Também fazia curas com raízes e, mesmo, ainda se conservavam na igreja muitas raízes que não foram usadas; mas este não era o seu processo predileto de cura. Mais que as raízes, usava ervas em muitas curas, por meio de chás etc. Neste caso, geralmente combinava três qualidades de ervas, ou mandava tomar chás, feitos de três ervas diferentes, cada uma empregada isoladamente, durante uma semana.

As "guias", a princípio, consistiam num retângulo de papel onde João de Camargo escrevia "letras enigmáticas", no dizer do novelista Antônio Francisco Gaspar,[8] que as viu nessa época. Depois passou dos "papéizinhos" para os "cartõezinhos"; costumava numerar as "guias" ou então apor nelas o nome do santo do dia. Este era o seu processo de cura predileto, pois chegou a mandar fazer carimbos com o nome dos santos; bastava-lhe carimbar o cartão e mergulhá-lo na "água milagrosa", ou no "óleo bento" (que ele próprio benzia). A ordem do culto dos santos, durante a semana, era a seguinte:

---

8 Op. cit., p. 39.

Segunda-feira – Dia das Almas Benditas – (Não dava "guias");
Terça-feira – Dia de São Miguel – Dava "guias";
Quarta-feira – Dia de Nossa Senhora do Carmo – idem;
Quinta-feira – Dia do Santíssimo Sacramento – idem;
Sexta-feira – Dia do Sagrado Coração de Jesus – idem;
Sábado – Dia de N. S. das Dores – idem;
Domingo – Dia de Todos os Santos, não dava "guias", nem consultas. Só permitia visitas à Igreja.

O santo do dia era o patrono do trabalho e da cura, na última fase deste desenvolvimento, levando o cartão, isto é, a "guia", as suas propriedades benéficas à água ou ao óleo, atuando, desse modo, diretamente sobre o crente. Usualmente, o "óleo bento" escapava a essa ordem, porque a pessoa já o trazia com o nome de São Roque, como o determinava João de Camargo. O "tratamento" repousava essencialmente na crença dos fiéis e dos romeiros. João de Camargo insistia nisto, afirmando aos seus fiéis que era através da fé deles mesmos que ele poderia curar.

Pelos "remédios" indicados, João de Camargo nada cobrava, pois, segundo seus lema: "na minha casa santa e misteriosa, o remédio é feito e será dado de graça" segundo uma informação de Francisco Gaspar ("O mistério da água vermelha", p. 64).

Como indiquei acima, penso que essas "guias" são uma sobrevivência da cultura africana dos malês, pois, conforme Arthur Ramos,[9] os malês "não se separavam de seus talismãs ou mandingas" os quais eram "fragmentos ou versetos de Alcorães, escritos em caracteres árabes, num pedaço de papel, pequenas tábuas, ou em outros objetos que eles guardavam como gris-gris". Na mesma página, pouco mais adiante, Arthur Ramos esclarece ainda mais o referido comportamento pondo em evidência a função mágica dessas gris-gris. Os musulmis, "nas suas feitiçarias costumavam escrever numa táboa de madeira, lavando-a depois com água que infundia virtudes poderosas em quem a bebesse". Talvez fosse deste tipo as "letras enigmáticas" que Francisco Gaspar assinalou.

João de Camargo também gostava de impressionar os crentes, mormente os mais chegados, procurando revelar os poderes sobrenatu-

---

9   Op. cit., p. 83.

rais de que estaria dotado. Antônio Cirino relatou-me uma destas passagens, que ele assistiu, mas de modo obscuro. Por isso gostaria de transcrever a descrição feita por Genésio Machado,[10] da "cerimônia de Cocais", feita numa manhã chuvosa no cemitério desta cidade: "João de Camargo prepara-se para a solenidade mandando distender nos braços da cruz maior uma toalha comprida, que tinha escrito a pontos de linha vermelha 25 versos referentes ao bem-aventurado Espírito Santo, trazendo a sua cabeça envolta em uma toalha branca. Daí vai até a parede do lado direito da capelinha, e com mão espalmada, três vezes dá três pancadas, espaçadas, formando um triângulo e risca três vezes com lápis roxo, depois torna ao pé da cruz e já atuado dita-me o seguinte": (o resto é uma *mensagem* "recebida" por João de Camargo, que nada tem de interessante).

A título de exemplificação, registrei algumas versões de curas, feitas por João de Camargo, correntes no lugar:

1) "Havia uma preta *limpa* que trabalhava de lavadeira na casa de uma família rica. Tinha gente que queria fazer mal para ela. Convidaram ela para ir almoçar um dia na casa deles e ela foi. No dia seguinte, ela estava com dores de garganta, mas assim mesmo foi trabalhar. Na hora do almoço, estava que nem engulia um tico de água. Ela ficou uns dias assim doente. Não havia remédio de doutor que a curasse. Então mandou alguém pedir a João de Camargo que tivesse dó dela e desse um jeito naquilo. Ele mandou um 'guia' e um pouco de 'água milagrosa', que a água passava. Mas ela estava quase morrendo de fraqueza, por isso foi procurar 'nhô' João. Então João de Camargo deu um copo de água, que ele tinha numa moringuinha, para ela. Ela bebeu e daí a pouco cuspiu um osso com duas cabeças, que estava entalado na garganta. Isso eu vi com meus próprios olhos e vi o filho dela entregar o tal osso para João de Camargo" (contado por Antônio Cirino).

2) De uma pessoa de Bauru, em visita à igreja, ouvi a seguinte: "Minha mulher estava doente de erisipela e não havia cura com os médicos. Corremos tudo: os de lá de S. Paulo, e quando já estava desanimado me contaram que em Sorocaba tinha um homem que curava todas as doenças. Tomei um automóvel e trouxe minha mulher para cá. Ele disse

---

10 *João de Camargo e seus milagres*, São Paulo, 1928, p. 88-89.

que nós podíamos voltar para Bauru, que ele mandava o remédio. Que de três vezes ela ficava boa. Ele mandou primeiro um chá, para ela tomar, com um 'guia'; depois de uma semana, mandou outro. Na outra semana mandou outro chá, com o seu 'guia'. Ela já estava quase curada, quando chegou o terceiro chá. Agora ela está completamente boa". (A pessoa não me quis contar que chá era; disse-me que era uma "porção de ervas".)

Exemplo de cura através de "óleo bento" é o da menina cuja fotografia tive oportunidade de examinar. Disseram-me que a mãe dela friccionou óleo bento na parte inchada do rosto e que lhe deu "água milagrosa" para beber: "pronto, em 3 meses estava boa".

João de Camargo também era tido, pelos crentes, como um grande médium, capaz de se entender com forças sobrenaturais e de saber tudo o que acontece ou está por acontecer. Era tal a certeza e a convicção dos crentes, a este respeito, que conforme me disseram várias pessoas nem pensar mal dele elas podiam, pois ele logo sabia quem era e o que pensara dele. Natalino disse-me que ele "recebia tudo do além, de Monsenhor João Soares e de outros espíritos protetores". A princípio ele "recebia" apenas da alma de Alfredinho. Já na sua primeira pregação, porém, diz não saber quem lhe "enviava" as "mensagens", se a alma da criança, ou se o espírito de Monsenhor João Soares. Somente Deus, na sua opinião, sabia quem era. Nesta época ainda se ajoelhava diante da imagem de N. S. Bom Jesus do Bonfim, segurando na fita escarlate que pendia de suas mãos, para "receber". Com o incremento da própria influência passou a receber as "ordens" de espíritos mais "elevados", como os santos. No auge de sua importância e influência, já recebia em qualquer lugar, não precisando se ajoelhar para "falar" com os santos. Poderia, e chegava, mesmo, a "recebê-los" na sua cama. Mais tarde passa a "receber ordens" também do Espírito Santo, e quase no fim, até de Deus. Este mesmo foi suplantado, pois, já no fim e no apogeu de sua carreira, considerado "taumaturgo", "missionário da fé" etc., recebe as "ordens" da *Igreja*, uma entidade ampla e abstrata, que segundo me parece, para ele e para os crentes iniciados, está acima do próprio Deus. Foi, por assim dizer, uma totalização das entidades sobrenaturais. Talvez isto se explique pelo fato de se encontrarem na igreja as imagens dos santos, do Espírito Santo, quadros das Almas e do próprio Deus, passando o termo a designar, em uma síntese *sui generis*, o conjunto de forças divinas, atribuídas aos santos e a Deus: a *Igreja*.

A "Igreja mandou", costuma dizer ele aos discípulos, quando queria fazer uma novidade ou fazer uma cura. Também por "ordem da igreja", disse-me o sr. Natalino, ele costumava ir a Santos. Lá aprendia "todos os segredos do mundo e da Igreja", mas, quando subia a serra, "tiravam tudo", dizendo-lhe um espírito: "sabias tudo e agora não sabes mais nada". Mas ele "não sabia só para contar aos outros", concluiu Natalino.

Quando dava consultas entrava no *Trado*, para receber o *Sírio* de Deus. O "trado" estava sob o altar-mor, de Jesus do Bonfim, e era todo fechado, tendo só uma pequena abertura, à maneira da janela, por onde ele respondia. Foi construído de madeira e está envernizado com uma tinta escura. É ao seu lado esquerdo que está o "culto das pedras". Designava o recinto desse modo (Trado) porque lá "ele traduzia a palavra divina em palavra mortal". "*Sírio* era a palavra de Deus, que só ele escutava." Havia duas entradas para o "trado": uma para quem viesse de seu quarto; outra, para quem estivesse na sala contígua à principal. Lá havia tudo. "Papéis de pedido", jogados pelo chão, imagens, crucifixos, terços, retratos, santinhos, raízes, fitas, objetos de enfeite, um pombo grande, feito de madeira, e um pequeno, talvez simbolizando o Espírito Santo, aquele prateado e este pintado de amarelo e verde, com uma fita branca amarrada ao pescoço etc.

Ao contrário dos espíritas, não dava "sessão de mesa", disse-me Natalino. Mas "ele conhecia todos os poderes espirituais e materiais, pois o seu lema era que '*Não digo sem que me digam*'". Pelo menos assim o entendiam os seus seguidores. Também não ultrapassava os limites "da lei", fazendo só o que a "Igreja mandava" e "não dava ordem", sem a ter recebido, pois afirmava: "Deus ainda não me disse".

Sobre os seus poderes de *vidência e mediúnicos* conheço descrições interessantes:

1) "Uma vez cheguei na igreja de João de Camargo e vi as músicas da banda se queimando. Eu fui correndo falar para ele, mas ele me disse: 'foi eu quem pôs fogo nas músicas. Me mandaram queimar, eu queimei'. E então? Agora o que os músicos vão tocar? Ele me respondeu: 'Isso eu não sei. Mas se me mandaram queimar as músicas é porque me vão mandar outras'. 'Na verdade mandaram outras, porque todos os dobrados da banda quem escrevia era ele'" (A. Cirino).

2) "Ele sabia tudo. A pessoa nem precisava de falar nada. Uma vez

foi uma preta, que veio de fora, procurar o João de Camargo. Assim que ele viu a preta mandou que ela se sumisse dali. "O que você quer fazer aqui não faz", disse ele à preta. Ela foi saindo. Ele adivinhou que ela queria que ele fizesse bruxedo para alguém, mas ele não fazia isso" (idem).

3) "Uma ocasião o meu cunhado esqueceu de prender um papagaio que ele tinha, de estimação. O papagaio desapareceu. Ele ficou aflito e procurou-o por todo o lado. Quando já estava desanimado, foi procurar o João de Camargo. Contou o caso para ele. João de Camargo disse-lhe para não ficar aflito, porque o papagaio estava numa árvore alta, no seu próprio quintal. O meu cunhado voltou para casa, foi correndo no quintal, pegou uma escada e subiu na árvore. O papagaio lá estava, entalado." (De "uma pessoa que não acredita" em João de Camargo). Casos assim são inúmeros, correndo por toda a cidade, e constituem uma espécie de lendário, em torno de sua figura e de suas atividades curativas e religiosas.

Procurei descobrir, para completar as informações, as músicas que ele "recebia". O maestro disse-me que elas não tinham letras e eram todos dobrados. Eis os nomes de alguns destes dobrados: "Padre João Soares", "Santo Patrocínio", "Nosso Novo Deputado", "Amoroso Maracara". Eram tocados pela banda, quando saíam em procissão, ou nas festas, em domingos e dias santos, perto da igreja. A banda chamou-se durante muito tempo "Banda Número Cinco". Ultimamente chamava-se "Banda São Luís", vestindo os componentes um fardamento vistoso.

VI – O líder carismático e a sociedade

Como acentuei na introdução, o presente trabalho tem um caráter sociográfico: seu objetivo exclusivo consiste em pôr ao alcance dos especialistas e dos interessados as informações que consegui recolher a respeito de João de Camargo e do culto por ele organizado. As descrições mostram como suas atividades de curandeiro transformaram-se e ampliaram-se, e como lentamente se modifica, através da criação e do desenvolvimento do culto, a própria personalidade do chefe religioso negro. João de Camargo tornou-se líder carismático, apoiando-se em numerosos sectários e dirigindo pessoalmente o culto religioso dentro da igreja por ele fundada. Além disso, ficou evidenciado o processo de formação do culto, constituído de valores procedentes de religiões negras, do catolicismo e do espiritismo. Contudo, há algumas ligações entre as atividades de João de Camargo e o meio social em que ele vivia, que merecem ser indicados explicitamente aqui. Não creio que tais indicações exorbitem o propósito meramente documentativo que anima este ensaio. De acordo com os materiais já expostos, acho que seria suficiente tratar de três problemas básicos: 1) as sobrevivências africanas em Sorocaba; 2) a ação recíproca de João de Camargo sobre o meio social e deste sobre ele; 3) evidências de um "culto *post mortem*".

Como se sabe, a população negra de Sorocaba chegou a ser bastante elevada no passado, graças à importância daquela zona, como centro de produção agrícola e de troca. Aluísio de Almeida extraiu de um livro da Cúria Diocesana interessantes indicações a respeito: em 1840, em 3428 habitantes da vila, existiam 1181 escravos; e dos 8053 habitantes dos bairros, 2010 eram escravos.[11] Portanto, os negros escravos constituíam 34% da população da vila e 25% das populações dos bairros. De acordo com as informações, fornecidas no referido trabalho pelo mesmo autor, a escravaria de alguns proprietários que tinham casa na vila era grande. Um deles possuía 65 escravos, "quase todos moços de 30 anos, sendo 19 crianças", e outro, 60 escravos. A escravaria de outras famílias mencionadas era menor (39 escravos e dois agregados; 29 escravos; 17 escravos e um agregado).[12] Esses escravos provinham do Congo, Angola, Bengala e Moçambique (entre 1720 e 1820, pouco mais ou menos); depois de 1820, até o término do tráfico, são indicados como "gentios da Costa de Guiné".[13] Aliás, os pretos com que conversei, que trabalharam como escravos, consideram-se *Gentio da Guiné*. Contudo, é difícil determinar com precisão a origem das populações negras de Sorocaba, pois durante o século XIX entraram muitos escravos na região, provenientes da Bahia e do Rio de Janeiro. Os trabalhos de mineração atraíram, também, quando da Guerra do Paraguai, escravos procedentes do Piauí, os quais pertenciam ao Estado.

---

11 Cf. Aluísio de Almeida, *Sorocaba*, 1842. Documentação Social, São Paulo, Tip. Cupolo, 1938, p. 59.

12 Cf. Aluísio de Almeida, op. cit., p. 60-63.

13 Dados fornecidos pelo sr. Cônego Luís Castanho de Almeida, historiador e folclorista de Sorocaba, muito conhecido por seus excelentes ensaios, sob o pseudônimo de Aluísio de Almeida. Os dados foram conseguidos através de uma pesquisa nos Arquivos da Cúria Diocesana, gentilmente feita a meu pedido pelo ilustre historiador.

Atualmente, a proporção de cor na população de Sorocaba é diferente. Em virtude das lacunas da documentação estatística oficial (fornecida pela prefeitura ou obtida pelo censo estadual). Tentei aplicar uma técnica de observação direta. Contei a frequência de uma igreja e do cinema, no domingo, e fiz outras contagens em zonas centrais e em horas de maior movimento (antes das oito e depois das 17 e 18 horas). O resultado médio geral foi 14,7%, ou seja, aproximadamente 15% de pretos e pardos na população da cidade.

Esses dados fornecem, é óbvio, uma boa pista para o sociólogo. O fato de os negros de procedência banto terem constituído, no passado, uma porção tão importante da população de Sorocaba é, em si mesmo, muito significativo. Os indivíduos levam consigo, para onde se deslocam, os valores sociais que estão incorporados à própria personalidade. Por isso, a primeira hipótese sugerida ao especialista pelo confronto dos dados históricos à situação atual consiste em admitir a possibilidade de preservação de "sobrevivências africanas". Infelizmente, as condições em que realizei a pesquisa não favoreceram – ao contrário, prejudicaram – a exploração sistemática desta pista. Consegui, apenas, colher alguns dados a respeito da macumba, das congadas e dos batuques em Sorocaba.[14] A presente discussão permite, no entanto, situar de modo conveniente os dados expostos noutra parte deste artigo. A origem africana de certos traços do culto religioso "criado" por João de Camargo é bastante provável. De acordo com semelhante ponto de vista, ele não só incorporou tais sobrevivências à sua "religião" como ainda se beneficiou do prestígio conferido por elas. Em outras palavras, é bastante provável que João de Camargo tenha encontrado no conhecimento de valores de origem africana e na observância dos mesmos no culto religioso que desenvolveu, um ponto de apoio inicial extraordinariamente forte, capaz de atrair por si mesmo um número relativamente grande de seguidores. Esta hipótese não implica, necessariamente, a exclusão da possibilidade de reconhecimento inicial dos dotes e poderes carismáticos de João de Camargo, por parte dos seguidores; apenas insinua que tal reconhecimento provavelmente foi menos claro e decisivo no começo

---

14 Os dados sobre a macumba em Sorocaba serão indicados adiante; quanto às congadas e ao batuque, cf. o meu artigo "Congadas e batuques em Sorocaba", *Sociologia*, vol. V, nº 3, 1943, p. 242-254.

do que posteriormente, quando a personalidade do antigo escravo já era aceita e se impunha como a de um líder religioso.

Percebe-se, aqui, como a personalidade de João de Camargo reflete o meio social em que viveu e foi educado. Do ponto de vista técnico, porém, esta proposição do problema tem pouco alcance. Estabelece, na verdade, uma conexão entre a formação e o desenvolvimento da personalidade de João de Camargo e as situações sociais por ele enfrentadas, típicas de uma sociedade culturalmente heterogênea e em mudança. Mas conexões desta espécie podem ser encontradas na vida de outros indivíduos de cor preta, radicados em Sorocaba; elas são *normais*, no sentido de resultarem de condições de existência social em uma sociedade estratificada e de passado escravocrata. O problema específico diz respeito à sensibilidade às solicitações do meio social, revelada por João de Camargo. É nisto que ele se distingue profundamente dos antigos companheiros e dos demais indivíduos, que ocupavam na estrutura social de Sorocaba uma posição idêntica ou paralela à sua, conservando-se porém mais ou menos "cegos" às mesmas solicitações.

A interpretação esbarra, no entanto, com uma dificuldade intransponível. Falta-nos dados, brutos ou explorados cientificamente, sobre o tipo psicológico de João de Camargo. Contudo, os acontecimentos e sucessos significativos em sua vida, relatados por seus biógrafos, esclarecem parte do problema. É evidente a existência de uma ligação bastante estreita entre os desajustamentos sociais e a revivência de valores mágicos e religiosos tradicionais no comportamento de João de Camargo. Parece-me provável que as situações críticas por ele enfrentadas encaminharam-no para a experiência religiosa e mística, abrindo-lhe o caminho para a autoconsciência dos próprios dotes sobrenaturais e para a sua qualidade de "eleito" e de "predestinado". Não é difícil, doutro lado, compreender o sentido dos ajustamentos desenvolvidos através da experiência religiosa. Esta aparece nitidamente como uma técnica de solução de desajustamentos pessoais e de conflitos, com base e apoio na tradição. Por isso, aplicando-a com sucesso, João de Camargo obteve uma autêntica reabilitação pessoal; em outras palavras, conseguiu uma nova avaliação de sua pessoa e de sua conduta, por meio da qual se modificaram as atitudes negativas existentes a seu respeito.

A carreira de João de Camargo é um interessante exemplo, além disso, das formas assumidas pela transformação da personalidade sob o influxo da vida grupal. Depois que se alteraram os critérios de avaliação e de reconhecimento sociais de suas aptidões e capacidades pessoais, João de Camargo colocou-se sucessivamente em novas categorias de atuação social, conforme foi visto acima, ampliando e transformando assim seja o próprio círculo de relações sociais, seja a natureza mesma destas relações. À medida que passava de uma categoria social para outra, modificavam-se também os quadros sociais dentro dos quais agia e pensava. Com o incremento do prestígio e da influência pessoal, como líder carismático, ampliava paralelamente o edifício da Igreja e passava a "receber" espíritos mais "fortes" – transição do espírito de Alfredinho, para o de Monsenhor João Soares, deste para os santos, para o Espírito Santo, depois para Deus e finalmente para a *Igreja*. O processo psíquico liga-se pois intimamente às alterações sofridas na forma de atuação social de João de Camargo, refletindo tanto a elevação de *status* dentro da estrutura social de Sorocaba, quanto a situação criada por atribuições especiais, definidas em termos de dominação carismática.

Na relação indivíduo-sociedade, há outro aspecto que cumpre ser analisado aqui. Tratam-se dos resultados sociais da atuação de João de Camargo. Em primeiro lugar, os indivíduos que se dedicavam ao curanderismo e à macumba viram-se apanhados em uma nova rede de relações competitivas. João de Camargo iniciou um combate sem tréguas a semelhantes competidores, procurando desacreditá-los aos olhos dos crentes e seguidores, e estabelecendo uma distinção bastante nítida entre o que ele próprio fazia e as atividades dos *curandeiros* e *macumbeiros*. Como se sabe, a macumba desenvolvera-se seriamente em Sorocaba. O primeiro "feitiço" registrado na história local ocorreu na fazenda de dona Gertrudes, progenitora de Rafael Tobias de Aguiar, em 1841. A fazenda chamava-se Passa Três, lugar que hoje se chama estação Brigadeiro Tobias, e os protagonistas da "mandinga" foram dois pretos, escravos e africanos. Eis como me relatou o fato o sr. Cônego Luís Castanho de Almeida, que encontrou uma descrição do acontecimento nos Arquivos da Câmara Municipal: "Dois escravos, os quais vieram de Moçambique e foram batizados em Sorocaba, passando a chamar-se Calixto e Alexandre, desavieram-se com o feitor da fazenda e por isso resolveram matá-lo. Os dois cativos reuniram-se a outros e fizeram o 'feitiço' diante de uma imagem de Cristo, a cujos pés puseram pinga e mandioca.

Entrementes, o feitor que estava na cidade festejando o Natal voltou e deu com eles fazendo a coisa. Os dois escravos, então, avançaram sobre o feitor, matando-o a golpes de enxada". Posteriormente, o recurso à macumba não só se conservou como tomou proporções aparentemente sérias. Segundo os "falatórios" dos moradores da cidade, alguns curandeiros aproveitavam-se frequentemente da credulidade dos clientes. Contaram-me, entre outros, o caso de uma jovem de 14 anos, violada por um curandeiro que lhe deveria "fechar o corpo" com azeite. Parece que a proliferação de curandeiros e macumbeiros foi responsável pela severa campanha de repressão ao curanderismo e à macumba, organizada pela polícia de Sorocaba. Em todo caso, é evidente que João de Camargo desempenhou uma função muito mais relevante neste sentido. Praticamente, o exercício de curas sobrenaturais foi monopolizado por ele; doutro lado, combatia a "macumba" abertamente, impedindo que os seus crentes e seguidores se utilizassem dos processos da "magia negra" e da "macumba". Soube que expulsava facilmente os frequentadores de sua igreja: era suficiente que desconfiasse dos intuitos da pessoa em questão. O seu secretário afirmou que João de Camargo era inimigo irreconciliável dos "feiticeiros", "gente ruim, que só quer o mal dos outros". Propagando diretamente as suas ideias, conseguia criar nos crentes e seguidores atitudes semelhantes.

Além disso, pregava contra o alcoolismo, o roubo etc., exercendo certo controle no comportamento dos fiéis. Ele próprio citava-se como exemplo dos males do alcoolismo e da possibilidade de supressão do vício. No âmbito ecológico, são notáveis as consequências da construção da capela (e depois da igreja) e da criação do culto. Os informantes me asseveram que ele deu vida ao bairro da Água Vermelha. Este bairro situa-se a dois quilômetros da cidade e conheceu de fato uma época de floração de construções, devido à Igreja de João de Camargo. Ainda agora se vê um bom número de casas, construídas nas imediações da igreja por sua iniciativa. Apareceram pensões destinadas aos crentes, "por ordem de João de Camargo", bem como restaurantes. Mandou abrir uma escola, ABC, subvencionada por ele próprio, para as crianças do lugar. E fazia outras obras humanitárias, pois dispunha de muito recursos. Informações absolutamente fidedignas revelam que recebia diariamente de 300 a 400 consulentes, de Sorocaba e arredores ou ainda de outras regiões do Estado de São Paulo e do Brasil, e uma média de

50 a 100 cartas. Por isso, podia mandar recolher, nas pensões das redondezas ou da cidade, os peregrinos paupérrimos, e dar habitação, roupa e comida a vários pobres. Nesta categoria de beneficiados, quase todos pretos, entravam os seus parentes; subvencionava também o estudo de algumas pessoas na Escola Normal de Sorocaba, no Ginásio etc. Alguns destes protegidos eram pretos, sendo alguns deles seus afilhados. Informaram-me que o número de pretos do lugar aumentou: chegavam da cidade ou de municípios circunvizinhos, atraídos pela fama e pelo prestígio de João de Camargo. Por isso, quando realizava festas ou procissões, contava com um bom número de seguidores em disponibilidade.

Parece que as ligações do "povo" com João de Camargo não acabou com sua morte. No dia do seu enterro, dizem os moradores do lugar, havia umas quatro mil pessoas acompanhando o féretro. Foi, no entender destes informantes, "o enterro mais acompanhado em Sorocaba".

É corrente entre os crentes que se pode alcançar "graças", rezando diante do seu túmulo. Dizem, mesmo, que muitos já têm obtido verdadeiros milagres, por esse meio. Constatei apenas a existência de romarias ao seu túmulo. Vi muita gente em volta dele, no cemitério; e verifiquei que o número de velas acesas também é grande, pois havia uma verdadeira pasta de cera, no chão. Todavia, não se restringe ao túmulo a crença de que João de Camargo continua a curar, a "fazer milagres", mesmo depois de morto. Prova é o seguinte "caso", que uma pessoa (Natalino) me contou: "Havia uma moça na cidade que tinha perseguições espirituais, por espíritos pesados. Um dia acordou e surpreendeu-se fazendo o pelo sinal. Então apareceu 'nhô' João que disse que ela se livraria da perseguição, se continuasse a fazer sua fé religiosa. A moça não o conhecia e veio me pedir uma descrição dele e disse que era a mesma aparição que ela teve, acordada, quase ao amanhecer. Ela continuou a fazer a sua fé, acendeu algumas velas a João de Camargo, pouco depois estava completamente curada".

Capítulo XII

Congadas e Batuques em Sorocaba*

A̲s congadas são autos populares representados pelos pretos por ocasião das festas de Natal prolongando-se até o dia de Reis. Ao contrário do que afirmaram Campello, Prado Ribeiro e, a princípio, Gustavo Barroso,[1] estes autos não são de origem puramente africana,

---

* Artigo redigido com dados recolhidos numa pesquisa realizada em Sorocaba, em 1942, para a cadeira de Antropologia e publicado pelo dr. Emílio Willems na *Revista de Sociologia*, São Paulo, vol. V, nº 3, 1942, p. 242-254. Posteriormente, Maria de Lourdes Gimenez colheu textos sobre a mesma congada, de outro figurante (o cacique); é provável que se possa reconstruir, agora, o texto literário dessa composição (veja-se Maria de Lourdes Gimenez, "Congada de Sorocaba", *Revista do Arquivo Municipal*, São Paulo, vol. CXIX, 1948, p. 30-42). Reproduzido em F. Fernandes, *Mudanças sociais no Brasil*, São Paulo, Difusão Europeia do Livro, 1960, p. 382-398.

1 Samuel Campello, "Fizeram os negros teatro no Brasil?", *Novos Estudos Afro--brasileiros*, Rio de Janeiro, 1937, p. 242; Prado Ribeiro, "Os congos", *Revista do Brasil*, vol. XXVIII, 1924, p. 88; Gustavo Barroso, sob o pseudônimo de João do Norte, "Os congos", *Revista do Brasil*, vol. VII, 1918, p. 191. Depois corrigiu sua opinião, publicando interessantes estudos sobre o assunto. Além de *Ao som da viola*, cf. *Através dos folclores* (São Paulo, 1927), p. 106.

como se poderia supor, baseando-se em seu nome. Como muito bem sintetizou Arthur Ramos,[2] "não existem, no Brasil, autos populares típicos de origem exclusivamente negra. Aqueles onde interveio em maior dose o elemento africano obedeceram, em última análise, à técnica do desenvolvimento dos antigos autos peninsulares". O negro exerceu ação ativa nos autos populares dos brancos, apoiando-se nos elementos de sua própria cultura. O tema básico de todas as congadas é, verdade, uma sobrevivência das lutas intestinas, travadas entre os reis e o chefes de tribos, e a guerra destes contra o invasor, com a encenação das tradicionais "embaixadas", comuns entre os africanos antes do estado de beligerância.

Em 24 de junho de 1706, na vila de Iguaraçu, Pernambuco, ter-se-ia, pela primeira vez no Brasil, encenado o auto "dos Congos", segundo o testemunho de Pereira da Costa,[3] baseado em documentos por ele encontrados e analisados na Irmandade de N. S. do Rosário, desse lugar.

Já nessa primeira representação, descrita pelo citado autor, podemos observar a influência do branco, nesse popular auto dos pretos, pois, "nos moldes da monarquia portuguesa, compunham-se de rei, rainha, secretário de Estado, mestre de campo, arautos, damas de honor e açafatas; e um serviço militar com marechais, brigadeiros, coronéis e todos os demais postos do exército". O auto ainda não apresentava a forma complexa atual, apesar das personagens permaneceram as mesmas até agora.

A versão que colhemos em Sorocaba é um pouco diferente das demais. As personagens sofreram alterações sensíveis. Assim, em comparação com as versões recolhidas em outras regiões do Brasil, podemos notar as seguintes diferenças: o Príncipe é apenas o herdeiro e não se chama Mametô ou príncipe Suena, ou Sureno. A Rainha Ginga ou Gino, a vingadora que manda assassinar o rei, desaparece; suas funções cabem ao Cacique e são desempenhadas através do Embaixador. Não se tratando de uma vingança de mulher, como acontece na maioria dos autos desse gênero, podemos concluir que há uma dupla simbolização. De um lado, o tema primitivo da luta entre os governantes dos Estados

---

2   O *folclore negro do Brasil*, Rio de Janeiro, 1935, p. 39. Veja-se sobre o assunto os capítulos 2, 3 e 4.

3   Arthur Ramos, op. cit., p. 39.

negros e, doutro, o da luta da nova religião, o catolicismo, com a antiga, a muçulmana, sem que a vitória do "Rei do Congo" – outro traço original da nossa versão, pois comumente ele é vencido – o leve a proceder tiranicamente, respeitando, no traiçoeiro rival derrotado, a crença suplantada. O fato de o Cacique, chefe dos mouros, não se converter ao catolicismo, como comumente acontece nos autos populares, como no "dos Mouros", reforça o nosso ponto de vista.

O perdão do cacique, displicentemente concedido pelo rei, não significa apenas que a conversão dos escravos fora incompleta. Podemos levar mais longe a nossa análise:

1) A representação aparece como uma espécie de réplica às crueldades dos senhores brancos: o negro compraz-se em mostrar-se desprendido e tolerante, talvez como ele pretendia que procedessem com ele os senhores brancos. Essa situação é mais ou menos comum, aparecendo em vários autos das congadas, *verbi gratia*, o recolhido por Gustavo Barroso,[4] pois neste, ao tentar assassinar o Rei, por ordem da Rainha Gino, o Embaixador é preso. Ele pede misericórdia, generosamente concedida pelo Rei. Só depois, enfurecido, é que o Embaixador reaparece, à frente do seu exército, vingando-se do rei, ao qual humilha.

2) Apresenta o Cacique numa interessante transferência, como o inimigo comum, representado no mouro invasor. Ao mesmo tempo, o final do auto demonstra o desejo de paz, amizade e colaboração, a que aspirava o negro do indígena assim representado.

Outra personagem, que desapareceu no nosso auto, foi o Quimboto, o feiticeiro; aliás, se aparecesse, estaria sem função, pois a vitória do Príncipe sobre os mouros inverteu o tema dos demais autos em que ele aparece. Na nossa versão não é o rei quem pede clemência para o filho, mas é este quem leva as falas do trono ao invasor vencido. Por isso, os cantos e as danças de encerramento significam uma verdadeira vitória e não apenas a alegria pela salvação do príncipe morto, que ressuscita, graças aos poderes mágicos do Quimboto, aparecendo como uma autêntica compensação da derrota, nas outras versões. Sob este aspecto, muito se assemelha ao nosso o auto dos Cucumbis, que Mello Morais descreve nas *Tradições populares do Brasil*.[5]

---

4 In artigo citado.
5 p. 159-163. Apud A. Ramos, op. cit., p. 44.

O que permaneceu, em todos esses autos, foi o motivo inicial: as festas. O Rei ordena os preparativos para um régio folguedo em sua corte, quando é surpreendido por uma guerra que ele não desejava e procura evitar, como que se referindo à maneira como foram escravizados na primitiva pátria. A guerra é imposta pelos "turcos", e quem dirige a defesa e ordena o ataque, na grande maioria das versões, é o Príncipe.

Um ponto discutível, que a nossa versão pode esclarecer, é o das lutas contra os "mouros". Os estudiosos geralmente consideram o assunto do ponto de vista histórico. O "mouro" seria apenas uma sobrevivência das antigas lutas nos solos africanos. Para nós, entretanto, pode ser uma sobrevivência africana, como também um elemento recebido pelo negro escravo através do romanceiro português e pela catequese, pois a descrição das Cruzadas seria um ótimo ponto de referência para os sacerdotes católicos, ilustrando, com exemplos semirromanescos, as representações da fé cristã. O tema da luta contra os mouros, como esclarece Mello Morais,[6] vem-nos através do folclore lusitano, nos autos das "cheganças" (os "Marujos" e os "Mouros"), "Capitão da Armada" etc. A influência do catolicismo, doutro lado, salta aos olhos do analista, pois a cruz branca, que todos os figurantes usam no peito, bem como a grande cruz que se destaca no fundo da bandeira, podem ser encaradas como símbolos das antigas cruzadas. A hipótese mais defensável seria, sem dúvida, de que houve concomitância na transmissão dos símbolos e valores, fundindo o negro traços adquiridos às sobrevivências históricas.

Outro aspecto interessante, a ser analisado, é o que se refere às danças e à música. Os instrumentos são simples, e rítmicos: cuícas, pandeiros, bumbos, tambores. A música é monótona e triste. As danças, apesar de sua simplicidade e monotonia, consistindo na repetição dos mesmos passos e dos mesmos gestos, participam dos três caracteres essenciais do auto, cada qual a seu tempo: é profana, religiosa e guerreira. Em outras versões também pode assumir aspectos funerários, com a morte do Príncipe Sureno.

O fato de assumir a dança esses aspectos diferentes dá, às combinações coreográficas, uma feição interessante, amenizando os efeitos

---

6 *Quadros e crônicas* (Rio de Janeiro, s. d.), cap. XVIII e "A véspera de reis", *Syn-dike*, dez. 1935, p. 41-49. Cf. também Teófilo Braga, *Cantos populares do arquipélago açoriano*, Porto, 1869, p. 313.

causados pela monotonia da música e pobreza dos bailados, aumentando, concomitantemente, os efeitos cênicos do drama, em cada situação representada.

Em síntese, o que se pode concluir é que o sincretismo, visível no auto, foi amplo e definitivo, pois há muito tempo vem sendo assim representado em Sorocaba, conforme ouvi de negros que foram cativos, embora dissessem que nunca "saíram de Congo".

Organização das Congadas[7]

O povo encarrega-se de fornecer os elementos necessários à encenação do auto, dando dinheiro, roupa e até comida e bebidas, nos dias de representação. As casas comerciais e também as particulares contribuem espontaneamente, pois, além de apreciarem essas representações, consideram-nas como uma aspecto da tradição local, devendo ser mantidas.

Dos autos participam apenas pretos. Há um instrutor geral (em Sorocaba era o preto Amâncio de Andrade, falecido em 1942), o qual seis meses antes começa os ensaios, preparando e orientando os comparsas. A escolha destes não é arbitrária. São elementos de projeção na *sociedade de cor* e seus cargos são vitalícios. Só podem ser substituídos depois de mortos.

A organização é completa. Tudo está previsto, em bases contratuais, como podemos verificar na seguinte obrigação, textualmente copiada:

"Nós, abaixo assinados, damos pleno consentimento para que se fartamos a este comprimisso, sejamos executados e punidos como um devedor, e bem assim ficaremos obrigados as penas que nos for imposta. Os encarregados gozarão dos seus direitos de procuração aos que faltarem. Sorocaba, 1º de outubro de 1916".

Torquato Ayres
Salerno das Neves

---

7   Obtivemos todas as informações do líder negro local "Rei do Congo", sr. Salerno das Neves, o qual nos declarou que não houve congada no ano passado porque a polícia proibiu. As partes do auto, relativas ao Cacique e ao Embaixador, não puderam ser obtidas na ocasião, em virtude de animosidades que os opunham ao "Rei".

Sob esta obrigação, assinada pelos chefes presuntivos, assinam todos os participantes de "hierarquia", ao lado das funções que preenchem. Desse modo, assumem uma responsabilidade concreta, à qual não podem faltar. No caso contrário, os dois líderes têm direito de substituí-los por outras pessoas. Mas só nessas circunstâncias pode haver substituições. Qualquer compromisso assumido pela coletividade para a realização do folguedo deve ser saldado pelos dois líderes.

Os figurantes principais são em número de 26, não se contando alguns comparsas menores e a crianças, que "formam" o exército dos mouros, porque, disse-me Salerno, são barulhentas.

A "organização do estado e os fidalgos de Congo" é a seguinte:

Família Real – Rei, Rainha, Príncipe;

Estado-Maior – Secretário, dois Duques, um Conde de Prima, um General de Armas, um Boletim (arauto), um Capitão do Porto, um Conde de Momée e um Alferes da Bandeira.

Corte – 12 fidalgos.

Dos inimigos – o Cacique, chefe dos "mouros", um Embaixador e o exército das crianças.

Essas personagens desempenham o papel que lhes compete na vida social, de acordo com a "posição e fidalguia". O Alferes da Bandeira carrega a bandeira do reino do Congo, a qual é de fundo azul, em que se destacava uma cruz branca.

Os vassalos do Rei do Congo vestem um calção azul e uma blusa da mesma cor. Sobre o ombro, dependurada, tem uma meia capa cor-de-rosa, e, na cabeça, um chapéu da mesma cor e fazenda. O Rei do Congo veste uma túnica azul, a qual cai até os seus pés, e uma capa escarlate, do mesmo comprimento e muito larga, permitindo-lhe jogá-la sobre os ombros de vez em quando, com a displicência gaiata de um rei de brinquedo. Empunha o cetro e tem sobre a cabeça uma coroa. A rainha, i.e., a "princesa", como a chamam, veste-se toda de branco, com um imenso véu, também branco, e traz um diadema sobre a cabeça. Os figurantes "mouros" vestem-se de vermelho.

Como dissemos acima, estes autos prolongam-se do dia 25 de dezembro até 6 de janeiro; aproveitam todos os domingos, dias santos, feriados, nesse lapso de tempo, para encenar. A festa é feita em louvor de Nossa Senhora do Rosário, padroeira dos negros. Segundo nos contou o Cônego Luís Castanho de Almeida, a influência do auto é tão grande, que em Itapetininga, onde é mais completo (pois também encenam os "Moçambiques"), contra a liturgia da Igreja Católica, Nossa Senhora do Rosário é cultuada no dia de Natal, nas igrejas do lugar.

A representação dura de 20 a 30 minutos e é feita diante das casas das pessoas que querem que os "Congos" representem diante de suas portas, na rua. Devem colocar duas poltronas, para o Rei do Congo e para a Rainha, e podem oferecer comes e bebes aos "Congos", após a encenação. Depois disso, eles vão representar noutro lugar.

Os participantes da Congada caminham em duas filas, ou, melhor, em dois grupos separados, um de cada lado. De um lado, vai o Rei do Congo, com a sua "corte e fidalguia"; e, do lado oposto, o Cacique com seu exército. Encontram-se na porta onde devem representar.

No trajeto que fazem, até chegar ao ponto de encontro, cantam o seguinte:

Pisei no tijolo,
Tijolo virou;
Pisei no tijolo,
Tijolo virou;

Moça bonita
Saia na janela
Para ver os congos passar
Que vão para a guerra

São Benedito
Sua casa cheira,
cheira cravos e rosas
E flor de laranjeira

O-la-ré-la
Como é bonito
O São João no altar
João, Mara-João,

Não garrai a maginá
Que a Virgem do Rosário
Nos há de ajudá.

O-dim-lem-lê
O-dim-lê-lá
A cozinheira fica alegre
Quando calça o botiná

Viva o rei
Viva a rainha
Com sua coroa
De platina.

Chegados ao lugar de encenação formam duas filas: uma, representando o "reinado do Congo"; e, outra, os "mouros". O Rei e a "Princesa" ficam sentados no fim, dominando toda a peça.

Sob o som dos instrumentos, com muito "ritmo", aproximam-se até encostar os pés retrocedendo depois, enquanto fazem floreado com as espadas. Os passos são contados, o mesmo número para a frente e para trás, conservando-se, os parceiros, de frente um para o outro.

Vejamos o diálogo:

Rei

   – Olá! Olá, meu secretário
   Da minha secretaria
   E do meu real estado.

Secretário

   – O que manda, rei senhor
   neste vosso real mandado?

Rei

   – Vejo o mundo inteiro estar na rua
   E só em vós me vejo descansado

Secretário
    – Rei Senhor!... Seja festa,
    Ou seja guerra,
    Será tudo desempenhado!

Rei
    – Senta-te à minha direita
    E vê lá que desses próprios inimigos
    Não sejamos atacanados.

Secretário
    – Essa dança da folia
    Quinambe[8] será seu filho
    Ele seja nosso guia.

Rei
(ao filho)
    – Quinambe, minha querida
    Regozijai-vos comigo
    Tomando parte neste festim,
    Ouviste?

Príncipe
(ao rei)
    – Amor para terno rei senhor
    É o fogo que me devora neste dia
    O qual clama paz.
    E vede a multidão do teu povo
    Que entorna a teus pés;
    Fidalgos reclamam;
    Glória seja dado
    Exerço rei senhor.

---

8   Maior, disse-se que significava Salerno das Neves.

Rei

— Cantai, dançai, alegres, contentes, meus filhos
Que nos emporta com essas temerosas tempestades turcas,
Quando nós tratamos de em festim
Que cuja festa faremos tudo
Em louvor de nossa Virgem do Rosário
E do nosso padroeiro
Glorioso São Benedito.

Príncipe

— Vocês todos estão cientes
Dos festejos deste dia
Vamos louvar com gosto
O rosário de Maria.

Embaixador

— (Ele pede a entrada, mas o Boletim o atrapalha, gritando de longe):

Boletim

— O vosso reino está perdido!
Aqueles santos que lá vêm
Por certo são vossos inimigos.

Rei

— Que notícias são estas
Que vós me contando está?
O meu coração está quieto
Não se move do lugar.

Boletim

— Rei senhor
Eu mesmo sou testemunho
Das notícias que vim te dar:
Uma grande bandeira de guerra
Que vi no campo de Mumbaca.
Quando meus olhos avistou-se
Meus pulsos se quebrou,

O meu coração tremeu.
Fortes gentes valentes
Cada qual suspende as armas,
Cada um mais a contente,
Pois minha rei.
Visto a guerra ser pretos com pretos,
Brancos com brancos
Aonde rompe este vosso forte batalhão
Vamo!... E avançamos.

Rei

    – Príncipe e secretário
    Vão depressa perguntar:
    O que busca nesta terra,
    O que vieste aqui buscar

Secretário
(ao embaixador)
    – (Falta esta parte. Conforme Salerno, ele repetiria:
    Guerra, e mais guerra!)

Secretário
    – Pois adiante não irás,
    que ao meu rei eu vou contar.

Embaixador
    – (Falta outra parte do texto recitado pelo Embaixador)

Secretário
    – Arrasados serão teus conguinhos
    Que vêm para tua defesa
    Adiante do meu rei
    Hão de ser desarmados
    Pois bem! A meu rei vou contar,
    Conta-me como te chama
    Quem é teu Deus e quem é teu Santo.

Embaixador
    – Meu Deus é Alais
    E meu Santo é Maomé.

Secretário
(ao primeiro Duque)
    – Guarde bem camarada,
    Adiante nem um passo!

Secretário
(ao rei)
    – Rei senhor;
    Lá vem o embaixador de místico
    com várias noções de estado,
    Licença vem vos pedir
    Para vossa mão beijar;
    Como vem alegre e contente.
    Que coisa haverá perguntei,
    Interrogando quem era seu deus
    E quem era seu santo.
    Me respondeu:
    Meu Deus é Alais
    E do santo nem te conto.

Rei
    – Príncipe e secretário,
    Minha corte e fidalguia!
    Vão todos... Prendam e tragam
    Debaixo de armas
    À minha real presença
    E perguntem os nomes;
    Contem todos um a um
    E me tragam bem escoltados!

Secretário
(ao embaixador)
    – Atrevido embaixador!

O Rei te manda prender,
Dirija teus passos,
Chega na presença
Para receber
Tua sentença.

Embaixador
(ao cacique)
     – Olhe meu cacique:
     Aqui vou eu;
     Se eu demorar por estas duas horas,
     Ponha teu povo em campo
     E vai ver o ultraje
     Que sofre este teu Embaixador.

Secretário
(ao embaixador)
     – Sou eu quem habito contente
     Neste novo pantulário;
     Se for guerra me declare.
     Nesta ação sem merecer
     O teu povo em campo
     Que alguma coisa
     Tem que trazer
     O que querer,
     Embaixador!

Embaixador
     – (Falta esta parte. Termina:
     Guerra e mais guerra!)

Secretário
     – Serra as armas aos inimigos!
     (Prende o Embaixador. É a guerra.
     O embaixador é levado diante do rei)

Embaixador
(ao cacique)
     – Aqui vou eu
    Com os olhos tapados
    Com as mãos amarradas
    Sofrer aquela estrondosa morte.

Cacique
    – Vai sem maior cuidado;
    se sofrer algum insulto
    Será pronto e bem vingado.

Embaixador
(ao secretário)
    Se um rei eu tivesse
    Eu seria perdoado;
    Mas como um rei eu não tenho
    Fica tudo em teu cuidado.

Secretário
(ao embaixador)
    – Sim. Se um rei tu tivesses
    Tu eras perdoado;
    Mais como rei tu não tens
    Fica tudo em meu cuidado.
    Mais fale com o Príncipe
    Que é um filho muito amado,
    Que dentro de meia hora
    Teus crimes serão perdoados.

Rei
(ao embaixador)
    – Então!?... Por que não joelhas?...
    Pensarás que estás falando
    Com um simples embaixador,
    Como tu?

O NEGRO NO MUNDO DOS BRANCOS

Embaixador

    – Serás tu o grande Alá,

    Serás tu o grande Maomé

    Para mim curvar em teus pés?

Rei

    – Sentai, monarca...

    Então sei o que vieste aqui tratar!

    Nesse dia de grande festa?

    Lá na raia onde tu passaste,

    Cá meu povo tu amotinaste.

Embaixador

    – Sim, senhor,

    Eu vim tratar

    De um assunto de divisa de terra

    Que vós tem querido nos tomar.

Rei

    – Hoje não trato de negócios algum

    Estrangeiros ou nacionais

    Que me invoca da corte os conselheiros.

Embaixador

    – Tem que me ouvir

    E temos de tratar,

    Veja o que é mister

    E pode resultar.

Rei

    – Novos extremos de vida?

Embaixador

    – Veja o que é mister

    E pode resultar.

Rei

    – Atrevido embaixador!
    Fora de minha real presença!
    Eu podia te mandar prender
    Na mais escura prisão;
    Mas não quero que o teu rei lá diga
    Que aproveitei-me da ocasião!...

Embaixador
(o embaixador ameaça o rei. Falta-nos esta parte.)

Rei

    – Santo meu patrono!...
    Anjo de minha guarda!...
    E os soldados que me rodeiam!...
    Vejo-me atraiçoado com este atrevimento!
    Alvore-se essa bandeira.
    Seja ela a nossa mortalha e a nossa guia.
    Vamos. Avançamos.

Princesa

    – Rei senhor
    Não deixai vosso trono perecer
    Nem vosso tesouro se perder,
    Olhe para a vossa direita
    Tem o teu filho príncipe
    Para tua defesa:
    Tudo quanto espero
    Que será vossa grandeza.

Rei

    – Sim! Confiando eu na minha alteza
    Tornarei ao meu trono;
    Porém! É um grande insurto
    Para minha fidalguia;
    Não posso deixar
    De dar garantia.
    Avancemos.

Príncipe
    – Meu pai ! Meu senhor!
    Voltai tranquilo ao teu trono
    Que aqui tem filho
    Para vossa defesa.

Rei

    – Já que tenho filho
    De minha merecendência
    Tornarei a meu trono.
    Mais!... Porém guerra!...
    – (O Estado-maior e a corte combatem os "mouros",
    fazendo grande algazarra todos, enquanto manejam
    freneticamente as espadas.)

Rei

    – Avança, meus camaradas,
    E dai o mais fino golpe mortal
    Nessa canalha.
    (O combate continua.)

Secretário
    – Vitória, senhor! (Prendem todos os "mouros".)

Rei

    – Bravos, meus valentes soldados!
    (Os vencidos ajoelhados, pedem perdão ao rei.)

Cacique e Embaixador
    – Curvando aos vossos pés
    Peço perdão de meus crimes:
    É modéstia de quem não sabe viver,
    E a política de quem não sabe aprender.

Rei

    – Levantai-vos, meus filhos.
    Os teus crimes estão perdoados;
    Chega lá ao teu reino
    E diga que o Rei do Congo é poderoso.
    "Os mouros"
    (Levantam-se e cantam. Não conseguimos recolher
    o que eles cantam. O rei manda-lhes entregar as armas.)

Rei
(ao Príncipe)
    – Levanta, levanta príncipe:
    Faça que chegue ao Cacique a linguagem.
    (Então começa a última dança e todos cantam):
    Senhor Rei,
    Adeus! Adeus!
    Pague a visita
    E vá com Deus!

Os batuques

Além das congadas, é muito comum, entre os pretos de Sorocaba a batucada. Vejamos a descrição que nos foi feita pelo sr. Francisco Camargo César:

"Nas festas populares, como as do Divino Espírito Santo, de Nossa Senhora Aparecida, de Santo Antônio, São João e São Pedro, nas comemorações de 13 de maio e na noite de Natal, o samba, que quase todos denominam 'pandeiro' ou 'batuque', era muito frequente. O 'batuque' era exclusivamente de *gente de cor*. A 'batucada' é uma dança tipicamente africana, com muito remelexo de corpo e umbigadas; os instrumentos são: o bumbo, o pandeiro e a cuíca. A música é rítmica, como todas as músicas africanas. Atualmente só no bairro de Aparecida, em Sorocaba, pode ser observado. A santa fica seis meses na catedral e seis meses na igreja desse bairro. Quando ela é levada para lá, em procissão, há batucada".

Como se vê, o motivo da dança também é a comemoração de uma santa padroeira, do hagiológico católico. Enquanto a congada é feita em honra e louvor de N. S. do Rosário, a batucada é dedicada à N. S. Aparecida, conservando, pois, um cunho caracteristicamente profano-religioso. Verifica-se que houve uma fusão entre o primitivo motivo da dança e o culto católico.

De dança profana e feita em qualquer lugar, bastando, para isso, apenas os sons rítmicos dados pelas palmas das mãos, de um bumbo ou duas colheres, passou a dança comemorativa de datas festivas e de dias de culto, como o de N. S. Aparecida.[9]

Recolhemos os seguintes versos,[10] cantados ao som dos bumbos, tambores e cuícas, monotonamente, entrosando-se o canto e as notas do instrumental em um único som, lamentoso e impressionante. O movimento do corpo acompanha, sílaba por sílaba, as notas espaçadas da música e das vozes.

Pisa no chão
De vagar leão
Ê... Ê... Mariá

Não encoste na parede
Que a parede deixa pó
Ê... Ê... Mariá

Este final é comum a quase todas as batucadas. Note-se que cantam apenas um dos versos, noite adentro. Outra letra para o batuque é a seguinte:

Batuque na cozinha
Sinhá não qué
Por causa do batuque
Queimei meu pé
Ou
Quebrei meu pé

---

9 Sobre o "batuque", cf. A. Ramos, *O folclore negro no Brasil*, op. cit., p. 135-141.
10 Dados fornecidos pelo prof. Roberto Paschoalick.

Neste, o remelexo do corpo é muito maior, mormente quanto ao requebrado dos quadris.

As letras por nós recolhidas são monótonas e enervantes, mas estes são traços do batuque, como podemos avaliar pelas seguintes, colhidas por José Vieira:[11]

Chorou ribeira
Chorou ribeira
Chorou ribeira
Óia a saia da Mariquinha
Tirando balão
De tiotê.

Chorou laranjeira
Chorou laranjeira
Chorou laranjeira
Que não desse mais flor
Chorou laranjeira
Chorou laranjeira

---

11 "Dança, música e poesia negra no Brasil", *Jornal do Comércio*, Rio de Janeiro, 1928, p. 667.

À GUISA DE CONCLUSÃO

Capítulo XIII

Aspectos Políticos do Dilema Racial Brasileiro*

Sabe-se que o dilema racial brasileiro aparece, fundamentalmente, como um contraste entre normas ideais (moldadas por um *"ethos* democrático") e comportamentos efetivos (exclusivistas e tendentes à subalternização do "negro" e do "mulato"). Como escrevem Bastide e Van den Bergue: "por um lado, encontramos uma larga aderência às normas democráticas, e, por outro, um grau de estereotipagem, uma grande segregação no nível da intimidade pessoal, e uma endogamia praticamente absoluta. Esta ambivalência estabelece um verdadeiro *dilema brasileiro*, muito embora talvez diferente do *dilema americano*".[1] Em sua

---

* Trabalho escrito para o volume coletivo, a ser publicado na França, em homenagem ao prof. Roger Bastide, antigo professor da Universidade de São Paulo.

1 R. Bastide e P. van den Bergue, "Estereótipos, normas e comportamento inter-racial em São Paulo", em R. Bastide e F. Fernandes, *Brancos e negros em São Paulo*, São Paulo, Cia. Editora Nacional, 3. ed., 1971, p. 307. Cf., ainda, L. A. da Costa Pinto, *O negro no Rio de Janeiro*, São Paulo, Cia. Editora Nacional, 1953, cap. VI Costa Pinto dá muita atenção à natureza e às implicações da subalternização e da "inferiorização circular do negro" no contexto da urbanização e da industrialização.

versão brasileira, esse dilema explica-se pelas condições de desintegração da sociedade escravista e formação da sociedade de classes. Na verdade, "a ordem social competitiva emergiu e expandiu-se, compactamente, como um autêntico e fechado *mundo dos brancos*"; o que significa, em outras palavras, que "as estruturas da sociedade de classes não conseguiram, até o presente, eliminar normalmente as estruturas preexistentes na esfera das relações raciais, fazendo com que a ordem social competitiva não alcance plena vigência na motivação, na coordenação e no controle de tais relações".[2]

O dilema social constitui um fenômeno sociológico essencialmente político. Ele tem raízes econômicas, sociais e culturais; produz efeitos ramificados em todas essas direções. Todavia, a sua própria existência só é possível graças a certas estruturas de poder, que o tornam inevitável e necessário. E a sua perpetuação, indefinida ou transitória, indica mais que isso, pois testemunha não só que grupos, classes ou raças dominantes são capazes de manter tais estruturas de poder, mas que, ao mesmo tempo, grupos, classes e raças submetidos à dominação são impotentes para impor sua vontade e corrigir a situação.

Como as fronteiras raciais não desapareceram no Brasil com a Abolição, é um erro supor-se que a *supremacia do homem branco* seja um dado histórico, um fato definitivamente superado com o desaparecimento da escravidão. Doutro lado, como a economia de trabalho livre se organizou sobre um patamar pré-capitalista e colonial, seria lamentável se ignorássemos como as determinações de raças se inseriram e afetaram as determinações de classes. Ao contrário do que ocorreu na Europa, na América Latina a expansão do capitalismo desenrolou-se em cenários étnicos e raciais muito complexos e heterogêneos. As grandes crises e transições começaram e acabaram – ou apenas terminaram – como "revoluções de cima para baixo", sob a tutela ou o arbítrio do *poder conservador*, o poder supremo de ralas minorias brancas. Por isso, a descolonização ainda está em processo. O que desapareceu historicamente – o "mundo colonial" – subsiste institucional e funcionalmente, ainda que de forma variável e desigual, conforme os níveis de organização da vida humana que se considerem. Ele vive, pois, em quase tudo

---

2 F. Fernandes, *A integração do negro na sociedade de classes*, São Paulo, Dominus Editora e Editora da Universidade de São Paulo, 1965, vol. 2, p. 389 e 391.

que é essencial para o capitalismo dependente: na posse da terra, na organização da agricultura, na autocracia dos poderosos, na espoliação sistemática e na marginalização dos pobres, no particularismo e no farisaísmo das elites, na apatia ou na confusão das massas oprimidas e, principalmente, nos padrões de relações étnicas e raciais, por natureza ilegítimos, extracristãos e antidemocráticos.

Ordem social e privilégio

Todas as sociedades estratificadas são sociedades nas quais o privilégio possui influências específicas, quer sobre a composição do meio social interno, quer sobre os dinamismos de funcionamento de evolução da ordem social. Tais influências são conhecidamente diversas, quando se passa o regime de castas para o de estamentos ou deste para o regime de classes. O grau de segregação do privilégio varia de um regime para outro, o mesmo ocorrendo com sua visibilidade, legitimação e significado sociopolítico. O regime de classes, porém, é o único que projeta o privilégio em uma esfera de conflito axiológico. A ordem legal e política funda-se numa ideologia democrática, enquanto o sistema de produção organiza-se com base em relações econômicas que institucionalizam a expropriação e requerem o privilégio de expropriar, de acumular e de mandar (ou dominar). Esse conflito axiológico está claro, por si mesmo não impede a continuidade do privilégio, negado em um plano, mas confirmado em outro. A ordem social competitiva oculta-o atrás de abstrações econômicas e sociais, convertendo-o, porém, em um de seus princípios ou forças integrativos. Contudo, o conflito axiológico aumenta a visibilidade negativa do privilégio, ao mesmo tempo que fornece fundamento moral e legitimidade política a várias modalidades e percepção crítica e de oposição ao privilégio.

As condições de formação do capitalismo nas Américas não favoreceram a "repetição da história". Sob muitos aspectos, o mencionado conflito axiológico constituiu um complexo subproduto social da revolução burguesa na Europa. Para que a Nação e o Estado nacional pudessem preencher certas funções aglutinativas e integrativas, imprescindíveis para o desenvolvimento do capitalismo, era preciso fomentar uma ideologia capaz de atender a interesses díspares (por vezes inconciliáveis), em conflito aberto na sociedade. Daí resultaram concessões, no terreno das ideologias, que aumentaram progressivamente à medida que os grupos e as classes atendidos adquiriam maiores garantias sociais e ampliavam sua posição de barganha política. O ponto de partida colonial e as funções históricas desempenhadas pela emancipação nacional no privilegiamento dos interesses e do pensamento conservadores nas Américas – e sob muitos aspectos o Sul dos Estados Unidos não difere essencialmente da América Latina espanhola e portuguesa – introduzem sérias diferenças com relação à Europa. Apesar da aparente *anarquia* e do uso *ad libitum* da liberdade pessoal, as formas patrimoniais e despóticas de dominação não entram precocemente nas transações e adaptações recíprocas de categorias sociais desiguais. O poder político exprime muito mais uma confluência da vontade da aristocracia que um arranjo ou acomodação da aristocracia com os demais grupos sociais.

Por isso, nas diferentes regiões da América Latina a emancipação nacional e a organização de um·Estado nacional se dão em um contexto no qual a desagregação do sistema colonial apenas se consuma ao nível jurídico-político (e, assim mesmo, no que se referia à subordinação direta às metrópoles e à estruturação do Estado independente, pois o antigo sistema legal perdurará por muito tempo). A estrutura colonial da economia e da sociedade não se alterou senão superficialmente, pois ela era necessária seja para a preservação da hegemonia das camadas senhoriais, seja para incorporação dos países da América Latina a uma forma indireta de dominação econômica e cultural de tipo colonial, também comandada pelo capitalismo europeu. A emancipação nacional latino--americana típica é, portanto, um fenômeno especificamente político (ou, como se diz, uma "revolução política"). Por paradoxal que isso possa parecer, uma revolução dessa espécie não se opunha ao antigo sistema colonial como um todo. Ao contrário, ela dependia da continuidade das estruturas econômicas e sociais, montadas sob o sistema colonial, para ter êxito (no plano em que a emancipação "nacional" foi concebida e visada pela aristocracia). E tanto isso é verdadeiro, que é no período pós-nacional que o regime estamental (ou de castas e estamentos, em alguns casos) atinge o seu apogeu histórico. Pois foi graças à revolução política que os estamentos senhoriais lograram autonomia suficiente para transformar o poder econômico e social de que dispunham em poder político e estatal, promovendo-se a sua integração horizontal no nível da organização do poder especificamente político (o que equivale a dizer que se tornaram, assim, estamentos hegemônicos). Por aí se vê que, inicialmente, a descolonização significou muito pouco na América Latina: uma mudança no caráter dos liames de dependência externa; e monopolização do poder político por estamentos que já monopolizavam a riqueza, o prestígio social e as formas correspondentes de poder (com suas implicações políticas, consideráveis no nível local).

Graças a essas circunstâncias, os conflitos que eclodiram nesse período tão tumultuoso ou não tinham o mesmo sentido que no cenário europeu ou não produziram consequências similares. O liberalismo era um instrumento de adaptação da ideologia senhorial à dominação colonial indireta e não contribuía para fomentar qualquer tendência radical de revolução dentro da ordem. Os demais setores sociais, por sua vez, não dispunham de base econômica, social e política para desencadear semelhante processo. O "*ethos* democrático" (ou o seu equivalente, nos vários tipos de oligarquia) circunscrevia-se à limitada ordem civil, em torno da qual gravitavam, em função dos interesses oligárquicos, os Estados nacionais. Ela era, de fato, o único núcleo dessa sociedade neocolonial em que havia uma socialização política entre iguais. Essa situação era mais extrema e drástica no Brasil, porque a persistência da escravidão criara condições para a preservação em bloco das estruturas econômicas e sociais coloniais, reduzindo as proporções e os efeitos da descolonização.

As evoluções posteriores, ao longo do século XIX e da primeira metade do século XX, trazem consigo uma nítida tendência à consolidação do capitalismo moderno, do regime de classes e do Estado nacional. Não obstante, permanece uma invariável polarização elitista, que resulta da capacidade dos estratos sociais dominantes de manter e de fortalecer os seus privilégios, através das várias transformações da ordem econômica, social e política. Esse fenômeno, ainda mal investigado e pouco conhecido sociologicamente, parece explicar-se pela monopolização social do poder político e do aparato estatal por aqueles estratos. Os demais estratos da sociedade foram praticamente excluídos do poder político institucionalizado – mesmo quando a participação chegasse a ser admitida – e nunca lograram qualquer *chance* de ameaçar o *status quo* "através da ordem". Esse padrão rígido e monolítico de dominação autocrática responde às exigências da situação histórico-social. A persistência, sob várias formas, da dominação externa[3] e a expansão interna do capitalismo impõem a continuidade de modelos verdadeiramente coloniais de apropriação e de expropriação econômica, aos quais deve corresponder, necessariamente, uma extrema concentração permanente da riqueza, no tope, e o uso pacífico ou violento de técnicas autocráticas de opressão e de repressão.[4] Os dinamismos de classe só se tornam efetivos para as classes que podem utilizar livremente os recursos institucionalizados de luta política.[5] Ainda assim, o controle político conservador, na sua essência sempre fundamentalmente voltado para a defesa intransigente e o fortalecimento do privilégio, tem imposto tanto a cooptação quanto o ostracismo ou a eliminação aos setores divergentes que chegassem a ameaçar a estabilidade da ordem. Nessas condições, o uso "legítimo" do conflito faz parte do privilégio e, com o poder político institucionalizado, os setores dirigentes das classes dominantes detêm o monopólio da violência.

Essa exposição é sucinta, mas revela o essencial. O conflito axiológico, tão importante para explicar a percepção crítica e as várias formas de restrição ou de oposição ao privilégio (através das conhecidas crises do liberalismo e da evolução do socialismo), não encontrou meio propício de florescimento no contexto histórico-social latino-americano. No fundo, o controle político conservador não admite alternativa – ou a perpetuação autocrática da ordem ou a revolução contra a ordem. Entende-se que, nesse limite histórico, o grau de falsidade, de

---

3   Cf. F. Fernandes, "Patterns of external domination in Latin America", em F. Fernandes, *The Latin American in residence lectures*, Toronto, University of Toronto, 1969-1970, p. 3-23 (onde também se encontra uma bibliografia).

4   Veja-se Comisión Económica para América Latina, "La distribución del ingreso en América Latina", *Boletim Económico de América Latina*, XII-2, 1967, p. 152-175; sobre o Brasil e as implicações do "crescimento econômico acelerado" para os setores pobres da população: M. C. Tavares e J. Serra, *Mas alla del estancamiento: una discusión sobre el estilo del desarrollo reciente de Brasil*, Santiago, Flacso, 1972, p. 65-71. Quanto aos problemas políticos: J. Graciarena, *Poder y clases sociales en el desarrollo de América Latina*, Buenos Aires, Editorial Paidós, 1967.

5   Cf. F. Fernandes, *Sociedade de classes e subdesenvolvimento*, Rio de Janeiro, Zahar Editores, 1968, cap. 1, e, especialmente, *Los problemas de conceptualización de las clases sociales en América Latina*, México, Instituto de Investigaciones Sociales de la Universidad Nacional Autónoma de México, 1971, ed. mim., p. 14-104.

mistificação ou de racionalização, inerente às ideologias, atinge o clí-max. Ao mesmo tempo, a ideologia torna-se ineficaz, pois, em última instância, ela não é "a imagem invertida da realidade". Ela é uma simples máscara, em um jogo no qual ela pode ser posta e tirada ao sabor das conveniências ou das imposições tidas como "inelutáveis". Não há outra via à perpetuação de padrões pré-capitalistas e antinacionais de privilégio, em sociedades que são capitalistas, se organizam nacionalmente e estão submetidas a um estado "democrático".

Ainda é preciso que se retenham três pontos, que são cruciais para a presente discussão. Primeiro, as ideologias e as utopias *oficiais*, nessas sociedades, possuem pouco valor para se conhecer sociologicamente sua situação concreta (embora sejam deveras importantes para se conhecer sociologicamente sua realidade política e a natureza do pensamento conservador nessa posição limite). O privilégio é tão "justo" e "necessário", para as camadas dominantes, e também para as suas elites culturais, que as formas mais duras de desigualdade e de crueldade são representadas como algo *natural* e, até, *democrático*. Está nessa categoria o mito da democracia racial, tão entranhado na visão conservadora do mundo no Brasil. O que define uma democracia racial? Pouco importa. O que importa é que o mito seja aceito e que se propague que não existe, no mundo, "outro exemplo de democracia racial". Segundo, a ideologia e a utopia oficiais tornam-se extremamente perigosas. Elas fazem parte de um ritual; mas esse ritual é tido como sagrado. Se alguém – uma pessoa ou grupo de pessoas – se opuser a elas, então tem de arrostar os riscos da infração. Os *folkways* funcionam como se fossem *mores*, em grande parte por causa da intolerância e da insegurança dos controles autocráticos do poder conservador. O dissidente é focalizado como divergente sistemático e, de uma maneira ou de outra, acabará recebendo o troco, através de tratamentos exemplares. Terceiro, a exposição intensa e duradoura a tais ideologia e utopia *oficiais*, sob as mencionadas condições de controle societário, acaba criando socializações profundas e distorções crônicas na percepção e na explicação da realidade. O que é mal conhecido e entendido acaba por ajustar-se à representação; em consequência, mesmo as vítimas das representações tendem a admitir que elas contêm "algum grau de verdade", compartilhando da confusão e desorientando-se. No exemplo evocado: não caberia ao "negro" e ao "mulato" indagar se o mito da "democracia racial" visa a ajudar ou a impedir a democratização das relações raciais no Brasil?[6]

Se tirarmos as devidas conclusões, parece óbvio que o dilema social se projeta, no contexto histórico-cultural descrito, em uma área de acomodações anestesiadoras. As "mentiras convencionais" e "as inconsistências de valores" podem ser retratadas com algum relativismo intrínseco onde o regime de classes funciona com toda a plenitude. A própria divergência dos interesses em tensão auxilia e protege as manifestações de tal relativismo. O mesmo não acontece em sociedades de classes dependentes e subdesenvolvidas. Nelas, as "mentiras convencionais" e as "inconsistências de valores" estão tão enredadas com o desfrutamento de privilégios, que tocar nelas é o mesmo que ferir diretamente o privilégio. Elas não são, portanto, facilmente tomadas por si mesmas e abstratamente. Elas concretizam em algum grau, os efeitos das ações ou das atividades a que se agregam por referência. Tocar nelas equivale a fazer a crítica dos *fundamentos* da ordem existente! Isso explica, segundo pensamos, tanto a hipersensibilidade do pensamento conservador e sua atitude de pânico e de insegurança diante de observações críticas frequentemente banais, quanto o padrão conservador de reação societária à focalização divergente, em regra muito violento, obstinado e intolerante (como se fosse impositivo ou prescrevê-la ou desacreditá-la por meio da estigmatização).

Natureza e contenção do desmascaramento racial

Um grupo ou categoria social pode varar barreiras dessa ordem e tentar impor sua própria visão da realidade. Se as demais condições permanecerem as mesmas ou só se transformarem muito pouco, porém, as coisas não se alterarão simplesmente por isso: a ideologia e a utopia *oficiais* continuarão a ter vigência e serão provavelmente defendidas com maior zelo. Há um exemplo de grande interesse empírico e teórico: os movimentos sociais de protesto racial, que se desencadearam no "meio

---

6   Esse ponto foi ressaltado tanto nas análises de Costa Pinto quanto de Fernandes: cf. acima, notas 1 e 2. Para uma análise do mito da democracia racial nesse sentido, cf. F. Fernandes, "A questão racial", *O tempo e o modo*, Lisboa, n° 50, esp. p. 40-44.

negro de São Paulo", entre os fins da década de 1920 e os meados da década de 1940, que já descrevemos e analisamos extensamente em trabalho anterior.[7] Esses movimentos merecem tal atenção porque promoveram uma extensa agitação, elaboraram a primeira tentativa de desmascaramento sistemático do mito da democracia racial brasileira e construíram uma contraideologia racial, coerente com os fundamentos legais da ordem democrática burguesa.

Os efeitos da Abolição não foram os mesmos para os ex-escravos e seus descendentes e para os que exploravam o trabalho escravo, na economia rural ou na urbana. A destituição do escravo se processou no Brasil de forma tão dura, que ela representou a última espoliação que ele sofreu, muito mais que uma dádiva ou uma oportunidade concreta. Não se tomou nenhuma medida para ampará-lo na fase de transição e nada se fez para ajustá-lo ao sistema de trabalho livre (apesar dos muitos projetos que foram elaborados ou suscitados anteriormente, enquanto a iniciativa privada e o Estado temiam pela escassez da oferta de trabalho). A abundância de mão de obra, captada internamente (numa escala que não seria imaginável sob a escravidão) ou através da imigração (na época, especialmente da Europa), criou uma realidade nova, selando a "má fortuna" do chamado *braço negro*. Não obstante, os ex-senhores se protegeram de vários modos. Tiveram de arcar com o prejuízo inerente aos investimentos realizados nas pessoas dos ex-escravos (pois a Abolição se fez sem indenizações, malgrado as pressões senhoriais em sentido contrário), mas obtiveram compensações através da política de subsídio oficial da imigração, de medidas de amparo financeiro de emergência e da própria rede de solidariedade particular, que a iniciativa privada podia mobilizar. Em consequência, a recuperação do sistema de produção foi rápida (na verdade, só em casos isolados e em termos de variação local ocorreu o contrário). O fator principal do equilíbrio econômico continuou a ser a posição do café no mercado externo e a evolução interna das safras. A recuperação do antigo agente do trabalho escravo foi difícil, lenta e seguiu uma trajetória complicada. As escolhas drásticas se punham entre a submersão na

---

7 Os movimentos sociais no meio negro foram submetidos a um estudo de caso especial, elaborado por Renato Jardim Moreira, com a colaboração de José Correia Leite, um dos mais proeminentes líderes no período assinalado. A análise de tais movimentos é feita por F. Fernandes, *A integração do negro na sociedade de classes*, op. cit., cap. 4.

economia de subsistência ou a concentração em grandes cidades, ambas envolvendo formas específicas de marginalização e de auto-exclusão mais ou menos conscientes. As escolhas intermediárias, como a permanência ou a migração para áreas relativamente estagnadas, ofereciam melhores perspectivas imediatas à custa do sacrifício de qualquer "ideal de liberdade" (uma expressão complexa, que designava o acesso a tudo que o negro não podia ter e ao que ele não podia legitimamente aspirar na condição de escravo ou de liberto). Em suma, a Abolição e as tendências de desenvolvimento do sistema de trabalho livre engolfaram o *elemento negro* em uma crise irremediável de superação muito difícil.

A imensa maioria da população negra ou mulata brasileira se adaptou passivamente a essa trágica situação. Todavia, os negros e os mulatos que se concentraram nas cidades grandes tinham de romper, de uma forma ou de outra, com os padrões tradicionalistas de acomodação passiva. Muitos deles conseguiram certa instrução e, o que é deveras importante, tornaram-se letrados de um tipo especial, que não haviam sido socializados (ou então mal haviam sido conformados) por meio da educação oficial. Doutro lado, a comunicação entre indivíduos e grupos fazia com que essas mentes esclarecidas se vissem expostas às ideologias revolucionárias, que eclodiam abertamente, pela primeira vez, no cenário urbano-industrial. Isso facilitou a transição da "indiferença" ao "radicalismo" na percepção da questão racial: constituíram-se pequenos grupos, empenhados em descobrir "o porquê da situação do negro" e dispostos a acabar com o seu "emparedamento". Tal evolução desenhou-se entre o fim da Primeira Guerra Mundial e a crise de 1929 e parece ter sido um processo frequente, pois aparece, com intensidade variável, em várias cidades brasileiras. Em São Paulo ela foi particularmente intensa, presumivelmente porque a extrema concentração de imigrantes, o rápido e desordenado desenvolvimento urbano-industrial e a ampla mobilidade social ascendente estabeleceram, nessa cidade, um quadro de referência chocante para quem quisesse fazer comparações objetivas. Posta, em regra, abaixo dos últimos degraus da economia e da sociedade, a "população negra" via-se excluída do que parecia ser a prosperidade geral, sentido-se irremediavelmente condenada ao desemprego, ao pauperismo, à desorganização social, à vergonha coletiva e à impotência. Ela participava do clima tumultuoso de ilusões, que imperava na cidade, e das inquietações revolucionárias da plebe urbana, na época muito fortes em São Paulo, mas sem grandes esperanças, individuais ou coletivas. Os letrados e semiletrados radicais do "meio negro" captaram esse estado de frustração, convertendo o desajustamento sistemático e uma inquietação amorfa no substrato do *protesto negro*, através do qual lançam e difundem o apelo à *Segunda Abolição*.

Os vários jornais e manifestações, que traduziram as tomadas de posições desses intelectuais negros e mulatos, atestam que eles, de fato, pretendiam organizar e levar a cabo uma autêntica rebelião dentro da ordem. Eles se isolaram no "meio negro" por motivos práticos: não só não tinham acesso aos meios de comunicação controlados pelos brancos; os diversos movimentos políticos, de centro ou de esquerda, que se opunham à República Velha, não davam acolhida à questão racial, ignorando como ela se apresentava na realidade. Por isso, os movimentos sociais do "meio negro" guardam completa autonomia de condicionamentos tradicionais, que poderiam reduzir o seu ímpeto ou a sua identificação exclusiva com a "causa do negro"; e, ao mesmo tempo, superam os *ismos* atuantes na sociedade inclusiva, embora extraíssem de alguns deles sua forte orientação libertária, igualitária e fundamentalmente populista. Seu alvo específico consistia na redução progressiva e no desaparecimento final, ambos supostos a curto prazo, da distância econômica, sociocultural e política existente entre o "branco" e o "negro". Não se voltavam contra a ordem existente em bloco (pois esta não era questionada como e enquanto tal), mas contra o modo pelo qual a ordem existente retinha e agravava a desigualdade racial, com suas terríveis consequências. Nesse sentido, eram movimentos raciais despojados de conteúdos ou pretensões racistas. Queriam a mesma coisa que os liberais radicais ou progressistas brancos, com a diferença que estes eram indiferentes à necessidade de mobilização do negro para atingir tal objetivo e aos ritmos históricos de sua concretização. Queriam-na, portanto, com urgência e de maneira total, o que os compelia a recolocar o problema da liberdade e da igualdade em termos raciais.

Essa ótica não era, como muitos observadores de esquerda ainda hoje supõem, intrinsecamente oportunista e capitulacionista. Ela continha (e ainda conteria, se se reproduzisse historicamente) um real avanço revolucionário. Para se admitir tal conclusão é preciso que se atente para a natureza e a variedade de barreiras, que o negro e o mulato venceram para chegar até aí. Na época, os brancos mais esclarecidos explicavam a suposta seleção demográfica negativa do negro através de sua incapacidade para se ajustar ao planalto e às condições de vida impostas por uma sociedade urbano-industrial. Doutro lado, os brancos eximiam-se de qualquer responsabilidade pela situação desumana existente no "meio negro", fazendo largo uso, consciente e inconsciente, de um rico estoque de estereótipos negativos, pelos quais pensavam explicar suas taxas anormais de miséria, de desemprego, de mães solteiras, de menores abandonados, de alcoolismo, de prostituição, de rufianismo, vagabundagem e criminalidade etc. Por se sobrepor a uma pressão psicológica externa tão cerrada, libertando-se ao mesmo tempo dos efeitos inibidores da estigmatização e do monopólio da liderança intelectual ou política dos brancos, aquela ótica possuía um calibre revolucionário intrínseco, pois trazia consigo uma dupla liberação: diante da ideologia racial dominante e diante da tutela do branco. E definia uma única proposição política: a conquista (e não a concessão) da liberdade e da igualdade pelo próprio negro, por meio de sua autoafirmação individual e coletiva na sociedade nacional. Analisada sociologicamente, aquela ótica poderia ser ingênua (e é surpreendentemente pouco revolucionária, em termos especificamente raciais, quando comparada a outras óticas, inerentes à rebelião negra nos Estados Unidos da época e ao movimento da negritude). Mas, examinada dentro do contexto histórico, ela era especificamente revolucionária e *intentava a revolução racial da ordem de baixo para cima.*

Essa ótica permitia focalizar, simultaneamente, tanto os problemas sociais (que o negro compartilhava com outros setores pobres ou marginalizados da população brasileira), quanto o dilema racial brasileiro (decorrente da crença de que existe uma democracia racial no Brasil, a qual escamoteia a desigualdade racial da arena política e cria uma situação única, que só atinge o negro).[8] Na verdade, a massa que acolheu aqueles movimentos (demonstrando a fertilidade do "meio

---

8 A pobreza não é peculiar ao negro e ao mulato. Mas outros setores da população pobre brasileira não enfrentam as mesmas dificuldades nos processos de classificação e de mobilidade social vertical, pois não tem de enfrentar barreiras raciais veladas nem as práticas discriminativas decorrentes. Cf. F. Fernandes, "Beyond poverty: the negro and the mulatto in Brazil", *Journal de la Société des Américanistes*, Paris, tomo LVIII, 1969, p. 121-137.

negro" para os mesmos) era mais sensível à primeira contribuição que à segunda. No momento, indivíduos e famílias em crise estavam em busca de orientação e de assistência. No entanto, a segunda influência era insubstituível e tinha consequências mais profundas. Pela primeira vez o negro não só enfrentava o branco: passava a discutir abertamente o *preconceito de cor*, expressão sincrética com que designavam (e ainda designam) o padrão vigente de relações raciais assimétricas, com suas condições e efeitos preconceituosos, discriminativos e segregativos. Aqueles movimentos declinaram de vigor e foram suprimidos, como se desaparecessem de um momento para outro. A sua influência para o alargamento do horizonte cultural do negro subsiste e constitui, ainda hoje, o único ponto de referência coletivo, a ser oposto a outra *certeza*, reiteradamente afirmada e confirmada pelo branco, de que "o negro não tem problemas" de natureza racial e de que, no Brasil, não há nem preconceito nem discriminação raciais.

O desmascaramento da situação racial fez-se em diferentes planos. Apesar da insuficiência de recursos intelectuais, os líderes dos movimentos sociais buscaram explicações que iam do passado ao presente e que apanhavam, neste, o econômico, o social, o psicológico e o político (enumerações que surgem, com maior ou menor latitude em diversos documentos). Em consequência, a focalização crítica da realidade (omitindo-se outros aspectos da situação do negro ou do sistema de relações raciais que não são relevantes aqui) abre-se em leque: a visão negra da história brasileira; a natureza do mundo escravista e as deformações que ele implantou no negro, no branco, no mulato e na própria sociedade brasileira; o preconceito de cor, em suas três polarizações (como preconceito propriamente dito, discriminação com base na cor e segregação social), e como instrumento de dominação racial e de supremacia da raça branca; os mecanismos de sustentação dos privilégios e de monopolização do poder pelos brancos ou, inversamente, de marginalização, exclusão ou subalternização do negro; o "complexo" como formação psicodinâmica e sociodinâmica reativa, por meio da qual o branco invade a personalidade profunda do negro e debilita o seu equilíbrio psíquico, o seu caráter e a sua vontade. No essencial, o desmascaramento conduz a um retrato alternativo da situação racial brasileira, segundo o qual a personalidade democrática e o comportamento democrático representam a exceção (e não a regra); a tolerância é superficial e astuciosa (como norma); o preconceito de cor se conjuga com a exploração do negro pelo branco (econômica, sexual e socialmente); e a ordem social legítima só tem vigência para os brancos, funcionando para os negros e os mulatos como uma versão atenuada da autocracia senhorial. Em dois pontos fundamentais (embora menores) também são focalizados criticamente: o "branqueamento" (*social ou racial*, quando envolve miscigenação), visto como um processo pelo qual o "negro transfuga" comercializa econômica, social e politicamente sua subserviência e transferência de lealdade; a questão do preconceito de cor entre os imigrantes e seu descendentes, percebida com oscilações (pois alguns acham que já traziam o preconceito em sua herança cultural, enquanto a maioria afirma que o absorveram em contato com famílias tradicionais brasileiras), mas posta na base do processo pelo qual o estrangeiro também procurou explorar o negro e tentou valorizar-se socialmente.

Apesar da amplitude e da relativa profundidade do desmascaramento, a noção de liberdade não foi manejada até o ponto em que o negro defendesse sua autonomia de ser um brasileiro diferente dos outros (portador de sua visão do mundo e de sua cultura) e a noção de igualdade ficou contida dentro dos limites de identificação com a ordem social estabelecida (o que implica uma convicção elementar: que ela pode corrigir a desigualdade racial ou pelo menos eliminar suas arestas "mais injustas", provavelmente herdadas do período escravista). Uma interpretação sociológica superficial permitiria atribuir essa contenção à influência de elementos externos, como os anseios de classificação social ou o caráter ambíguo da "classe média de cor" em plena gestação (ou seja, em outras palavras, a concessões mais ou menos inconscientes). Todavia, embora semelhante condicionamento possa ser evocado (especialmente no nível pessoal dos ajustamentos raciais), ele não parece ser responsável pelo efeito apontado. Pelo fato de se oporem à ideologia e à utopia raciais dominantes tornar-se-iam o negro e o mulato imunes às suas influências mais profundas (e, porventura, mais insidiosas)? Não devemos nos esquecer que a rebelião racial mal eclodia e que o *élan* revolucionário não exigia o repúdio total da ordem existente. O horizonte crítico foi trabalhado pelo afã de liberdade e de igualdade raciais. Mas ele o foi também pelo ideal puramente burguês de liberdade e de igualdade e, num certo sentido, ao se tornar o paladino desse ideal, o rebelde negro e mulato como que se superembranquecera. Não pretendemos sugerir que o *protesto negro* fosse uma simples reação de tipo compensatório. Porém deixar patente certas conexões profundas, que esclarecem os fatos. A natureza do desmascaramento foi amplamente afetada pela situação do negro que não podia saltar de dentro de si próprio e converter-se, em um átimo, na negação de si mesmo. Assim, as limitações da resposta do negro à percepção crítica e ao repúdio da realidade procedem dele próprio, mas no caso ele surge como um mediador: no íntimo, acha-se a sua socialização por essa sociedade multirracial "democrática", em que ele vive, e o quanto ele incorporou da ideologia racial *oficial*.

Haveria outro prisma para chegar-se a esse resultado interpretativo: as expectativas de incompreensão, de intolerância e de repressão – tanto mais fortes e conscientes quanto mais os líderes radicais negros e mulatos conheciam por experiência amarga o terreno em que pisavam – introduziam natural moderação na exteriorização de suas orientações críticas e de sua disposição de aceitar o conflito racial sem agravá-lo com provocações inúteis. Essa moderação, doutro lado, tendia a crescer fatalmente por causa de vários fatores incontroláveis (como a influência do "complexo" na confusa percepção da realidade racial; as consequências enfraquecedoras do apego da massa negra ao tradicionalismo; a debilidade econômica, social e política do "meio negro"; a necessidade de contar de antemão com uma solidariedade racial a ser forjada no processo de luta; a falta de destreza e o medo do "negro" em enfrentar abertamente o "branco" em assuntos proibidos etc.). Todavia, nada disso afetava o que nos interessa aqui: o padrão de desmascaramento racial inerente àqueles movimentos, do início até sua esterilização e desaparecimento. Essas razões, quando muito, explicam o modo de pôr em prática o referido padrão de desmascaramento racial, não a sua natureza, os seus conteúdos e a forma segundo a qual objetivava as divergências estruturais. Para chegar-se a estes aspectos, é preciso considerar como a ideologia e a utopia raciais dominantes socializam a visão do mundo e da realidade das etnias e categorias raciais dominadas (que nem sempre constituem "minorias étnicas" e "minorias raciais", especialmente em escala local e mesmo regional). O fulcro da questão está num efeito específico: a ideologia e utopia raciais dominantes impõem a todas as categorias étnicas, raciais ou nacionais submetidas à *supremacia branca*, sem exceção, uma forte pressão assimiladora, que não deixa alternativas em problemas essenciais, de significado ou com implicações políticas. Essa pressão é intransigente e monolítica, embora quase sempre se justifique em nome da "integração nacional" ou da "democracia racial" e da "democracia cultural". Ela faz parte da complexa herança do mundo colonial (pois nasceu e foi aperfeiçoada no trato com o índio, com os escravos negros e com os mestiços, em condições nas quais eles constituíam maiorias hostis, firmando-se como um "perigo público" para a ordem escravista) e foi aperfeiçoada posteriormente, por imposições dos novos contingentes nacionais, trazidos com a imigração, e dos vários deslocamentos internos de populações mestiças.[9] Os movimentos sociais do "meio negro" acolheram positivamente essa pressão étnica, forjando divergências que negavam a ordem racial existente, mas para afirmar maior integração racial, econômica, cultural, social e política no futuro. No fundo, o que se atacou e repudiou foi o modo unilateral com que a pressão assimiladora define os ideais a serem atingidos, o qual tem redundado em monopólio da igualdade, da liberdade e do poder pelos brancos dos estratos dominantes. Não é difícil perceber-se que o negro e o mulato não tinham (como ainda não têm) condições para desencadear outro tipo de negação e de oposição. Além disso, parece óbvio que, seguindo essa linha, o desmascaramento racial e o *protesto negro* acumulavam várias vantagens psicológicas e políticas, desarmando a reação conservadora e tornando pelo menos mais inteligível o que entendiam como *Segunda Abolição* (com o que esta representaria, se levada a cabo, para o desenvolvimento de verdadeiras estruturas nacionais de poder). Não obstante, o fato de quererem isso (e de se empenharem por isso), punha aqueles movimentos no mesmo barco em que estavam os setores dominantes da "raça branca", deixando-os inexoravelmente à mercê das determinações fundamentais da ideologia e da utopia raciais desses setores. Para atacar a desigualdade racial, com a ordem racial que a engendrava (oculta e mistificada por detrás da ordem existente), e assim desmascarar o branco e sua dominação racial autocrática, foi consagrado um caminho que não eliminava por completo o controle ideológico e

---

9   É preciso não esquecer que, no passado, o segmento branco da população de grande número de comunidades era minoritário e que suas elites abrangiam números ínfimos. Em várias áreas ainda hoje a *população de cor* suplanta a *população branca* (cf. "Beyond poverty", art. cit., tabelas I e II).

utópico detido pela raça dominante. Portanto, o negro e o mulato tinham de projetar sua percepção crítica, e inclusive sua vontade revolucionária, como se fossem superbrancos, e tinham de afirmar, no processo de rebelião, o que estavam negando.

É claro que semelhante situação traduz a precária situação política de grupos rebeldes destituídos de poder e de meios para conquistá-los de modo mais ou menos rápido. O ponto de partida moderado, no entanto, também acaba tendo o seu preço: essa estratégia depende muito, para tornar-se eficaz, do grau de anuência ou de consentimento potencial que os donos do poder possam alimentar diante das causas dos rebeldes. Em outras palavras, resta saber como a divergência coletiva é recebida por setores que detêm, ao mesmo tempo, o controle ideológico e utópico da situação e seu controle institucional e político-estatal. Se eles se mostram abertos à aceitação tolerante da divergência e à introdução de mudanças para superá-las, a rebelião atinge seu alvo e se inicia um processo mais amplo de reforma social (com frequência sob controle conservador). No caso que descrevemos tal resultado só seria viável se as mesmas manifestações se repetissem em outras cidades brasileiras com a mesma intensidade e se vários estratos dissidentes da população branca aderissem à contrautopia da *Segunda Abolição*. Esta poderia merecer tal desdobramento político. Mas isso não ocorreu. Malgrado sua evidente importância para a integração racial em escala nacional – uma nação multirracial não pode considerar-se integrada sob o padrão de concentração racial da renda, do prestígio social e do poder vigente no Brasil – esse caminho de desintegração revolucionário das estruturas raciais existentes e de formação de novas estruturas raciais, pelo menos compatíveis com a universalização da desigualdade especificamente capitalista, não vingou.

Interessa-nos descrever pelo menos dois aspectos da situação que se criou, pois eles ensinam como uma "raça dominante", além de infiltrar sua ideologia e sua utopia raciais no pensamento revolucionário dos antagonistas, envenenando-o ou esterilizando-o, pode também inibir ou conter, por outros meios, as proporções, a propagação e a eficácia dos movimentos de rebeldia. No caso, este desdobramento autodefensivo era de fácil consumação, à medida que os movimentos de *protesto negro* nasceram e se mantiveram segregados no "meio negro", sem qualquer suporte nos demais estratos da população. Doutro lado, embora não exista, para a estrutura econômica da sociedade de classes brasileira, qualquer interesse em evoluir para o padrão sistemático de preconceito e de discriminação raciais (como o que existe nos Estados Unidos ou na África do Sul), o tipo de capitalismo dependente e subdesenvolvido imperante não pode prescindir da concentração racial da renda e do poder (e, em consequência, das formas pré ou subcapitalistas de exploração e de expropriação econômicas e de dominação política que ela envolve). Por isso, apesar do apregoado apego à *democracia racial*, os estratos "esclarecidos" das classes altas ou médias, que detinham o controle dos meios de comunicação e com frequência se mostravam acessíveis às diferentes modalidades de nacionalismo reformista, evitaram associar-se ao *protesto negro*. A sua contraideologia de desmascaramento racial e a sua contrautopia de uma *Segunda Abolição* entravam em conflito real com os "ideais democráticos" de tais classes, que veem na persistência de padrões arcaicos de relações raciais um cômodo sucedâneo do preconceito e da discriminação raciais sistemáticos. Por conseguinte, não havia como constituir-se uma "opinião pública" favorável aos movimentos de *protesto negro* fora e acima dos pequenos setores mais ou menos radicalizáveis da própria "população de cor".

O primeiro aspecto relaciona-se com o modo pelo qual os diferentes estratos do "meio branco" reagiram aos movimento de *protesto negro* ou a evidências práticas de sua contraideologia e contrautopia. Fala-se muito, ao discutir-se a situação dos povos subdesenvolvidos, na "apatia" das massas. No entanto, até onde essa apatia é um produto de exclusões, de controles e de opressões firmemente estabelecidos, institucionalmente ou não, e utilizadas com racionalidade pelo poder autocrático? Isso parece notório no caso em apreço. Vários líderes dos movimentos sociais tentaram angariar o apoio da imprensa e da rádio; muitos também fizeram sérios esforços para tirar sua causa do isolamento político e do confinamento ao "meio negro". Todavia, não obtiveram simpatia e apoio; antes, obtinham-nos e os perdiam, assim que revelavam seus propósitos autônomos e seus desígnios libertários e igualitários. Na aparência, o "meio branco" reagiu com notável indiferença, como se se tratasse de uma agitação estéril ou inútil. Ao interpretar-se esse padrão de reação societária, em bloco, percebe-se qual era a sua função: impedir que os setores destituídos de poder encontrassem ressonância, tornando-se aptos a fazer pressões políticas de baixo para cima. Além disso, em alguns níveis das classes médias e altas, como também em alguns círculos intelectuais e políticos dessas classes, os movimentos ficaram mais conhecidos, quase sempre como efeito de casos concretos (empregadas que passaram a discutir com as patroas; avaliações de atitudes, disposições de comportamento ou comportamentos de negros e de mulatos, envolvidos nos movimentos, como manifestações ostensivas e intoleráveis de "atrevimento" e de "ódio racial"; discussão etnocêntrica dos objetivos libertários e igualitários dos movimentos raciais). Colocada à prova, essa elite branca introduzia o comportamento autocrático em sua reação, que passava a ser hostil, recriminando a "intolerância do negro" e repudiando o seu "racismo"!

O segundo aspecto diz respeito a processos latentes de autodefesa da ordem racial que se escondem por trás da ordem estabelecida (e, portanto, de autodefesa do padrão assimétrico de relação racial, da desigualdade racial e da monopolização racial do poder pelo branco). Aparentemente, o "meio negro" não continha potencialidades para imprimir o maior ímpeto, continuidade e eficácia aos seus movimentos de protesto. Todavia, foi somente isso que ocorreu na realidade? Se se examinam bem as coisas, verifica-se que a impotência do "meio negro", em parte produto de sua situação econômica, sociocultural e política, também resultava de modo direto da estrutura racial da sociedade brasileira, que concentra o poder político no tope (nos setores dominantes das classes médias e altas, isto é, nas mãos das elites da "raça dominante"). Essa concentração pressupõe que a competição e o conflito, em fins voltados para a defesa, o controle ou a transformação da ordem social existente, constituem prerrogativas políticas dos brancos; e que, quando se tornam institucionalmente acessíveis à "massa", branca ou negra, só afetam matérias de rotina. As demais condições mantidas iguais, a mudança imposta debaixo para cima é inviável. Como não se põe a alternativa de a mudança vir espontaneamente como uma iniciativa de cima para baixo, temos: 1º) que as estruturas de poder são cegas aos "problemas das massas"; 2º) que tais estruturas operam de modo repressivo (inclusive por meios discretos) quando as massas questionam os "dilemas sociais" (o que parece criar ameaças incontroláveis ao caráter sacrossanto e à estabilidade do *status quo*. Isso transparece mais claramente nos movimentos de protesto racial que em outras manifestações do populismo, porque fica evidente que o negro foi tolhido na medida em que *não teve liberdade para usar o conflito racial em fins coletivos próprios*. Como o branco possui a liberdade oposta, de usar o conflito racial para preservar a ordem existente – embora isso permaneça dissimulado, pois o conflito é empregado sob a forma de violência organizada institucionalmente, através dessa mesma ordem – ele pode equacionar, estigmatizar e reprimir o "perigo do racismo negro", sem que o negro possa, legitimamente, desmascarar o mito da "democracia racial" e propor, em seu lugar, uma autêntica democratização das estruturas raciais da sociedade brasileira. O que resulta, daí, não é apenas a "impotência política" do negro e do mulato. É a neutralização do "meio negro" como coletividade ou categoria racial para qualquer processo dotado de real eficácia política. No fundo, o que se passou pode ser descrito, sociologicamente, como uma *contenção efetiva do radicalismo negro pela ordem social inclusiva* (embora ele ficasse nos limites do "legítimo" e defendesse a continuidade dessa mesma ordem social). Privado de condições para absorver as estruturas de poder que seriam necessárias para que ele pudesse equacionar e resolver (ou contribuir para equacionar e resolver) seus problemas sociais e o dilema racial brasileiro, o "meio negro" como um todo estava condenado a não poder tornar-se agente de seu destino, em todos os níveis da história.

A democracia racial segundo a "raça oprimida"

Seria ingênuo pensar-se que o dilema social, em si e por si mesmo, possa converter-se em foco de processos revolucionários de transformação da ordem. Contudo, sua análise é sociologicamente importante, porque desvenda como as ideologias e as utopias podem ser adaptadas a privilégios e a interesses de classes e categorias sociais, em posições estratégicas de poder, e como, de outro lado, ele estimula o aparecimento de contraideologias, de contrautopias e de contraelites. Na verdade, o avanço radical de ideologias e utopias totais – difundidas por classes dominantes e mais ou menos compartilhadas pelas demais classes de uma mesma sociedade nacional – ocorre em períodos de grande emulação coletiva, nos quais o idealismo revolucionário facilita concessões ou acomodações de teor libertário, igualitário ou humanitário que são, não obstante, incompatíveis com a ordem interna de uma sociedade estratificada (mesmo que ela seja uma "ordem social aberta", como a sociedade de classes moderna). Passados os períodos de efervecências e de confraternização revolucionária, o idealismo revolucionário desaparece, mas ficam as ideologias e as utopias forjadas ou redefinidas sob seu impacto. Então, as ideologias e as utopias convertem-se em máscaras, mesmo que mantenham conteúdos democráticos e impulsões revolucionárias. As classes e as categorias sociais dominantes, que as utilizam, empenham-se mais na consolidação do poder e em mudanças sociais que somente concorrem para a estabilidade do *status quo*. Por conseguinte, suprimem as relações das ideologias e das utopias com qualquer *praxis* revolucionária, e, com frequência, com sua própria prática social cotidiana: apegam-se, assim, ao significado abstrato-formal da ideologia e da utopia, segregando-o de modo mais ou menos completo daquilo que são compelidas a fazer, em virtude de seus interesses e relações de classe. Conseguem estabelecer uma espécie de conexão de sentido absoluta para suas ideologias e utopias, de grande utilidade como fundamento de um tipo especial de *dualidade ética*, que permite tratar as demais classes como se fossem "estranhos", "membros de outras sociedades" ou até como "inimigos". Esta função societária da dualidade ética é facilmente dissimulada e mascarada, graças ao artifício da segregação entre o formal-abstrato e o concreto, que opera como um fator de obnubilamento da consciência social de classe e de mitigação do significado social das inconsistências institucionais e dos conflitos axiológicos de uma civilização. A contradição entre esses dois níveis, por sua vez, não gera por si mesma reações desconfortáveis ou catastróficas. Especialmente se as classes preteridas ou prejudicadas esperam compartilhar "no futuro", de algum modo, da revitalização recorrente de privilégios sociais ou de interesses de classes emergentes e em crescimento. Essa dinâmica fortalece o poder de controle ideológico e utópico da sociedade pelas classes dominantes, e corrompe pela base qualquer espécie de "idealismo democrático" que elas se inculquem, em termos conservadores, reformistas ou revolucionários.

As coisas se apresentam, na situação brasileira, de modo mais complicado. Como a "revolução nacional" ainda não conduziu à completa descolonização, há margem para que grupos, setores de classes ou categorias raciais fixem na "integração nacional" a via pela qual se poderia consumar pelo menos a eliminação de formas arcaicas de desigualdade, representativas do *antigo regime*. Por causa de sua fraqueza econômica, sociocultural e política, eles têm de partir, forçosamente, de "críticas morais da ordem", isto é, de fazer oposição ostentando um zelo real ou simulado diante dos valores centrais das ideologias e das utopias das classes dominantes, consagrados oficialmente pela ordem existente. Os conflitos axiológicos são, assim, engrandecidos pelos divergentes, servindo de fundamento ao idealismo crítico e a seus desdobramentos práticos, reformistas ou "revolucionários". Por sua vez, as classes e as categorias sociais dominantes veem-se diante da desigualdade através de duas polarizações: o forte processo de revitalização de privilégios mais ou menos arcaicos; e o processo ainda mais importante dos interesses de classe propriamente ditos, resultantes da expansão interna do capitalismo moderno. Eles podem explorar a mística da "sociedade aberta", mas só em sentido não exemplar e com muito cuidado (mais verbalista que real e, de qualquer maneira, não no terreno político). Queiram ou não, são compelidos a "tomar a nuvem por Juno" e, o que é pior, a obrigar as outras classes e categorias sociais a fazerem o mesmo. Em consequência, não só segregam as objetivações abstrato-formais dos valores centrais de suas ideologias e utopias da prática correspondente cotidiana; projetam nessas objetivações um significado absolutista, maniqueísta e totalitário, como se elas fossem em si mesmas o concreto, o dado real, e a prática cotidiana um elemento contingente, irrelevante e transitório. Com isso pretendem proteger-se de riscos potenciais, congelando politicamente a crítica moral e a rebelião dentro da ordem, e impondo de maneira autocrática sua visão do mundo e sua imagem do Brasil.

Tudo isso coloca a reflexão sociológica crítica diante de uma confusa realidade. Como pensar sociologicamente as "saídas possíveis" se a circularidade é inerente à própria organização "nacional" da sociedade brasileira? Se mesmo em São Paulo, pouco tempo depois do que descrevemos acima, o próprio "meio negro" voltou as costas à rebelião coletiva, procurando explorar de forma individualista, egoísta e até elitista as novas oportunidades de classificação e de ascensão sociais (bem maiores atualmente que nas décadas de 1920, 1930 ou 1940), o que resta ao sociólogo, por maior que seja sua identificação com o igualitarismo? A questão é ainda mais complicada, pois as análises resumidas na segunda parte deste artigo indicam que uma autêntica democratização mais ou menos rápida das relações raciais continua a representar uma "improbabilidade histórica", quer se focalize a situação racial brasileira do ângulo do "branco", quer do "negro" ou do "mulato".

Supomos, porém, que há margem para se apanhar prospectivamente pelo menos algumas linhas desse ambíguo vir-a-ser. Primeiro, a nova orientação predominante no "meio negro", mais individualista, utilitarista e pragmática – e por isso tão chocante e antipática – parece conter alta dose de acerto (pondo-se de lado a mitificação do *novo homem negro*"). Nessa orientação – e não no antigo protesto coletivo, que nos é tão caro – é que o negro e o mulato estão usando a armas dos próprios brancos. Eles estão elevando as potencialidades econômicas, socioculturais e políticas do "meio negro" e, por isso, estão se preparando para um novo tipo de embate (no qual será mais difícil alijá-los de todas as formas de competição e de conflito, na luta pela absorção e controle das estruturas de poder). Segundo, houve abandono prematuro dos movimentos sociais e difundiu-se uma reavaliação negativista contra qualquer forma de "protesto negro" coletivo. Mas os movimentos podem ser retomados – e é quase certo que o serão, oportunamente, redefinidos em suas formas, estratégia, objetivos e funções – pois eles constituem uma "exigência da situação". Com a experiência acumulada no mundo urbano-industrial, é duvidoso que o negro volte a centralizar seu esforço crítico e suas aspirações coletivas no combate ao dilema racial, que exigiria, para ser consequente, condições histórico-sociais para uma "revolução racial debaixo para cima". O negro e o mulato, atualmente, preferem mudanças circunscritas, porém compensadoras, irreversíveis e numa espécie de cascata, na lógica segundo a qual "uma mudança puxa a outra". Terceiro, o "meio branco", apesar de suas variadas e profundas divisões, continua tão indiferente ao *drama do negro* quanto o foi há algumas décadas. Houve um forte e desproporcional fortalecimento de posições conservantistas, reacionárias e autocráticas, dentro dele, em prejuízo de uma melhor compreensão das vantagens e da necessidade da democratização racial da riqueza, do poder e do prestígio social. Essas alterações negativas foram compensadas por outras mudanças paralelas, que alargaram a incidência de uma percepção crítica da desigualdade racial entre brancos de todas as classes sociais e facilitam o aparecimento de participação militante desses círculos em prol do inconformismo negro, desde que ele se concretize em torno de objetivos claramente definidos. Sob esse aspecto, a mitologia oficial, do Brasil como "paraíso racial" ou de que "entre nós o negro não tem problemas" está em crise no "mundo dos brancos". A mudança de mentalidades, na sucessão de gerações, tem abalado profundamente as formas ainda predominantes de hipocrisia racial e, em particular, tende a suscitar simpatia efetiva por um radicalismo igualitário na esfera das relações raciais.

Se os diferentes estratos da população negra e mulata de São Paulo puderem mobilizar-se de alguma maneira, para aproveitar suas novas possibilidades de autoafirmação, os problemas políticos que se colocam dizem respeito ao que fazer com a herança dos movimentos anteriores. Um hiato seria lamentável, pois se perderia todo o conhecimento crítico acumulado – sobre a realidade racial brasileira e sobre a posição que o negro deveria e pode ter em nossa sociedade. Todavia, as transformações foram profundas e definem uma linha de conduta: não se trata mais de recuperar padrões de reação racial do passado, mas de criar outros novos. Toda a estratégia dos antigos movimentos de "protesto negro" foi superada. Ela respondia a uma estado extremo de desespero, de isolamento e de frustração que praticamente "cegou" o negro diante do que lhe seria mais acessível e racional fazer, para atingir, gradualmente ou a médio e a largo prazo, os objetivos visados de "igualdade perante os brancos mais iguais". Há pouco interesse em repetir hoje os obsessivos e extensos debates sobre a existência (ou não) do preconceito de cor no Brasil e de colocar tanta ênfase nos requisitos ideais (como se definem legalmente) da igualdade racial em *uma ordem burguesa democrática*. Parece evidente que os novos debates deverão centralizar-se na concentração racial da renda e do poder (com seus múltiplos e ramificados efeitos) e nas medidas que podem ser adotadas para reduzir ou eliminar as práticas discriminativas que prejudicam o negro e o mulato, preservando indefinidamente a desigualdade racial e a supremacia da raça branca. Doutro lado, os movimentos deverão visar, em bloco, menos a integridade (ou a falta de integridade) dos brancos, que suas posições nas estruturas de poder. Isso requer que se produza um radicalismo racial mais coerente e eficaz, capaz de forjar solidariedade racial e lealdade racial numa escala inconcebível no passado, para permitir a superação tanto do facciosismo, do escapismo, do oportunismo, do mercenarismo – que solaparam tão fundamente o "protesto negro" no passado – quanto da insidiosa influência psicológica ou política da ideologia e da utopia raciais dominantes (ou seja, como dizem alguns líderes negros, do "cavalo de Troia branco"). Contudo, a orientação política geral dos movimentos de "protesto negro" era correta. Primeiro, eles eram *populistas* no sentido mais puro e preciso, e faziam da classificação de estoques raciais marginalizados ou excluídos um problema de igualdade econômica, sociocultural e política. Segundo, eles defendiam a revolução racial (embora definida como uma revolução dentro da ordem), como uma revolução democrática, de baixo para cima, imprimindo novo sentido à imagem do Brasil como nação multirracial democrática. Essa orientação política geral merece ser retida e aperfeiçoada, em ambos os pontos, pois ela é essencial, ainda hoje, para definir a filosofia política global do negro e do mulato na luta pelo poder, pela igualdade e, especificamente, pela democracia racial.

Mais socializado pelo meio urbano-industrial ambiente, o "meio negro" é menos suscetível atualmente ao monolitismo que há quatro décadas. O próprio "meio branco" é menos monolítico – embora possa dar uma impressão oposta (pois a repressão ao radicalismo em geral e ao radicalismo das "raças oprimidas", em particular, é produto da dominação autocrática dos setores dominantes das classes médias e altas ou, em outras palavras, das elites dirigentes da raça branca). É importante quebrarem-se "unidades" fictícias, tanto no "meio negro", quanto no "meio branco". Quanto mais diferenciada for a gama de posições que o negro possa tomar, maior será o impacto dos novos movimentos de "protesto negro". Se essa diferenciação puder ser contida nos limites em que representem, efetivamente, interesses divergentes fundamentais dentro da estratificação do "meio negro" e se os movimentos puderem ligar entre si os grupos resultantes, no plano mais amplo da luta comum pela democratização racial da riqueza e do poder, a *Segunda Abolição* deixará rapidamente de ser uma contra-utopia aparentemente vazia. O que o "meio negro" precisa repelir, a todo custo, venha a ser a "repetição da história" em um sentido estreito (ou seja, reproduzir no presente o passado remoto ou recente do "meio branco"). Se o "meio negro" absorver os padrões autocráticos imperantes no "mundo dos brancos" – uma tendência muito forte à qual não se tem oposto – correrá o risco de implantar dentro de si mesmo o que mais tem odiado, a estrutura iníqua de um regime de classe deformante e deformado. Nessa hipótese, teríamos uma versão brasileira do "capitalismo negro" e do "elitismo negro", como contrapartida à dominação autocrática do branco, e está fora de dúvida que semelhante processo seria mais nocivo no Brasil do que tem sido nos Estados Unidos ou na África do Sul.[10]

Estas proposições podem parecer tendenciosas. Por que pôr nos ombros do negro e do mulato responsabilidades que não são igualmente imputadas ao branco? Porque o negro e o mulato constituem o pivô da revolução racial (dentro da ordem ou contra a ordem) no Brasil. Essa revolução nunca se consumará de modo pleno e total sem que o negro e o mulato a desejem ardentemente e a purifiquem de modo permanente, convertendo-se em suas forças de radicalização crescente. Para preencher esse papel histórico, é óbvio que eles precisam viver essa revolução antecipada e integralmente entre si, para transferi-la e difundi-la depois ao resto da sociedade brasileira. Não se trata de pensar o negro e o mulato separados do branco: mas em um todo no qual o ideal último da democracia racial deverá resultar da atividade histórica do agente realmente revolucionário. Em outras palavras, encarada desta perspectiva, a democracia racial (e seu futuro desenvolvimento) não depende apenas do "êxito" do negro e do mulato no "mundo dos brancos" – ou seja: em sua luta com o branco pela igualdade em riqueza e poder. Ela depende também, e provavelmente em escala maior, do êxito do negro e do mulato em superar o branco e em vencer seu compreensivo anseio, que alimentaram no passado e ainda é tão forte, de se converterem em protótipos do *superbranco*. Pois uma verdadeira revolução racial democrática, em nossa era, só pode dar-se sob uma condição: o negro e o mulato precisam tornar-se o *antibranco*, para encarnarem o mais puro radicalismo democratico e mostrar aos brancos o verdadeiro sentido da revolução democrática da personalidade, da sociedade e da cultura.

---

10 Temos em mente, em particular, a descrição de F. Frazier do comportamento das elites negras nos Estados Unidos (*Bourgeoisie Noire*, Paris, Librairie Plon, 1955, passim). Quanto à África do Sul, cf. esp. L. Kuper, *An African bourgeoisie. Race, class, and politics in South Africa*, New Haven/Londres, Yale University Press, 1965.

Outros títulos da Coleção Florestan Fernandes:

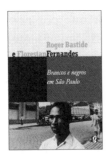

Brancos e negros em São Paulo: ensaio sociológico sobre aspectos da formação, manifestações atuais e efeitos do preconceito de cor na sociedade paulistana (Coautoria com Roger Bastide)
304 PÁGINAS
ISBN 978-85-260-1258-5

Sociedade de classes e subdesenvolvimento
256 PÁGINAS
ISBN 978-85-260-1270-7

Capitalismo dependente e classes sociais na América Latina
152 PÁGINAS
ISBN 978-85-260-0152-7

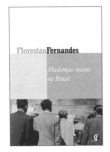

Mudanças sociais no Brasil: aspectos do desenvolvimento da sociedade brasileira
328 PÁGINAS
ISBN 978-85-260-1334-6

A investigação etnológica no Brasil e outros ensaios
320 PÁGINAS
ISBN 978-85-260-0138-1

Florestan Fernandes – Leituras & legados
376 PÁGINAS
ISBN 978-85-260-1462-6

Outros títulos da Coleção Gilberto Freyre:

Casa-grande & Senzala
728 PÁGINAS
2 ENCARTES COLORIDOS (32 PÁGINAS)
ISBN 978-85-260-0869-4

Sobrados e Mucambos
976 PÁGINAS
2 ENCARTES COLORIDOS (32 PÁGINAS)
ISBN 85-260-0835-8

Ordem e Progresso
1.120 PÁGINAS
1 ENCARTE COLORIDO (24 PÁGINAS)
ISBN 85-260-0836-6

Nordeste
256 PÁGINAS
1 ENCARTE COLORIDO (16 PÁGINAS)
ISBN 85-260-0837-4

Casa-grande & Senzala em Quadrinhos
ADAPTAÇÃO DE ESTÊVÃO PINTO
64 PÁGINAS
ISBN 978-85-260-1059-8

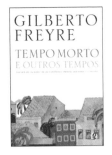

Tempo Morto e Outros Tempos – Trechos de um Diário de Adolescência e Primeira Mocidade 1915-1930
384 PÁGINAS
1 ENCARTES COLORIDOS (8 PÁGINAS)
ISBN 85-260-1074-3

Insurgências e Ressurgências Atuais – Cruzamentos de Sins e Nãos num Mundo em Transição
368 PÁGINAS
ISBN 85-260-1072-8

Açúcar – Uma Sociologia do Doce, com Receitas de Bolos e Doces do Nordeste do Brasil
272 PÁGINAS
ISBN 978-85-260-1069-7

Olinda – 2º Guia Prático, Histórico e Sentimental de Cidade Brasileira
224 PÁGINAS
1 MAPA TURÍSTICO COLORIDO
ISBN 978-85-260-1073-4

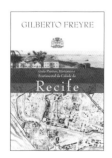

Guia Prático, Histórico e Sentimental da Cidade do Recife
256 PÁGINAS
1 MAPA TURÍSTICO COLORIDO
ISBN 978-85-260-1067-3

Vida social no Brasil nos meados do século XIX
160 PÁGINAS
1 ENCARTE PRETO E BRANCO (16 PÁGINAS)
ISBN 978-85-260-1314-8

Assombrações do Recife Velho
240 PÁGINAS
ISBN 978-85-260-1310-0

Modos de homem & modas de mulher
336 PÁGINAS
1 ENCARTE COLORIDO (16 PÁGINAS)
ISBN 978-85-260-1336-0

O escravo nos anúncios de jornais brasileiros do século XIX
248 PÁGINAS
1 ENCARTE PRETO E BRANCO (8 PÁGINAS)
ISBN 978-85-260-0134-3

De menino a homem: de mais de trinta e de quarenta, de sessenta e mais anos
224 PÁGINAS
1 ENCARTE COLORIDO (32 PÁGINAS)
ISBN 978-85-260-1077-2

Novo mundo nos trópicos
376 PÁGINAS
ISBN 978-85-260-1538-8

Perfil de Euclides e outros perfis
288 PÁGINAS
ISBN 978-85-260-1562-3

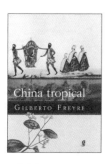

China tropical
256 PÁGINAS
ISBN 978-85-260-1587-6

Talvez poesia
208 PÁGINAS
ISBN 978-85-260-1735-1

Interpretação do Brasil
256 PÁGINAS
ISBN 978-85-260-2223-2